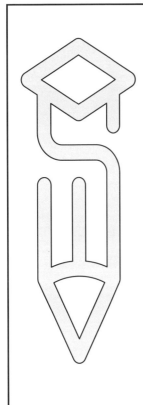

상위 1%
학습 전략

일타
부모

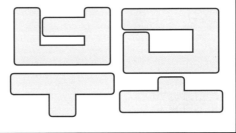

김민정 × 이경렬 지음

최상위권 의대생·공대생 6인의
초·중 학습 과정 집중 분석

학습 습관
노하우 수록

선순환 학습법
레귤러 학습법

국어
영어
수학

최상위권 6인 프로필

정다독

"독서왕! 집중왕!"

- 수도권 일반고 졸업
- KAIST 생명과학 수시 입학

김완벽

"완벽하게 내 것으로 만들 때까지"

- 서울 일반고 졸업
- 서울대 의대 수시 입학

박완성

"완성도의 기준이 다르다"

- 서울 자사고 졸업
- 서울대 의대 수시 입학

최선행

"모든 것을 쏟아붓는다"

- 과학고 졸업
- KAIST 생명과학 수시 입학

나주도

"자기주도 학습의 교과서"

- 광역시 자사고 졸업
- KAIST 전산학부 수시 입학

이긴다

"다 이겨버릴 거야!"

- 서울 자사고 졸업
- KAIST 전기·전자공학부 수시 입학

우리의 매뉴얼을 공유합니다

◖ 일타부모라고요?

스스로 우리를 '일타부모'라 부르기에는 부족한 것이 많은 엄마, 아빠입니다. 하지만 누구보다 자신의 아이를 사랑하고 '일타학생'을 만들기 위해 노력하는 세상의 많은 부모가 모두 '일타부모'가 아닐까 싶습니다.

우리는 이 책에서 습관과 전략에 대해 말하려고 합니다.

레귤러 학습법은 습관에 관한 것이고 선순환 학습법은 전략에 관한 이야기입니다. 이것은 초·중·고 특정 시기에 한정된 것이 아닙니다. 또한, 중위권, 상위권, 최상위권 특정 학생에 해당하는 것도 아닙니다. 어느 시기에 어떤 상황에서도 적용 가능한 습관과 전략을 말하려 하는 것입니다. 이 책은 시험을 앞두고 선순환하는 학습 계획을 짤 때도, 집중학습을 위해 방학을 활용하려고 할 때도 그리고 이제 초등학생이 된 아이가 자기주도 학습이라는 큰 그림을 그릴 수 있도록 돕는 데도 활용할 수 있습니다.

◖ 부모의 자신감이 필요합니다

우리는 계속해서 '부모의 역할'에 대해 말할 것입니다. 많은 부모가 '첫아이라 어떻게 해야 할지 잘 모르겠어', '내가 교육전문가도 아닌데 어떻게 학습을 주도하지?', '일단 돈 많이 벌어서 좋은 과외 선생 붙이고 좋은 학원 보내 주면 부모 역할 다한 거 아니야?'라고 생각하기 쉽습니다. 사실 이런 분들은 아이에게 무관심한 부모라기보다는 '자신감'이 부족한 부모라고 생각합니다. 아이 교육에 완전히 무관심할 수 있는 부모는 세상 어디에도 없습니다.

다만, 대부분의 부모는 아이가 겪고 있는 과정을 '처음' 접하게 됩니다. 아이가 둘인 부모라 해도 첫아이 때의 경험이 둘째의 교육에 똑같이 적용되지는 않습니다. 잘못된 선입견을 품을 수도 있죠. 우리도 첫아이 대학 입학 경험을 가진 부모지만, 초등학생인 둘째 아이를 키우면서 교육에 있어 모르는 것이 있고 두 아이 성향도 다르다 보니 고민되는 것도 많습니다.

무엇보다 부모가 겪었던 학창시절과 지금은 많이 다릅니다. '공부의 원리가 달라졌나?' 하는 의문이 들 수 있죠. 그렇지 않습니다. 원리는 달라지지 않았습니다. 다만, 공부할 내용이 너무 많아졌죠. 그래서 효과적으로 계획을 짜지 않으면 주어진 시간 내에 다 쫓아가기 어렵습니다. 또한, 진로활동 등 공부 외적으로 준비할 것과 학습을 방해하는 환경이 너무 많죠. 이런 상황을 아이 혼자 헤쳐나가기 힘듭니다. 그래서 우리도 아이에게 더 집중하고 계속 공부할 수밖에 없습니다.

◖ 습관을 갖추도록 전략으로 이끌어 주세요

우선 국·영·수 주요 과목의 특성과 아이의 잘못된 습관을 점검해 보시기 바랍니다.

과목별로 학습 방법, 집중학습 시기가 다릅니다. 국어, 영어는 실력이 꾸준히 향상되는 우상향 그래프지만 수학은 계단식 상승입니다. 다지면서 가야 하죠. 그런데 보통은 급한 마음에 수학 선행에 집중하기 쉽습니다.

아이의 일과를 잘 살펴보세요. 하루 중 학교의 수업 시간이 가장 긴데 과연 여기에 집중하고 있는지, 학원 시간표로 꽉 짜여 정작 스스로 공부할 수 있는 시간이 적은 것은 아닌지 한번 생각해 보시기 바랍니다.

자기주도 학습에 너무 연연하지 마세요. 물론 이상적이긴 합니다. 하지만 우리나라 입시 현실에는 적용하기 쉽지 않습니다. 책에 등장하는 최상위권 6인의 학생 중 2명은 초등학생 시기에, 3명은 중학생 시기에 자기주도 학습의 영역에 들어섰습니다. 나머지 1명은 고등학교 1학년 시기에 커다란 습관의 변화와 함께 최상위권에 진입하게 되었죠.

중학생인 한결이네는 초등학교 6학년 가을~겨울 시기에 학생과 부모의 생각과 습관에 많은 변화가 있었습니다. 아이는 스스로 스마트폰을 반납하고 아침 공부, 구문학습 교재, 체크리스트로 레귤러 학습하면서 규칙적인 공부 습관을 갖게 되었습니다. 가족들의 생활 습관에도 많은 변화가 있었죠. 이제 엄마도 아이도 자신감을 갖게 되었습니다.

늦었다고 생각할 필요 없습니다. 독자의 아이는 이제껏 놀고만 있지는 않았을 겁니다. 머리도 나쁘지 않습니다. 그 아이들의 머릿속에는 이미 많은 지식이 들어 있습니다. 그것을 끌어낼 수 있도록 습관을 갖추고 전략으로 이끌어 주는 것이 필요합니다.

◖ 이 책을 어떻게 활용할까요?

이 책을 이렇게 활용해 보시기 바랍니다.

- **유아~초2**인 경우 과목별 학습 원리와 습관을 갖추는 과정을 읽어 보세요. 그리고 이른 시기에 자기주도 학습이 가능한지 한번 시도해 보세요. 이 시기에 자기주도 학습을 시도하는 방법과 실제 사례들이 나와 있습니다.
- **초3~4**는 과목별 우선순위를 정하는 원리를 이해해 보세요. 왜 국어가 먼저인지, 왜 초등학생 시기에 영어에 많은 시간을 투자해야 하

는지, 왜 수학에 급하게 달려들면 안 되는지 이유를 알아보세요.

• **초5~6**이라면 수학 선행 시기를 결정하는 데 집중해 보세요. 사교육을 본격적으로 활용하기 위해 학원을 고르고 활용하는 방법을 살펴보시죠.

• **중1**은 왜 이 시기가 전체에서 가장 중요한지 알아보세요. 이때의 전략과 습관이 대학 입시까지 이어지는 이유를 설명해 드리겠습니다.

• **중2~3**이 되었다면 무엇이 잘 안 되고 있는지를 점검해 보세요. 체크리스트를 적극적으로 활용하고 본격적으로 지필평가, 수행평가에 대응하는 법을 설명해 놓았습니다. 이때의 지필평가, 수행평가의 준비 과정이 고등학교에서의 과정을 훈련하는 것임을 잊지 말아야 합니다.

• **고등학생**이 된 후에는 이제껏 축적된 지식을 어떻게 실전으로 끌어내는지를 알아보세요. 최상위 학생들로부터 마인드를 강화하는 방법을 들어 보았습니다.

● 당신이 일타부모입니다!

아이 학습에 도움을 얻고자 이 책을 펼쳐 든 부모들에게 우리는 '자신감'을 불어넣어 주고 싶습니다. 교육이라는 것은 아주 특별한 몇몇만이 잘할 수 있는 것이 아닙니다.

우리의 경험상 부모가 교육전문가(선생님, 학원 강사, 교육 관련 업계) 또는 고학력자인 것과 아이의 학습 성취도는 거의 관계가 없었

습니다. 오히려 이들은 아래 예시처럼 잘못된 선입견과 무리한 목
표치를 가진 경우가 많았습니다.

- 본인이 경험했던 학습 방식을 바탕으로, 학원만 등록해 주면 공부는
  아이가 알아서 하는 것으로 생각하는 부모 → 지금의 입시는 학습 외
  에도 각종 정보와 진로활동 등이 필요함.
- 주변 최상위권 학생들을 보며 막연하게 내 아이도 저렇게 할 수 있다
  고 생각하는 부모 → 최상위권 학생들의 부모가 한 노력만큼 따라 하
  지 못함.

원고를 집필하며 만난 6명의 최상위 학생들 뒤에는 일타부모들
이 있었습니다. 그 부모들의 공통점은 끊임없이 아이와 대화하고
정보를 찾고 체력관리, 일정관리 그리고 아이의 습관을 형성시키
기 위해 남다른 노력을 했다는 것입니다. 그 덕에 그들의 아이들은
남들보다 빨리 자기주도 학습 단계에 들어가게 되었고 최상의 효
율을 내며 학습 성과를 끌어올렸습니다.

그 어떤 전문가라 해도 부모만큼 내 아이를 알지 못합니다. 누
구도 부모만큼 관심을 기울여주진 못합니다. 자신감을 가지고 아
이의 학습에 뛰어드세요! 그리고 세간에 떠도는 근거 없는 교육
관련 이야기, 주변이나 인터넷 속 남의 집 아이 이야기에 너무 귀
기울이지 마세요. 부모가 내 아이를 위한 주관을 확실히 하기 위해
서는 남의 말은 걸러 들을 필요가 있습니다. 그런 이야기들을 보

고 들을 시간에 아이와 더 많은 대화를 나누고 이해하는 시간을 가져보시기 바랍니다. 그 뒤에 내 아이에게 맞는 학습 솔루션을 찾기 위해 노력하는 것이 순서입니다.

계속해서 여러분과 소통하며 응원하겠습니다.

생각을 바꾸고 원리를 이해하라!
습관을 바꾸도록 아이를 이끌어라!
아이와 함께 전략을 짜라!
이것이 일타부모!

목차

Part 3.   **너보다 나 – 생각을 바꿔라!**

25장 최상위권 TIP!
_그들이 말하는 공부 이야기

Part 1.

선행보다 선순환

전략이 먼저다!

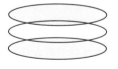

1장

국어 학습 전략

_국어가 최우선인 이유

초·중·고 교육과정에서 계속 강조되고 있는 것이 글을 읽고 해석하는 '문해력'이다. 이 문해력은 국어능력과 밀접한 관련이 있으며 단기간에 기를 수 없다. 이번 장에서는 국어 학습을 위해 독서에 대해 전략적 접근을 해야 하는 이유와 책 읽기가 왜 최선의 선행학습인지를 설명해 보고자 한다.

모든 과목 학습의 기초는 '읽기능력'

● 짧은 시간에 긴 문장을 다 파악할 수 있을까?

다음은 2023학년도 대학수학능력시험 문제지 국어 영역(홀수형)의 일부다. 학교 교과로 치면 독서(비문학)에 해당한다.

4 국어 영역 　홀수형

[10~13] 다음 글을 읽고 물음에 답하시오.

법령의 조문은 대개 'A에 해당하면 B를 해야 한다.'처럼 요건과 효과로 구성된 조건문으로 규정된다. 하지만 그 요건이나 효과가 항상 일의적인 것은 아니다. 법조문에는 구체적 상황을 고려해야 그 상황에 ⓐ<u>맞는</u> 진정한 의미가 파악되는 불확정 개념이 사용될 수 있기 때문이다. 개인 간 법률관계를 규율하는 민법에서 불확정 개념이 사용된 예로 '손해 배상 예정액이 부당히 과다한 경우에는 법원은 적당히 감액할 수 있다.'라는 조문을 ⓑ<u>들</u> 수 있다. 이때 법원은 요건과 효과를 재량으로 판단할 수 있다. 손해 배상 예정액은 위약금의 일종이며, 계약 위반에 대한 제재인 위약벌도 위약금에 속한다. 위약금의 성격이 둘 중 무엇인지 증명되지 못하면 손해 배상 예정액으로 다루어진다.

채무자의 잘못으로 계약 내용이 실현되지 못하여 계약 위반이 발생하면, 이로 인해 손해를 입은 채권자가 손해 액수를 증명해야 그 액수만큼 손해 배상금을 받을 수 있다. 그러나 손해 배상 예정액이 정해져 있었다면 채권자는 손해 액수를 증명하지 않아도 손해 배상 예정액만큼 손해 배상금을 받을 수 있다. 이때 손해 액수가 얼마로 증명되든 손해 배상 예정액보다 더 받을 수는 없다. 한편 위약금이 위약벌임이 증명되면 채권자는 위약벌에 해당하는 위약금을 ⓒ<u>받을</u> 수 있고, 손해 배상 예정액과는 달리 법원이 감액할 수 없다. 이때 채권자가 손해 액수를 증명하면 손해 배상금도 받을 수 있다.

불확정 개념은 행정 법령에도 사용된다. 행정 법령은 행정청이 구체적 사실에 대해 행하는 법 집행인 행정 작용을 규율한다. 법령상 요건이 충족되면 그 효과로서 행정청이 반드시 해야 하는 특정 내용의 행정 작용은 기속 행위이다. 반면 법령상 요건이 충족되더라도 그 효과인 행정 작용의 구체적 내용을 ⓓ<u>고를</u> 수 있는 재량이 행정청에 주어져 있을 때, 이러한 재량을 행사하는 행정 작용은 재량 행위이다. 법령에서 불확정 개념이 사용되면 이에 근거한 행정 작용은 대개 재량 행위이다.

행정청은 재량으로 특정 행정 행위의 기준을 명확히 정할 수 있는데 이 기준을 ㉠<u>재량 준칙</u>이라 한다. 재량 준칙은 법령이 아니므로 재량 준칙대로 재량을 행사하지 않아도 근거 법령 위반은 아니다. 다만 특정 요건에서 재량 준칙대로 특정한 내용의 적법한 행정 작용이 반복되어 행정 관행이 생긴 후에는, 같은 요건이 충족되면 행정청은 동일한 내용의 행정 작용을 해야 한다. 행정청은 평등 원칙을 ⓔ<u>지켜야</u> 하기 때문이다.

10. 윗글의 내용과 일치하지 <u>않는</u> 것은?

① 법령의 요건과 효과에는 모두 불확정 개념이 사용될 수 있다.
② 법원은 불확정 개념이 사용된 법령을 적용할 때 재량을 행사할 수 있다.
③ 불확정 개념이 사용된 법령의 진정한 의미를 이해하려면 구체적 상황을 고려해야 한다.
④ 불확정 개념이 사용된 행정 법령에 근거한 행정 작용은 재량 행위인 경우보다 기속 행위인 경우가 많다.
⑤ 불확정 개념은 행정청이 행하는 법 집행 작용을 규율하는 법령과 개인 간의 계약 관계를 규율하는 법률에 모두 사용된다.

11. ㉠에 대한 이해로 가장 적절한 것은?

① 재량 준칙은 법령이 아니기 때문에 일의적이지 않은 개념으로 규정된다.
② 재량 준칙으로 정해진 내용대로 재량을 행사하는 행정 작용은 기속 행위이다.
③ 재량 준칙으로 규정된 재량 행사 기준은 반복되어 온 적법한 행정 작용의 내용대로 정해져야 한다.
④ 재량 준칙이 정해져야 행정청은 특정 요건에서 행정 작용의 구체적 내용을 선택할 수 있는 재량을 행사할 수 있다.
⑤ 재량 준칙이 특정 요건에서 적용된 선례가 없으면 행정청은 동일한 요건이 충족되어도 행정 작용을 할 때 재량 준칙을 따르지 않을 수 있다.

12. 윗글을 바탕으로 <보기>를 이해한 내용으로 가장 적절한 것은? [3점]

<보 기>

갑이 을에게 물건을 팔고 그 대가로 100을 받기로 하는 매매 계약을 했다. 그 후 갑이 계약을 위반하여 을은 80의 손해를 입었다. 이하 관련하여 세 가지 상황이 있다고 하자.

(가) 갑과 을 사이에 위약금 약정이 없었다.
(나) 갑이 을에게 위약금 100을 약정했고, 위약금의 성격이 무엇인지 증명되지 못했다.
(다) 갑이 을에게 위약금 100을 약정했고, 위약금의 성격이 위약벌임이 증명되었다.

(단, 위의 모든 상황에서 세금, 이자 및 기타 비용은 고려하지 않음.)

① (가)에서 을의 손해가 얼마인지 증명되지 못한 경우에도, 갑이 을에게 80을 지급해야 하고 법원이 감액할 수 있다.
② (나)에서 을의 손해가 80임이 증명된 경우, 갑이 을에게 100을 지급해야 하고 법원이 감액할 수 있다.
③ (나)에서 을의 손해가 얼마인지 증명되지 못한 경우, 갑이 을에게 100을 지급해야 하고 법원이 감액할 수 없다.
④ (다)에서 을의 손해가 80임이 증명된 경우, 갑이 을에게 180을 지급해야 하고 법원이 감액할 수 있다.
⑤ (다)에서 을의 손해가 얼마인지 증명되지 못한 경우, 갑이 을에게 80을 지급해야 하고 법원이 감액할 수 없다.

13. 문맥상 ⓐ~ⓔ의 의미와 가장 가까운 것은?

① ⓐ : 이것이 네가 찾는 자료가 맞는지 확인해 보아라.
② ⓑ : 그 부부는 노후 대책으로 적금을 들고 안심했다.
③ ⓒ : 그의 과격적인 주장은 학계의 큰 주목을 받았다.
④ ⓓ : 형은 말 흘려 울퉁불퉁한 땅을 평평하게 골랐다.
⑤ ⓔ : 그분은 우리에게 한 약속을 반드시 지킬 것이다.

4／20

이 문제지에 관한 저작권은 한국교육과정평가원에 있습니다.

보기만 해도 숨이 탁 막힐 정도의 분량이다. 물론 교과서에 나오는 문장도 아니다. 보통은 문학보다 독서(고등학교 독서과목을 흔히

023

'비문학'이라고 부른다) 부분이 더 어렵다. 2023학년도 수능을 기준으로 국어는 '화법과 작문'(또는 '언어와 매체') 11문제, 독서 17문제, 문학 17문제 등 총 45문제가 출제되었으며 시험 시간은 80분이다.

학생에 따라 다르겠지만 보통 화법과 작문(언어와 매체)에 15~20분, 문학 및 독서에 60~65분을 배분한다고 한다. 좀 더 난이도가 높은 독서 17문제에 40분 정도를 배분한다고 했을 때, 한 문제를 푸는 데 평균 약 2분 21초를 쓸 수 있다. 위의 10~13번까지 4문제를 푼다고 할 때 총 9분 24초가 필요하고, 각 문제를 푸는 시간을 평균 1분으로 가정하면 약 5분 24초 이내에 지문을 완전히 파악해야 한다는 것이다. 즉, 문장을 빠르게 읽고 내용을 파악하는 훈련이 되어 있지 않으면 짧은 시간 내에 긴 지문과 문제까지 읽고 풀어내기 어렵다는 말이다. 게다가 수능 국어 독서 문제는 형식과 분야도 다양하다.

🌙 수능 전 영역이 읽기 문제가 돼가고 있다

어려서부터 '책 읽기 습관'이 갖추어지지 않으면 고등학교 3년간 아무리 '국어' 공부를 열심히 해도 국어 실력을 향상시키기 어렵다. 물론, 입시를 대비하는 학원 수업에서 문제를 푸는 '요령' 또는 '기술'을 가르친다. 그러나 기본적으로 읽고 해석하는 능력이 부족하거나 다양한 글을 읽어 보지 못한 학생이라면 절대로 요령과 기술만으로는 모든 국어 문제를 풀 수 없다. 더군다나 고등학교에 진학한 이후에는 타 과목(특히 이과 쪽은 수학)에 많은 시간을 배분해야 하므로 책을 읽을 시간이 더더욱 부족하다. 따라서 중학생 때까지 최대한 많은 '책'을 읽어 문해력을 키우는 것이 무엇보다 중요하다.

요즘의 수능시험에서는 국어 문제뿐만 아니라 사회, 과학, 영어 문제에서도 개념을 몰라서가 아닌 문제의 의도를 잘못 파악해서 틀리는 일이 많아졌다고 한다. 좀 과장해서 말하면, 수능 문제 전체 영역이 갈수록 국어 문제화가 돼가고 있다는 느낌이다.

책 읽기가 최고의 선행학습

❮ 아이의 흥미에서부터 출발

다양한 책을 읽는 걸 즐기는 아이들도 있겠지만, 보통의 아이들은 그렇지 않다. 자신이 좋아하고 관심 있는 책만 읽으려고 하기 때문에 부모는 아이가 다양한 책을 접하고 읽는 것에 재미를 붙일 수 있는 방법을 찾아야 한다. 예를 들어, 아이가 유독 과학 쪽 책만 좋아한다면 과학 분야 관련 전문 서적이나 잡지, 위인전, 과학의 역사를 담은 책 등 좋아하는 분야 내에서 장르(책 유형)를 확장해 주는 것이다. 이는 아이가 책 읽기에 흥미를 잃지 않게 해 주기 위함이다. 이런 방법 등을 활용해 책에 관한 관심을 유지해 줄 수만 있다면 다른 분야의 책에도 흥미를 느낄 가능성이 생긴다.

가장 큰 문제는 아예 흥미가 없는 경우다. 이럴 때 부모는 가능한 모든 방법을 동원해서라도 책에 흥미를 갖도록 도와야 한다. 보통의 아이들은 처음 접하는 것(책, 놀이, 환경 등)을 두려워한다. 심지어 새로운 책(형태, 장르)에도 쉽게 손을 대지 않는다. 아이들이 같은 책을 반복해서 읽는 것도 그런 이유 중 하나다.

새로운 책을 접해 보게 하려는 경우 부모가 직접 읽어 주면서 흥미를 유발하거나 책 읽기 캠프, 놀이를 통한 책 읽기 등으로 시도해 보자. 어린이 도서관이나 대형 서점에서 다양한 분야의 책을 보여 주는 것도 좋다. 책의 재미있는 부분들을 보여 주면서 아이가 관심을 갖도록 유도할 수도 있다. 또한, 독서모임과 독서학원 등을 활용하여 여러 아이와 같이 책을 읽는 기회를 만들어 볼 수도 있다. 아울러 아이의 책 읽기를 방해하는 환경(TV, 유튜브 등)도 멀리하도록 해야 한다.

☕ 왜 책을 많이 읽어야 하느냐고 묻는다면?

아이가 부모에게 책을 왜 많이 읽어야 하는지를 물어본다면 어떻게 대답할 것인가? 아이가 왜 이러한 질문을 하는지 그 상황과 이유는 모두 다르겠지만, 아이 입장에서 부모의 답이 타당하게 들리고 명확하게 받아들여진다면 그 아이는 독서의 중요성을 인식하며 더 열심히 읽게 되지 않을까? 아이의 이런 질문에 잘 대답하기 위해서는 책 읽기가 아이의 성장 시기별로 어떤 효과를 발휘하는지를 알아야 한다.

유아~초등학교 저학년 시기의 책 읽기의 이유는 보통의 전문가들이 말하는 대로 지능, 인지능력, 언어능력, 상상력, 창의력, 정서 등의 발달과 관련이 있다. 다만, 아직은 아이에게 이런 말로 설명할 수는 없다.

초등학교 고학년부터 중학교 시기까지도 책을 즐기면서 읽을 수 있는 시간이나 여유가 있다면 얼마나 좋겠는가. 하지만 이 시기 아이에게 책 읽기의 필요성을 학습과 연관 지어 설명할 수밖에 없다는 게 아이와 부모가 받아들여야 할 현실이다. 학습과 실제 시험에서 책 읽기가 어떤 도움을 줄 수 있는지를 아이가 공감할 수 있도록 그 필요성을 잘 짚어 주는 것이 중요하다.

"○○아, 글자를 알게 되는 때부터 삶이 다하는 때까지 우리는 하루도 읽지 않고 살 수 없지? 읽고 이해하는 능력, 그러니까 요즘 들어 '문해력'이라는 말을 많이 하는데, 이 능력이 발달한 사람은 학교의 각종 교과에 나오는 문장을 남보다 더 빨리 파악해 낼 수 있어. 그렇게 된다면 논리적으로 요약도 잘하게 되고 자신이 요약한 내용이니 더 잘 기억할 수 있게 돼. 그럼 자연스럽게 학습의 효율이 올라가지 않을까?"

"학교나 학원에서 시험 볼 때 문제 풀면서 실수하는 바람에 틀리는 경우가 종종 있을 거야. 보통은 시간이 부족하다는 생각에 문제를 잘못 읽어서 실수하는 건데, 이런 실수도 '잘 읽게' 된다면 줄일 수 있을 거야."

우리가 주장하고 끊임없이 강조하고 싶은 핵심은 '책을 많이 읽어야 모든 공부를 잘할 수 있다'인데, 학년이 올라갈수록 눈앞에 닥친 수학, 영어, 과학 때문에 책을 많이 읽기 어렵다. 그렇기에 어릴 때부터 책을 미리 읽어 둔다는 생각으로 다른 어떤 공부보다 책 읽기를 우선시해야 한다. 어느 학년, 어느 과목이든 문장을 이해하는 능력을 키우는 것이 최고의 효율을 만들어 내는 것이다.

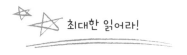

최대한 읽어라!

책 읽기로 자기주도 학습의 가능성을 깨워라

유아에서 초등학교 저학년 시기에 할 수 있는 학습 활동은 제한적일 수밖에 없다. 이 시기의 아이들은 일단 무언가에 집중할 수 있는 시간이 짧다. 더군다나 아직 많은 것을 받아들일 수 있을 정도로 두뇌가 발달되어 있지 않아 이 시기 아이들은 크게 '책 읽기'와 '만들기' 활동을 주로 하게 된다.

따라서 유아부터 초등학교 저학년 때 책을 읽는 습관은 빠르게 자기주도 학습의 영역으로 갈 수 있는 밑바탕을 만드는 데 중요한 역할을 한다.

● 반복적이고 일정한 책 읽기의 힘

어린 시기에 아이가 책에 관심을 가지고 일정하게 책을 읽게 하도록 부모가 유도해 볼 필요가 있다. 우리는 이 책에 등장하는 최상위권 학생 중 정다독 학생의 성장 과정에 주목했다. 이 학생은 선행학습이나 사교육 없이 오로지 책 읽기와 학교 수업만으로 대학에 입학했다. 다른 학생들에게 여러 차례 있었던 성적하락의 위기도 없는 평탄한 학창시절을 보냈다.

물론 어린 시기의 책 읽기 습관을 통해 읽기능력, 암기능력, 정리능력이 발달하였고 이것으로 남달리 효율 높은 학습을 했다고 생각한다. 하지만 우리는 그 외의 효과에 주목한다.

정다독 학생은 어린 시절 책에 많은 관심을 보였다. 이때 학생의 부모는 매주 일정량의 책을 읽을 수 있는 환경을 조성하기 위해 노력했다. 온 가족이 매주 도서관에 들러 1주일간 읽을 책을 대여해 오는 활동으로 '책 읽는 루틴'을 만들었다. 도서관의 책은 대여기간이 정해져 있어 빌린 책을 시간 내에 꾸준히 읽어야만 했다. 이 과정을 반복하며 일정하게 책을 읽는 '습관'이 형성됐다.

아이가 스스로 책 읽는 루틴에 적응하고 습관을 체득하는 모습을 보면서 정다독 학생의 부모는 '사교육이나 선행 없이도 학습할 수 있다'는 확신이 들었다고 한다. 책 읽는 루틴을 가지고 습관화한 정다독 학생은 이 방법을 모든 과목에 적용하는 과정을 통해 자신에게 맞는 학습 방법을 찾았고, 학교 수업을 예습, 복습하는 것만으로 대학에 입학했다.

「6장 레귤러 학습법」에서 더 자세히 다루겠지만, 가장 좋은 학습 방법은 일정 시간, 일정 간격, 일정 분량을 공부하는 것이다. 일단 여기서는 책 읽기의 힘이 '학습 습관'을 형성할 수 있다는 점만 기억해도 좋다.

책을 읽는 습관은 단순히 책을 통해 문해력을 키운다는 목적만 가지는 것은 아니다. 그 외에도 주체적으로 책을 선택하고, 일정 시간 내에 읽는 행위들을 일상화함으로써 아이가 자기주도 학습의 기반인 '주도성'을 자연스럽게 체득할 수 있도록 돕는 좋은 수단이 되어 준다. 그러므로 이 책을 읽고 있는 독자의 아이가 초등학교 저학년이라면 아이의 성향, 관심도 등을 고려하면서 정다독 학생 부모의 방법을 시도해 보길 바란다.

문해력 기르기?

첫째도 습관! 둘째도 습관!

독서의 필요성, 독서의 효과

최상위 학생들의 책 읽기(국어학원) 과정

구분	정다독	박완성	나주도	김완벽	최선행	이긴다
초1~3	많이 읽음	잘 읽지 않음	잘 읽지 않음	많이 읽음	많이 읽음	많이 읽음
초4~6					평균 수준	
중학교	주 4~5권	논술학원		평균 수준		논술학원

여러분의 유아 시기에서 고등학생 때까지 책을 읽어온 과정, 방법, 효과 등을 질문하겠습니다. 먼저 정다독 학생은 누구보다도 책을 많이 읽었고 남들이 흔히 하는 선행학습은 거의 하지 않은 것으로 알고 있는데, 어려서부터 책을 많이 읽었나요?

> **정다독** 네, 초등학교 1~3학년에는 과학을 좋아해서 관련된 책을 시리즈나 단편으로 2~3권 정도 읽었어요. 고학년이 돼서는 2주일 동안 8~10권 정도는 봤는데, 이때는 인문, 사회, 과학 등 다양한 분야를 읽었고요. 정말로 읽을 수 있는 만큼 최대한 많이 읽었던 듯해요.

정다독 학생이 책을 많이 읽게 된 특별한 계기가 있었나요? 부모님도 책을 많이 읽으시나요?

> **정다독** 네, 가족이 같이 다니던 교회 근처 도서관에 책이 많았는데, 교회에 갔다가 도서관에 들러서 책을 반납하고 대출하는 게 우리 가족의 루틴이었어요. 중학교 때도 마찬가지였고요.

국어 과목과 관련해서 특별한 관심이나 남다른 소질이 있었나요?

> **정다독** 초등학교 6학년 국어 수업 시간에 매주 한 번씩 모든 학생이 3분 스피치를 했는데, 그때 '어떻게 하면 다른 사람들이 듣기 좋은 표현과 억양으로 말을 할 수 있을까?'를 고민한 적 있어요. 그 답을 찾는 과정에서도 많은 흥미를 느꼈습니다. 그리고 공부할 때도 스스로 체계적인 스케줄을 짜고, 어떤 과목이든 공부한 내용을 정리하고 조직화했던 걸 좋아했어요. 아! 그리고 국어 문법(음운론, 통사론, 단어 형성 등등)도 많이 좋아했습니다.

책을 많이 읽은 것이 국어 과목 외에 다른 과목 학습에 도움이 되었나요?

> **정다독** 앞서 말한 대로 과목별로 공부한 내용을 정리하는 데 큰 도움이 되었습니다. 암기할 때도 있는 문장을 무조건 외우는 것보다 거기에 등장하는 어휘들을 논리적으로 나열하고 구조화하면 쉽거든요. 그래서 모든 과목을 학습할 때 나름의 방법으로 정리했습니다. 그러다 보니, 과목에 상관없이 모든 과목의 학습 방법이 거의 같았어요. 수학이나 영어도 그렇고요. ※【11장 암기식 학습법의 폐해?】에서 좀 더 상세히 설명하고 있다.

수학에는 어땠나요? 도움이 됐는지 구체적으로 말해주세요.

> **정다독** 수학을 공부할 때 보통은 풀이에 집착하는데, 저는 제 나름의 방법으로 구조화하고 정리를 했어요. 사실, 수학도 암기할 내용이 엄청 많잖아요? 그래서 일단은 내용을 파악하고 암기를 한 다음에 문제를 푸는 방식으로 공부했습니다.

영어 학습에도 도움이 됐나요?

> **정다독** 영어는 문법 학습이 거의 논리학이에요. 크게 보면 그 수많은 문장을 일정한 패턴으로 정리해 놓은 게 문법이잖아요? 그러니 머릿속으로 그림을 그려 볼 수 있게 정리하는 거죠. 부정사의 경우는 명사적, 형용사적, 부사적 용법으로 나뉘고 그 안에서 여러 가지로 또 나뉘어요. 문장의 5형식도 마찬가지인데, 3형식이 제일 쉬워 보이지만 그 많은 동사의 사용법이 다 다르죠. 필요한 전치사도 까다롭고. 그래서 저 나름대로 나눠 정리하고 이런 과정을 반복하다 보니 좀 더 쉽게 외우게 됐습니다.

박완성 학생은 책을 많이 안 읽은 것으로 되어 있던데요?

> **박완성** 네, 초등학교 때는 책을 거의 읽지 않았어요. 중학생이 되서도 학원에서 숙제로 내주는 것 외엔 잘 안 읽었습니다.

책 읽기에 큰 관심이 없었군요. 그런데 공부할 때 어려움은 없던가요?

> **박완성** 어려움이 있죠. (웃음) 국어 문법 같은 건 잘하는데, 다른 국어 과목은 잘 못하겠더라고요. 문학 작품을 나만의 관점으로 바라보는 걸 즐기는 편이라 정해진 해석을 외우고, 시

험을 보는 것에 큰 거부감이 들고 어렵게 느껴졌어요. 무엇보다 글을 읽는 속도가 매우 느린 편이라 비문학 지문을 읽을 때 항상 시간이 부족했습니다.

국어 외의 다른 과목을 공부하면서 어려움은 없었나요?

박완성 특별히 그런 건 못 느꼈어요. 다른 과목들은 선행도 많이 한 편이고 공부하는 시간이나 방법으로 극복할 수 있다고 생각했지만, 국어는 그렇지 않더라고요. 초등학교, 중학교 때와는 달리 고등학교에서는 책을 읽는 데 많은 시간을 들일 수 없으니 문장을 읽는 속도나 해석에 한계가 있었습니다. 그래서 책 많이 읽은 친구들을 내심 부러워했어요.

이긴다 학생은 국어책 외에 영어책도 많이 읽었다면서요?

이긴다 네, 어려서부터 부모님께서 책 읽는 것을 중시하셨어요. 유아 시절에는 책을 매일매일 읽어 주셨고, 한글을 배운 뒤에는 포도송이에 스티커 붙여 장난감 살 생각으로 읽기도 했고요. 부모님께서는 제가 다양한 책을 접할 기회를 많이 주셨는데요. 알파벳을 모르는 유아 시절에도 그림 위주의 영어책을 많이 구해 주셔서 영어책에 대한 거부감을 없애는 데 도움을 주셨어요. 그래서인지 다른 친구들에 비해 국어책, 영어책 구분 없이 책을 많이 읽는 편이었어요.

국어책과 영어책은 좀 다르지 않나요?

이긴다 저는 기계나 만들기에 관심이 많아서 국내에 없는 책은 아마존에서 사서 읽기도 했고 관심 사항을 해결하기 위해서라도 영어 공부를 열심히 했어요. 문학책을 읽는다면 좀 다를 수 있지만, 그 외의 책들은 국어나 영어나 별로 다르다고 생각하지 않았습니다.

고등학생 때도 책을 많이 읽었다고 들었어요.

이긴다 많이는 아니고 고등학교 1학년 때도 몇 권은 끝까지 읽었습니다. 물론 국어 과목과 관련된 책이었어요. 고등학교 2~3학년 시기에는 시간이 많지 않아서 부분 부분을 읽을 수밖에 없었죠.

2장

영어 학습 전략
_영어로 선순환하는 전략

이번 장에서는 선순환의 의미와 영어의 선행이 가능한 이유 그리고 필요한 이유를 이야기해 보겠다. 초·중 시기에는 국어, 영어로 선순환 학습을 할 수 있으며, 영어에 좀 더 비중을 두면 수학 학습 계획을 잡는 데 도움이 된다.

선순환이 뭔가요?

여기서 다룰 '선순환'은 시기별로 주요 과목(국·영·수)의 선행학습 순서를 정해 과목별로 학습 효율을 높여 보자는 개념이다. 선순환은 선행과 다르다. 학습 전략에 해당하는 것이다. 가장 우선적인 선순환은 앞서 다룬 '책 읽기'다. 그렇다면 선순환을 위해 책 읽기

다음으로 해야 할 것은 무엇일까?

수학의 경우, 아이에게 특별한 소질이 보이고 스스로 수학에 대한 관심이 많다면 한번 해 볼 만하다. 이를 통해 영재고·과학고에 보내고자 하는 의사가 분명하다면 빠른 선행을 해야 할 수도 있다. 하지만 이런 경우가 아니라면 선행을 너무 앞서가서 한다는 것은 대단히 위험한 선택이 될 수 있다. 무엇보다 수학의 선행 시기를 잘못 잡으면 어린 나이에 '수포자(수학을 포기하는 자)'가 될 수 있으니 정말 신중해야 한다.

우리는 초등학생 시기엔 '책 읽기' 다음으로 '영어'를 집중학습하길 추천한다. 영어는 선행인지 아닌지 구분할 필요도 없이 지속적인 학습이 가능해 입시에 필요한 수준까지 빠르게 완성해 두면 좋다. 초등학교부터 고등학교까지 학교나 학원에서 가르치는 영어 학습은 읽고(또는 듣고) 이해하기 위주다. 그리고 시험 문제는 영어로 나오지만, 문제를 풀 때의 사고는 모국어로 해야 하기에 영어학습 시 '독서(국어)'가 충분히 되어 있으면 효과는 극대화된다.

중학교 1학년 겨울방학부터는 본격적으로 고등학교 수학 선행을 해야 하므로 가능하면 중학교 1학년 말까지는 독해, 문법 등 영어 실력을 최대한 끌어올려야 한다. 정리하자면, 학습의 비중과 순서를 아래와 같이 진행하길 권한다.

이 순서를 제시하는 가장 큰 이유는 효율성 때문이다. 바로 '선순환'을 만들기 위해서다. 국어와 영어는 선행해서 손해 볼 것이 없다. 하지만 수학은 다르다. 수학 선행학습에 관한 얘기는 다음 장에서 좀 더 깊이 있게 다뤄 보겠다.

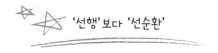

'선행'보다 '선순환'

왜 절대평가인데 점점 더 어려워질까?

● 수능은 점점 더 어려워지고 있다

고등학교에서는 과목별로 학습할 분량도 많고, 수능도 준비해야 한다. 더군다나 고등학교 2~3학년에서 배우게 되는 교과서의 영어 난이도는 이전 학년에 비해 급격히 올라간다. 그렇다고 해서 영어에만 많은 시간을 투입할 수 없다. 이렇기 때문에라도 고등학교 진학하기 전까지 영어 공부를 많이 해 두는 것이 전략적으로도 좋다.

다음 기사는 '절대평가 도입' 이전에 나온 기사다. 이후 결과적으로는 절대평가가 도입되었으나 '수능 영어를 쉽게 출제하여 사교육 부담을 줄이는 것'은 실현되지 못했다. 오히려 지문의 수준, 사용된 어휘 등은 더 어려워졌다.

··· 중·고교 교과서의 난이도가 고2~고3의 과정을 거치면서 급격하게 올라간다. 수능시험에서는 미국의 일간지 수준의 지문이 상당수 출제된다. ··· 수능 영어를 쉽게 출제하고 절대평가 방식을 도입하면 지금과 같은 불필요한 경쟁과 사교육을 줄일 수 있다. ···

중·고 영어 교과서 난이도 분석

학년	미국 수준	학년	미국 수준
중1	유치원~1학년	고1	6~8학년
중2	4~5학년	고2	9~10학년
중3	4~5학년	고3	11~12학년

자료 : 이병민 서울대 영어교육과 교수

출처 : 「영어 고교 교과서 난이도, 미국 고등학교 수준」, 한국일보, 2014.4.15.

다른 한 가지 연구 결과를 살펴보겠다.

• 국가 영어 교육과정과 교과서, EBS 수능 교재, 그리고 수능시험 사이에 일관성이 없다.
• 국가 영어 교육과정은 학생들이 익히고 배워야 하는 어휘를 대략 3,000단어 수준으로 제시하고 있다. 그런데 수능시험에서는 교육과정 기본 어휘 목록에 없는 어휘가 매년 15%~18%가량 출제된다.
• 수능에서 수월하게 지문을 읽을 때 필요한 어휘가 6,000개~8,000개 수준이며, 단어가 매년 누적되면서 실제 학생들에게는 최대 10,000단어까지도 학습해야 하는 부담이 발생한다.
• 교과서는 국가 영어 교육과정의 수준을 적절히 맞추고 있으나 수능 영어 시험은 교과서와 비교해 월등히 많은 어휘를 학습하도록 요구하고 있다.
• EBS 수능 교재 역시 수능을 대비하기 위해 교육과정과 거리가 먼 어휘를 다수 사용하고 과도하게 어려운 지문들을 제시하고 있다.

출처 : 「국가영어교육과정과 단계별 영어능력 성취 수준의 연속성과 일관성」,
재단법인 우리교육연구소, 2021.3.22.

두 개의 기사와 논문으로 이런 결론을 내릴 수 있다.

- 절대평가 도입의 목적과는 달리 수능 영어 시험은 여전히 어렵다.
- 어휘 수준으로만 볼 때 수능이나 EBS 교재의 난이도가 교과서보다 상당히 높다.

2022 개정 교육과정을 볼 때 영어의 교과과정이나 수능 영어의 틀이 바뀔 가능성은 당분간 없어 보인다. 따라서 위와 같은 상황에 맞게 영어를 공부할 수밖에 없다.

영어 때문에 당락이 결정되기도 한다

앞서 상대평가보다 절대평가에서 수능 영어 시험이 더 어려워졌다고 했다. 그런데 절대평가 도입 이후 1, 2등급 비율이 높아졌다는 것은 상위권 학생들이 전보다 더 열심히 영어 공부를 한다는 것을 의미한다. 학생들은 조금 더 노력하면 자신도 1, 2등급을 받을 수 있을 것으로 생각하여 더 열심히 공부한다. 그러나 평가원은 아무리 절대평가라 할지라도 어느 정도의 변별력 유지를 위해 점점 난이도를 높이게 된다. 열심히 했는데 운이 안 좋아서 89점, 79점이 나왔을 때 학생들이 느낄 허탈감은 상상만 해도 정말 끔찍하다.

이 밖에도 2022학년도부터 수능 영어 시험의 EBS 연계방식이 직접연계(EBS 교재의 지문과 거의 유사한 지문이 수능에 출제되는 것) 70%에서 주제, 소재는 유사하나 지문은 다른 간접연계 50%로 바뀌었다. 하지만 그 이후에도 1, 2등급 비율에 특별한 변화는 없다.

수능 영어 성적이 수시전형에서는 최저학력 기준에 쓰인다.—서류평가에서 우수하더라도 수능의 주요 과목에서 일정 등급을 만족하지 못하면 합격할 수 없다—주요 대학의 정시전형(수능 위주)에도 결정적인 영향을 줄 수 있다. 서울 소재 주요 대학의 경우 수능 영어 성적이 3등급 이하가 되면 합격이 어렵다고 봐야 한다.

※【부록 1】'수시 최저학력 기준' 참고

학년도		등급(%)						비고
		1	2	3	4	5	6~9	
등급 비율 (국어, 수학, 과학 등)		4	7	12	17	20	40	상대평가
영어 등급 비율	2023	**7.8**	**18.7**	**21.8**	18.9	13.4	19.4	절대평가
	2022	**6.3**	**21.6**	**25.1**	18.6	11.3	17.1	
	2021	**12.7**	**16.5**	**19.7**	18.6	13.5	19.0	
	2020	**7.4**	**16.2**	**21.9**	18.5	12.3	23.7	
	2019	**5.3**	**14.3**	**18.5**	20.9	16.5	24.4	
	2018	**7.7**	**17.4**	**25.7**	19.3	11.6	18.4	
	2017	3.5	5.5	10.8	17.5	19.3	43.4	상대평가

모국어와 외국어는 배우는 방법이 다르다

요즘은 학교, 학원 등 오프라인에서 주로 이뤄졌던 영어 학습용 콘텐츠나 학습법들이 온라인에서 넘쳐나고 있다. 유익한 자료나 정보들도 많다 보니 아이를 유튜브나 기타 웹사이트로 영어 환경에 노출시키는 부모들도 점점 더 늘어나고 있다. 하지만 아무런 기준 없이 그저 유튜브 동영상을 보는 것은 배움을 위한 학습이라고 하기 어렵다. 그건 마치 부모들이 습관적으로 TV를 켜고 드라마를 보는 것과 다르지 않다.

자연스러운 노출이라는 것이 영어가 나오는 환경에 오랜 시간 내버려두라는 것이 아님을 꼭 기억해라. 제대로 된 영어 교육을 하기 위해서는 하루에 얼마만큼을, 어느 정도의 시간 간격을 유지하며 아이를 영어 환경에 노출시킬 것인지 부모의 기준이 명확해야 한다. 모국어와 외국어는 노출되는 환경의 범위, 사용 원리, 학습 방법, 학습의 순서 등이 다르다. 그러므로 이에 따른 언어 습득의 메커니즘도 다르다는 사실을 알고 있어야 한다. 이 관점을 반영한 학습 전략을 살펴보자.

매일 일정 시간 읽기를 중심으로 학습

영어 학습 시간이나 비중은 시기별로 변할 수 있으나 고등학교 3학년까지 '매일 일정 시간을 학습' 하는 패턴은 잊지 말아야 한다. 예를 들어, 학원을 주 1~3회 다닌다면 나머지 2~4일에도 영어 공부를 위해 일정한 시간과 학습 분량을 따로 마련해 줘야 한다. 그리고 읽기·쓰기·듣기·말하기 등 다양한 영역을 고르게 공부할 수 있도록 학습 계획을 짜되, 이 중 특히 '읽기능력' 향상을 최우선으로 해야 한다.

그 이유는 '변별력'에 있다. 총 45문제의 수능 영어 시험에서 듣기평가 17문제를 제외하고는 거의 독해 문제다. 듣기평가 문제의 경우 난이도가 상당히 낮아 수능 영어 3등급 이내 학생은 거의 틀리지 않는다고 한다. 결국, 나머지 독해 문제에서 성적 차이가 나게 되므로 읽기능력을 최대한 향상시켜야 한다.

◖ 구문학습 교재 활용하기

우리의 경험상 가장 단순하면서 가장 효과가 높은 영어 학습법은 '구문학습 교재'를 활용하는 것이었다. 시기적으로는 '문법을 배우기 직전'에 학습하는 것을 추천한다.

우선 하루의 학습 분량을 정하자. 하루 10개로 정했다면 꾸준히 시키되, 진행하면서 아이가 잘하거나 벅차한다면 하루 학습 분량을 조절한다. 학습 방법은 아래 순서를 참고하면 된다. ※ 자세한 실제 활용 방법은 【6장 레귤러 학습법】의 사례 참고

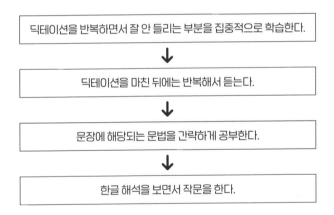

이러한 순서로 계속해서 작문 연습을 하고 듣기를 반복하면 구문학습용 문장들이 내 것이 되는 순간이 온다. 이 문장들은 중학생 시기에 문법을 공부하는 데도 큰 도움이 된다. 영어에서 내가 알고 있는(작문할 수 있는) 문장이 많다는 것은 학습에 상당한 자신감을

준다. 몇 달 영어 공부를 놓고 있다가도 이 문장들을 처음부터 듣기, 작문하기를 하면 빠른 시간 내에 실력이 오를 수 있다. 시중에는 초등학교 저학년부터 중학교까지 선택할 수 있는 수준별 구문학습 교재가 많다.

한 가지 당부하고 싶은 것은 무리한 목표를 설정하지 말고 아이에게 맞는 적정한 양을 잘 확인하고 꾸준히 학습할 수 있도록 부모가 도와야 한다는 것이다. 모든 학습법의 기본은 '일정량'을 '일정 간격'으로 하는 것이다. 구문학습 교재를 잘 활용하는 것만으로도 학습 습관을 형성하는 방법을 익힐 수 있다.

◔ 문법의 개념을 한번 정리한다

영어 학습을 하면서 일정 시기에 문법을 제대로 한번 학습해두는 것이 좋다. 앞서 설명해 온 국어, 수학 과목과의 학습 균형이나 영어 학습의 진도를 고려한다면 중학교 1학년이 가장 적절한 시기라고 본다. 만약 영어 진도가 빠른 학생이라면 초등학교 6학년 여름부터 시작해도 무리가 없을 것이다.

이 시기에 하는 문법 공부는 수능에 나오는 영어 문법 문제를 풀기 위해서가 아니다. 문법(특히 동사와 관련한 문법)을 공부하며 어휘력과 독해력을 늘리기 위함이다.

주어, 동사, 목적어, 보어로 표현되는 '문장의 5형식'은 미국 문법책이 아닌 일본의 영문법 책에서 비롯된 개념이다. 영어에서 가장 어려운 '동사의 활용법'을 가르치기 위해 고안된 것이다. 많은 동사를 한 번에 공부할 수 있게 만든 방법이라 잘만 학습하면 어휘력과 독해력을 한 번에 향상할 수 있다. 문장의 5형식 외에도 영문법의 절반 이상은 동사와 관련한 문법(조동사, 수동태, 부정사, 동명사, 분사, 가정법, 시제 등)이다. 이를 제외한 문법(명사, 형용사, 부사, 관사, 전치사 등)은 크게 어려운 개념은 아니다. 참고로, 수능에는 관계대명사, 분사 구문, 수동·능동, 병렬, 일치 등 '문장의 해석'과 관련된 문제들이 주로 출제된다. 수능을 대비하는 문법은 고등학교 1~2학년 특정 시기(방학)를 선택해서 정리하면 된다.

영어는 외국어다!

영어유치원, 영어 선행

최상위 학생들의 영어 학습 과정

구분	정다독	박완성	나주도	김완벽	최선행	이긴다
영어 유치원		영어유치원				일반/영어 유치원
초1~3	다니지 않음 (집 공부)	어학원	동네 영어학원	다니지 않음 (집 공부)	동네 영어학원	동네 유치원
초4~6						어학원
중학교				동네학원, 어학원	어학원	

이번에는 영어유치원, 영어 선행에 관해 얘기해 보겠습니다. 6명의 학생 중 2명이 영어유치원을 다녔군요. 이 두 학생에게 질문할게요. 먼저 박완성 학생은 영어유치원을 2년 정도 다녔다고 했는데, 그때 배운 것들이 지금의 영어 실력에 도움이 된다고 생각하나요?

박완성 글쎄요. 너무 어린 시절의 이야기라 실제 도움이 됐는지 판단하기 어렵네요. 그 당시 저랑 같이 유치원 다니던 친구들이 초·중도 같이 다녔는데, 그중 저 포함해서 영어 잘하는 친구는 별로 없어요. (웃음) 시험 문제로 나오는 영어는 잘 푸는데, 말을 한다거나 글을 쓰는 것은 잘 못합니다.

이긴다 학생은 영어를 잘한다고 들었는데, 영어유치원이 도움됐나요?

이긴다 원래는 일반유치원이었는데, 그 유치원이 영어유치원으로 바뀌었어요. 부모님 말씀으로는 제가 유치원 입학할 때까지 우리말을 잘하지 못해 걱정이 많으셨데요. 그래서 엄마는 매일매일 많은 양의 책을 읽어 주셨고요. 우리말도 잘 못했던 터라 '영어유치원에 다닌다고 영어를 잘하겠나?' 싶으셨는지 크게 기대하지 않으셨다고 해요.

초등학교 들어가서도 학원에 다니지 않고 유치원에서 하는 방과 후 수업에 2년 정도 다녔어요. 그냥 원어민 선생님하고 책 읽고, 놀고, 만들기를 하는 과정에서 자연스럽게 매일 영어 환경에 노출되긴 했지만, 초등학교 때 빼고는 영어유치원을 다녀서 도움이 된 건 크게 없었던 듯합니다. (웃음)

유치원 같이 다녔던 친구들의 현재 영어 실력은요?

이긴다 얘기하기 좀….

그럼 두 학생의 생각은 영어유치원이 별로 도움이 되지 않는다는 건가요?

이긴다 물론 도움이 된다고 생각하는 사람들도 있을 수 있어요. 하지만 제 경험상 그렇게 중요하다고 생각하진 않습니다.

박완성 제 생각에 영어는 우리 말과 글을 어느 정도 할 때쯤 해도 늦지 않다고 봐요. 지금의 영어 실력에 영향을 미친 건 영어유치원에서의 배움이 아닌 그 이후에 쌓인 다른 지식이 토대가 된 게 대부분이니까요. 제가 볼 때는 한글책 많이 읽는 친구들이 영어도 잘하는 거 같아요.

다른 학생들은 처음 영어 공부를 시작한 때가 언제였나요?

> **정다독** 저는 초등학교 2학년 정도 부모님과 영어 공부를 했고, 그 이후로는 학원에 다니는 대신 책과 학교 수업으로 영어를 공부했습니다.

> **나주도** 저는 초등학교 2학년 때부터 동네 영어학원에 다녔고 그곳을 중학교 3학년 1학기 때까지 계속 다녔습니다.

> **최선행** 저도 초등학생 때는 동네 영어학원에 다녔습니다.

> **김완벽** 저는 영어학원은 다니지 않았고 어머니께서 CD 들으면서 책 보기를 5학년 때까지 시키셨습니다.

김완벽 학생의 영어 학습 방법이 좀 특별하게 느껴지네요. 저도 그 학습법을 들어 본 적이 있습니다. 학생이 책 읽기에 관심이 많고 부모님이 열심히 도와줘야 한다고 들었는데?

> **김완벽** 네, 맞습니다. 어머니께 제가 한 공부 방법을 물어보시는 분들이 많은데, 어머니께서는 별로 권하지 않으세요. 엄마 말씀으로는 준비가 철저해야 한다고 하시더라고요. 제대로 준비하지 못하면 포기하는 경우가 많다고 하셨어요.

그럼 그 방법 외에 학원은 아예 다니지 않았나요?

> **김완벽** 그건 아니고요. 초등학교 6학년부터는 학원도 다녔습니다.

고등학교를 대비한 영어 선행은 어느 정도가 적당할까요?

김완벽 영어는 고등학교 들어가기 전에 문법은 싹 정리하고 들어가는 게 좋아요. 고등학생 때 오히려 기초 문법(동명사/진행형 구분, what/that 구분 등)에서 흔들리는 친구들을 많이 봤거든요. 아! 더 중요한 건 중학교 때까지 영어 독해 실력을 탄탄히 해 놓는 거예요. 제가 다닌 고등학교에서는 객관식에서 선지도 영어로 내는 일이 꽤 있었는데, 영어 교과서 지문은 어찌어찌해서 외웠다 하더라도 선지 독해에서 틀리는 경우가 많았거든요. 그리고 고등학교 들어가기 전과 고등학교 방학 때 수능 기출문제나 연습문제를 많이 풀어 보는 걸 추천하고 싶네요.

3장

수학 학습 전략

_미래의 수학보다 현재의 수학이 우선

수학은 많은 부모들이 가장 궁금해하고 고민하는 과목이 아닐까 싶다. 저자 두 명 다 수학 전공자에 엄마 저자는 오랜 기간 입시 관련 분야에서 일하고 있다. 그런데도 잘못된 판단으로 큰아이 선행학습에 실패했던 적이 있다. 여기에서는 섣부른 수학 선행이 왜 위험한지, 수학 학습 방법의 특이점은 무엇인지 말해 보겠다.

수학 선행, 미래가 중요할까? 현재가 중요할까?

◖ 중학교 1학년이 미적분을?

수학 과목을 설명하다 보면 '선행학습'이라는 말을 안 할 수 없다. 대부분 부모가 수학이 어려운 학문이라는 생각에 불안함을 느끼고 아이에게 조금이라도 일찍 학습시켜야 할 것 같은 마음이 드는 듯싶다. 사실 맞다. 수학은 어려운 학문이고, 무엇보다도 공부해야 할 양이 많다. 우리 또한 큰아이 초등학교 시기에 수학을 서둘러 가르쳐야겠다고 생각했다. 주변에 영재고나 과학고 진학을 목표로 밤늦게까지 수학 전문 학원에 다니는 초등학생들도 심심찮게 있었다. 그리고 동네 엄마들과 어울려 이른바 소문난 선행 학원을 찾아다니고 아이를 여기저기 보내다 보니 수학 선행에 대한 집착은 날로 커졌다.

더불어 수학 전공자인 부모로서 전문 분야를 살려서 아이가 초등학생일 때 중학교 과정 일부를, 중학교 1학년 겨울방학에는 '미적분'을 가르쳤다. '나름 잘 따라오는군, 다행이네'라고 생각하며 미적분을 1회 정도 가르치고 복습을 하려고 하니, 아이는 마치 처음 공부하는 것처럼 헤맸다. 약간 당황스러웠다. '뭐가 잘못된 거지?', '문제를 더 많이 풀려야 하나?' 고민하며 계속 진도를 나갔다.

얼마 후, 더 큰 문제가 발견되었다. 평소 우리는 중학교 수학 교과과정은 매우 중요하며 이에 능숙해지지 않으면 고등학교 과정을 학습하기 어려울 것이라 생각했었다. 그래서 나름 철저히 대비했고, 큰아이가 그동안 쌓아 온 중학교 수학 실력이 탄탄하다고 믿었다. 그러나 당연히 잘 볼 것이라 예상했던 중학교 2학년 첫 중간고사에서 어이없는 실수들로 시험을 망쳤다. 학교 내신을 대비하는 기간이 짧았던 것이 문제였다. 내신시험을 속도감 있게 풀어야 했는데 연습이 부족했던 탓에 시간에 쫓겨 실수가 생긴 것이다.

우리는 학습 방향을 달리하기로 마음먹었다. 선행 속도를 줄이고 중학교 과정에 많이 집중했다. 다행히 2학년 말쯤에는 우리가 원했던 정도로 중학교 수학 실력이 올라왔고, 선행과 현행의 균형도 잘 맞아 가기 시작했다. 2학년 겨울방학부터 약 1년간은 유명 학원에서 고등학교 과정을 선행했다. 중학교 3학년 겨울방학 시작 무렵, 학원 측에서 "10명 정도로 원장반(최상위반)을 운영하려 하는데 이 학생은 입반이 가능하니 참여시켜 보세요"라는 제안을 해 왔다. 하지만 우리는 그 자리에서 딱 잘라 '거절'을 했다. 최상위반은 고난도 문제 위주의 수업이 진행되는데, 큰아이는 아직 그런 문제보다 기본에 충실해야 할 때라고 판단한 것이다.

선행을 시키고자 하는 마음의 본질은 '아이를 위하는 마음'이다. 그러므로 부모의 불안에 앞서 가장 먼저 그리고 크게 고려해야 할 것은 아이의 현 상황임을 부모들이 잊지 않았으면 한다.

너무 먼 수학 선행은 시간 낭비가 될 수 있다

바로 다음에 이어지는 '학생들의 대화'에서도 나오지만, 수학의 실력은 중간고사, 기말고사를 치르는 과정에서 집중학습을 한 후에야 어느 정도 완성된다. 초·중 시기에 너무 먼 선행을 하게 되면 시간 낭비가 될 가능성이 크다. 영어나 국어는 단계를 밟으면서 학습해야 한다고 보기 어렵다. 하지만 수학은 절대 그렇지 않다. 단계 단계를 확실히 밟아야 한다. 수학을 '이해하는 학문'이라고 생각하는 사람들도 많겠지만, 어느 정도 수준이 될 때까지는 그 어떤 학문보다도 외울 것이 많은 학문이 수학이다. 그런 훈련으로 기본적인 사항들이 암기된 다음에야 비로소 '이해하는 학문'이 된다.

너무 어린 나이에 선행해 봤자 수박 겉핥기조차도 안 된다. 무거운 수박을 낑낑거리고 들고 와서 핥기는커녕 나자빠질 수 있다.

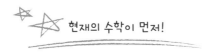

현재의 수학이 먼저!

수학, 어떻게 접근해야 할까?

◖ 수학은 계단식 상승

국어는 읽는 양을 아이 스스로 또는 부모나 학원에서 꾸준히 관리해 준다면 실력이 거꾸로 갈 일이 없는 학문이다. 물론 시기별로 문법, 작문, 어휘, 한자 등을 적절히 섞은 학습은 필요하겠지만 말이다. 영어도 마찬가지다. 쉬운 문장, 어려운 문장, 문법 공부, 단어 공부, 듣기, 받아쓰기, 말하기 모든 것이 다 내 것이 될 가능성이 크다. 국어, 영어 둘 다 꾸준하게 우상향하는 방식의 학습이다.

하지만 수학은 이와는 매우 다르다. 하루도 거르지 않고 매일 학습해야 하는 것은 국어, 영어와 같다. 다만, 수학 학습은 그래프로 치면 계단식으로 상승하는 그래프다. 때로는 정체나 계단식 하락이 나타날 수 있다. 앞선 과정을 제대로 다지지 못하면 그다음 단계에서 문제가 생긴다. 워낙 양이 많고 분야가 다양하므로 중간중간의 고비를 넘지 못하여 정체되거나 하락이 올 수도 있다. 고비가 오는 그때그때 상황에 맞게 대응할 방법을 찾아가며 한 단계씩 상승해야 한다. 수학의 선행이 쉽지 않고 그 효과가 생각보다 크지 않은 것도 수학이라는 학문의 특성인 것이다. 부모는 수학의 이런 특성을 잘 알고 있어야 한다. 국어, 영어와는 달리 일순간에 페이스가 무너질 수 있기 때문이다.

🌑 초·중 수학 만만하지 않다

수학이라는 학문은 워낙 오래된 학문이고 체계가 확실하다. 배우는 정도는 달라도 배우는 순서에서는 나라별로 크게 차이가 없다. 우리나라 교육과정이 몇 년에 한 번씩 개정되는데, 이를 잘 살펴봐도 수학은 별다른 변화가 없다. 과목명이 바뀌거나 약간의 가감이 있는 정도다. 배우는 순서에는 크게 변화가 없으며, 초·중에서 고등학교 과정으로 넘어가는 연결성이 매우 크다. 따라서 초·중 시기에 기초를 잘 다지지 않으면 절대로 고등학교 수학을 잘할 수 없다.

수학 과목의 교육과정이 오랜 기간 많은 노력으로 만들어졌고, 교육부에서 교과서를 검증하는 절차도 매우 까다롭다. 교과서들도 간결하게 잘 쓰여 있다. 그런데 많은 부모는 '교과서', '교육과정' 등을 중요하게 생각하지 않는다. 만약 미적분을 중학생 때 할 수 있다고 판단했다면 중학교 교과과정에 이미 넣지 않았을까? 학년마다 아이들이 배울 수 있는 수준에서 제대로 학습하는 게 가장 중요하다는 것을 잊어선 안 된다.

🌑 남이 잘 푸는 것은 중요하지 않다

수학 과목의 특성상 학습법도 영어와는 완전히 다를 수밖에 없다. 강의를 열심히 듣는 것으로는 절대로 실력 향상이 될 수 없다. 영어 과목은 유명 강사의 강의를 듣는 것도 좋은 학습법이 될 수 있으나 수학은 그렇지 않다. 수학의 강의는 대단히 화려하다. 새로운 풀이법을 보여 주면서 감탄시키기도 한다.

그런데 이렇게 화려한 강의는 그저 화려한 강의일 뿐이다. 그것을 '구경'함으로 내 실력이 향상되지 않는다. 남이 아무리 잘 풀고 내가 그것을 열심히 본다 해도 정작 내가 풀지 않으면 내 것이 되지 않는다. 강의를 듣는 시간보다 내가 직접 푸는 시간이 더 중요하다. 수학 선행 학원의 문제점도 거기에 있다. 빠른 진도 때문에 직접 푸는 시간보다 강의를 구경하는 시간이 많을 수밖에 없다.

선순환의 관점에서 생각해 보자

수학이 대학 진학에 있어 중요한 만큼 아직도 '수학 선행을 서둘러야 하는 거 아냐?'라고 생각하는 부모가 많을 것이다. 하지만 우리가 말하려는 것은 수학이 중요하지 않다는 게 아니라 어떤 '순서'로 해야 최대의 효율을 끌어낼 수 있을지 생각해 보자는 것이다. 과목별로 집중할 시기가 다르고 때가 있다. 물론 목표에 따라 순서는 바뀔 수 있다. 예를 들어 영재고·과학고를 목표로 하는 학생이라면 당연히 수학, 과학에 비중을 둘 수밖에 없을 것이다. 하지만 일반고·자사고를 진학해서 수시전형으로 대학 진학을 목표로 한다면 각 과목 간의 균형을 잡아줘야 한다.

이 과정을 우리가 앞서 언급한 '선순환'의 관점에서 생각해 보면 좋겠다. 초등학교 때는 국어, 영어로 선순환을 확실히 하고 수학을 하는 것이다. 그래야 중학교, 고등학교로 이어지면서 과목 간 균형도 맞출 수 있다. 당신의 초·중 자녀가 국어, 영어를 충분히 하고 있다면 수학 때문에 불안해할 필요 없다.

최상위 학생 6명 중에 수학 선행을 3~4년 한 학생은 자사고에 진학한 박완성 학생과 과학고에 진학한 최선행 학생이다. 또한, 정다독 학생과 나주도 학생은 선행을 안 하거나 예습 수준으로 한두 학기 정도 하는 데 그쳤다. 김완벽 학생과 이긴다 학생은 2년 이내다. 과학고 진학을 위해 선행을 많이 한 최선행 학생은 선행의 효과에 대해 '선행 당시에 해당 내용을 잘 이해하지 못했고 큰 도움이 되지 못했다', '선행과 현행은 간절함과 집중력에서 큰 차이가 있다'라고 말한다. 박완성 학생의 경우는 '본인 능력으로 할 수 있는 정도까지만 하는 것이 도움이 된다', '책을 많이 읽지 않아서 글을 읽는 속도가 느리다'라며 아쉬움을 표했다.

6인 최상위 학생들의 결과만을 가지고 선행이 도움이 되는지 안 되는지를 단언할 수는 없다. 다만, 수학의 선행은 국어, 영어보다는 좀 더 신중히 판단해야 하며 어떤 경우에도 현행이 우선임은 확언할 수 있다. 만약 중학교, 고등학교 시기에 수학 진도가 남보다 느리거나 성적이 뒤처질 때는 더더욱 현행에 집중하여 목전의 지필평가에서 최대한 실력을 끌어올리는 전략이 매우 중요하다.

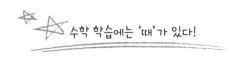

수학 학습에는 '때'가 있다!

선행학습의 필요성,
적합한 선행학습의 정도

최상위 학생들의 수학 (선행)학습 과정

구분	정다독	박완성	나주도	김완벽	최선행	이긴다
초1~3	다니지 않음 (선행 안 함)	학원가 (선행함)	다니지 않음 (선행 안 함)	다니지 않음 (선행 안 함)	다니지 않음 (집에서 선행)	다니지 않음 (선행 안 함)
초4~6		+4~6학기	+1학기	초6부터 +4학기	+6~8학기	+1~2학기
중학교		+4~6학기	+1~2학기	+2~4학기	+4~6학기	+2~4학기

이번에는 선행학습 얘기를 해 볼게요. 우선, 정다독 학생은 학원에 다니거나 선행을 해 본 적이 없다고 했는데, 선행이 도움되지 않는다는 건가요? 주변의 친구들이 대부분 선행을 했을 텐데 불안하지 않았나요?

정다독 선행은 사람에 따라 도움이 될 수도 있고 아닐 수도 있다고 생각합니다. 저는 어려서부터 예습, 복습을 열심히 하고 수업에 집중하는 방식으로 공부했어요. 선행하지 않았다고 불안하지는 않았습니다.

혹시 선행하지 않아서 도움이 된 것도 있나요?

정다독 학원의 도움 없이 공부하다 보니 혼자 공부할 수 있는 시간이 많았어요. 보통 다른 친구들은 학원에 다니는 시간이 너무 많아서 복습할 시간이 부족할 수밖에 없을 텐데 저는 달랐어요. 그리고 모르는 것을 학교 수업만으로 해결해야 했기 때문에 더욱더 수업에 집중하게 되더라고요.

과학고를 가기 위해서는 선행을 많이 해야 할 것 같은데, 최선행 학생은 어땠나요?

> **최선행** 네, 저는 선행을 꽤 한 편에 속한다고 생각합니다.

선행한 게 도움이 되었나요?

> **최선행** 고등학교 입학 전에 그 내용을 미리 훑어보았다는 점에서 어느 정도 도움이 되었겠죠. 하지만 선행 당시에는 해당 내용을 잘 이해했다고 할 수 없어서 큰 도움은 안 됐어요.

큰 도움이 안 되었다? 그럼 선행은 어느 정도로 하는 것이 좋을까요?

> **최선행** 고등학생이 되어 고등학교 내용을 공부하는 것과 선행하는 것은 간절함과 집중력에서 큰 차이가 있다고 봐요. 선행해야 한다면 본인의 능력으로 이해할 수 있을 만큼만 하는 게 실질적인 도움이 된다고 생각합니다.

간절함과 집중력에 큰 차이가 있다는 것은 공감이 가네요. 다른 학생 중에서 선행하면서 문제가 있었던 경험이 있는 학생은?

> **이긴다** 저 같은 경우는 중학교 1학년 때 고등학교 수학을 선행한 적이 있어요. 따라가는 것은 문제가 없었는데 심화는 잘 안 되더라고요. 그러다 중학교 2학년 첫 중간고사에서 수학

시험을 망쳐 버렸는데, 부모님께서 그 이후로는 당분간 선행을 줄이고 중학교 수학에 집중할 수 있게 해 주셨어요.

그럼, 그 이후로는 수학 선행을 하지 않았나요? 선행은 효과가 없다고 생각하나요?

이긴다 아뇨, 중학교 2학년 겨울방학부터는 다시 늘려나갔어요. 중학생 시절 현행보다 선행에 심하게 집중한 아이들을 보았는데, 대부분 결과적으로 고등학교에서 내신 포기자가 되었고 수시로 진학할 수 없었어요.

수학 선행이 포기자를 만들었다는 건가요?

이긴다 선행한 결과로 포기자가 된 것은 아니겠죠. 다만, 수학은 굳이 급하게 덤벼들 필요가 없는 것 같아요. 저는 수학은 암기과목이라고 생각해요. 암기를 엄청 많이 해야 돼요. 그래야 심화 문제를 풀 수 있으니까요. 그런데 중학교 때 학원에서 하는 고등학교 선행의 심화 과정은 암기조차도 못한 상태라서 이해도 힘들고 풀기 어려워요. 학교 시험이 끝나야 실력이 굳어지는데, 몇 년 앞서서 선행을 해 봤자 그 실력을 다질 시간이나 기회가 없거든요. 논리적으로 생각해 봐도 그리고 경험적으로 볼 때도 심한 선행은 시간 낭비가 될 가능성이 매우 커요.

다른 과목의 선행도 마찬가지라고 생각하나요?

이긴다 저는 영어만큼은 남들과 비교해 선행을 좀 많이 했어요. 그래서인지 대학에 진학할 때 그리고 현재 하는 공부에서도 그때 쌓은 영어 실력이 큰 도움이 되고 있어요. 선행해서 머릿속에 오래 남을 수 있는 과목은 선행해도 좋을 것으로 생각해요. 미리 공부를 많이 하는 것이 잘못된 건 아니니 과목별로 순서만 잘 정한다면 선행이 오히려 좋은 영향을 주는 경우도 있는 것 같아요.

박완성 학생은 선행학습을 어떻게 생각하나요?

박완성 선행이 도움이 될 수 있지만, 과도한 선행에 집착하는 것보다 내가 정말 이해하고 넘어가고 있는지에 따라 선행의 속도를 결정해야 한다고 생각합니다. 문제 몇 개 대충 외워서 풀 줄 안다고 내가 그 부분을 잘 아는 건 절대 아니에요. 개념을 완벽히 이해하고, 대표적인 문제들은 적어도 자연스럽게 풀어낼 수 있어야 선행의 '시옷'을 했다고 말할 수 있을 거예요. 이것조차 되지 않았는데 선행의 양에 집착하는 것은 미친 짓이라 생각합니다.

박완성 학생이 생각하는 과목별 적당한 선행 정도가 있을까요?

박완성 과목별로 적당한 선행의 정도는 없어요. 그냥 내가 이해되는 선까지 선행하면 된다고 생각합니다. 애초에 교육과정이라는 것이 그 나이에 학습하기에 최적인 내용으로 구성되어 있기에, 선행 내용이 이해되지 않는다고 머리에 문제가 있는 것은 아닙니다. 때가 되면 자연스럽게 이해할 수 있게 되는 게 아닐까요? 따라서 선행을 해야 한다면 본인의 능력으로 할 수 있을 만큼 하는 게 도움이 된다고 봅니다.

4장

시기별 전략

_국·영·수 학습 방법, 어떻게 짜야 할까?

이번 장에서는 초·중·고 시기별로 국·영·수 주요 과목을 어떤 방식으로 학습할 것인지에 대해 설명해 보겠다. 핵심은 국어는 적어도 중학교 3학년까지 놓지 말고 꾸준히 하라는 것, 초등학교 3학년에서 중학교 1학년 시기에는 영어 실력을 최대한 끌어올리고 수학의 선행 때문에 고민하지 말라는 것이다.

국어, 중3까지 꾸준히 읽자

책의 앞부분에서 문해력, 독서, 국어 학습에 관한 많은 얘기를 했다. 유아 시기부터 고등학교 3학년까지 하루도 놓아서는 안 되는 과목이 '국어'다. 시간이 갈수록 문해력이 더욱더 강조되고 있다. 하지만 영어와 수학이라는 커다란 벽에 몰두하다가 자칫 놓칠 수 있는 과목이기도 하다. 앞서 말한 '선순환'을 떠올려 보자. 순환의 시작은 국어(독서)다! 적어도 중학교 3학년 때까지 많이 읽고 최대한 국어 실력을 끌어올려야 한다.

◕ 초1~초2

이 시기는 책 읽는 습관을 만드는 시기다. 아마 부모들은 아이들과 유치원 시기(또는 그 이전)부터 책 읽기(듣기)를 많이 해 왔을 것이다. 그의 연장선상이라고 보면 된다. 그래서 이 시기에는 국어라는 과목을 배우기 위해 학원에 다니는 것은 큰 의미가 없다.

다만, 이 시기에 형성한 책 읽기 습관은 국어뿐 아니라 다른 과목의 학습 습관을 만드는 기초가 될 수 있음을 명심하자. 부모는 이 시기에 아이가 매일매일 꾸준하게 책 읽는 습관을 지닐 수 있도록 계속 시도해야 한다. 앞서 '국어 학습 전략'에서 말한 내용을 다음과 같이 요약해 본다.

- ☑ 일정 시간, 일정 간격, 일정 분량으로 책 읽기
- ☑ 한 분야의 책만 좋아하는 아이라면 그 분야와 관련한 다양한 장르의 책으로 관심 확장해 주기
- ☑ 책에 흥미가 없는 경우, 책을 많이 접할 수 있는 도서관, 서점에서 아이가 흥미를 느낄 만한 책 추천하기
- ☑ 책 읽기 캠프, 놀이를 통한 책 읽기 등 다양한 프로그램 활용하기
- ☑ 책 읽기를 방해할 수 있는 TV나 유튜브를 멀리하도록 지도하기

여기서 좋은 습관이 형성된다면 학원이나 선행학습 없이(또는 최소화하고) 공부를 해 나갈 수 있을 것이다.

● 초3~초4

초등학교 1~2학년 시기에 다행히 책 읽기의 중요성을 확실히 인식했고 책 읽기를 습관화했다면, 기존의 책 읽기 활동을 계속하면서 다른 형태의 책 읽기를 병행하면 좋겠다. 특히 이 시기에는 여럿이 하는 방법을 추천해 보고 싶다. 예를 들어, 부모들이 주도해서 친구들 간의 독서모임을 만들어 주는 것도 좋다. 또는 이런 활동을 이끌어 줄 수 있는 선생님을 섭외하는 것도 방법이다. 4~5명이 팀을 짜서 그룹활동을 하는 학원도 있다. 이렇게 주 1회 정도 모임을 하면서 토론, 글짓기 등의 활동을 해 볼 수 있고 다른 친구가 읽는 책에도 관심을 가져 볼 수 있다.

우리의 경우, 큰아이는 초등학교 4~6학년 시기에 4명의 아이가 매주 '독서모임'을 했다. 한 학부모가 중심이 되어 모임을 이끌어 주었는데, 시중에 있는 방법서를 참고하며 준비를 했다. 아이들의 구성도 남자아이, 여자아이 각각 2명씩이었다. 남녀 간에 생각차이도 있고 읽고 있는 책들도 다를 거라 이렇게 맞추는 게 좋다고 생각했다. 또한, 흥미 유발을 위해 독서와 관련된 활동(역사유적지 방문 등)과 더불어 토론과 글짓기도 매번 했다. 나머지 부모들도 적극적으로 협조했다. 수업 분위기가 나빠지지 않도록 항상 주의시켰고, 반드시 숙제(책 읽기)를 할 수 있도록 했다. 이런 몇 년간의 노력으로 아이들은 다양한 책을 꾸준히 읽을 수 있었다.

만약 이 시기까지도 책 읽기 습관이 형성되지 않았다면, 이제는 독서학원을 활용할 필요가 있다. '책 읽기를 위해 독서학원까지?'라고 생각할 수 있다. 하지만 영어, 수학보다 시기적으로 국어가 먼저라는 것에 공감한다면 학원에 다녀서라도 독서를 하게 해야 한다.

여기서 독서학원을 활용하는 현실적인 방법을 한 가지 말해 주고 싶다. 보통의 독서학원은 주2~3회의 과정이다. 이 경우 최소(2회) 과정을 몇 달 다녀 보고, 이와 동시에 주 1~2회 정도 독서학원과 유사한 방법으로 집에서 부모와 함께하는 것이다. 이때는 현재 학원에서 읽고 있는 분야, 형태의 책을 읽되, 읽는 방법도 학원의 방식을 따른다. 읽는 시간, 쉬는 시간, 간단한 피드백 시간 등 학원의 방식과 비슷하게 구성한다. 이러한 방식은 부모가 충분히 도와줄 수 있다. 그리고 아이로서는 학원에서 하는 방식과 유사한 방식이기에 쉽게 적응할 수 있다. 이렇게 해서 독서학원의 방식이 체득되면 그때는 학원의 도움 없이 부모와 함께 진행할 수 있게 된다.

◖ 초5~초6

이 시기는 본격적으로 논술(국어)학원을 활용해 볼 시기다. 늦어도 6학년에는 시작하는 것이 좋다. 부모들은 이 시기에 있어 학원이라고 하면 영어, 수학 위주로 생각하기 쉽다. 앞선 3~4학년 시기까지 책 읽기 습관을 잘 형성했다고 생각하는 부모들은 '아이가 책 많이 읽고 있다'라는 생각에 더욱 간과하기 쉽다. 그러나 이제부터는 '책 읽기'만으로 안심해서는 안 된다.

우리가 앞서 계속 강조해 왔지만, 대학 입시의 핵심은 '문해력'임을 절대 잊으면 안 된다. 영어, 수학 이전에 국어가 우선이다. 책 읽기가 아닌 국어가 우선이라는 것이다. 이제부터의 책 읽기는 국어 과목의 일부라고 생각하면 된다. 전략적 책 읽기가 시작되는 것이다. 책을 많이 읽으면 국어능력이 발달하는 것은 맞다. 하지만 읽기 외에 문법, 작문, 어휘, 한자 등을 공부하며 본격적으로 책 읽기를 시험에 필요한 능력으로 전환해야 한다(당연히 책을 많이 읽은 아이가 전환도 쉽다).

● 중1~중3

국어의 중요성을 잘 인식하고 초등학교 때부터 논술(국어)학원에 다니는 학생들도 중학교 1학년쯤 되면 영어, 수학 같은 다른 주요 과목의 학습량이 늘어나고 지필평가에 대한 부담도 커져 논술(국어)학원을 그만두기 쉽다. 그런데 우리는 힘들더라도 중학교 3학년 때까지는 다녀 보길 권한다.

고등학교 진학 후에는 교과서 지문, 문제집 지문 외에 따로 책 읽는 시간을 내기 어렵기에 중학교 3학년까지 최대한 읽어야 한다. 그리고 이 시기까지 형성된 아이의 '읽기능력'을 수능에 활용하는 기반으로 만들어야 한다. 수능 국어에서 필요로 하는 문해력의 기초를 위해 고등학교 진학 전 국어와 관련한 문법, 작문, 어휘, 한자 등도 차곡차곡 머릿속에 쌓아 두자.

고등학교에 진학하면 국어학원은 내신 위주로 선택하게 된다. 대개 많은 학원이 학기 중에는 내신을 대비하고 방학에는 수능 위주로 수업한다. 부모 때와 달리 문학, 비문학 외에 학년별로 문법, 화법과 작문 등 국어 과목이 세분화되어 있는데, 학원마다 학습 과정이 다른 데다 학생별로 공부해 온 양이 달라서 영어나 수학학원보다 고르기 더 어렵다. 그래서 이 시기에 아이에게 맞는 국어학원을 고르려면 부모의 세심한 발품이 필요하다.

이 시기에 다니게 될 국어학원은 문제풀이의 기술을 연마하는 곳이라고 보면 된다. 긴 문장의 핵심을 잡아내는 방법, 시간 배분하는 방법 등을 배운다.

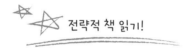

전략적 책 읽기!

영어, 초3~중1에 집중하자

영어는 시험만을 위해서가 아니라 실생활을 위해서라도 열심히 공부해야 한다. 정시(수능 위주)전형에서 대학별로 영어 과목에 점수를 반영하는 방식이 다르고 상대적인 중요도도 다르다. 하지만 상위권 대학에 목표를 두고 있다면 영어를 잘해야 한다.

대학에서도 사회에서도 중요한 영어. 시기별로 어떻게 전략을 짜야 내 아이에게 도움이 될까?

● 초1~초2

요즘 부모 중 아이를 일반유치원이 아닌 영어유치원에 보내는 경우가 많다. 그렇다 보니 아이를 일반유치원에 보낸 부모들은 '우리 아이가 영어유치원에 다닌 아이들에 비해 영어가 뒤처지는 건 아닐까?' 하며 아이들 간 영어 실력 편차를 걱정한다.

하지만 우리는 그렇게 생각하지 않는다. 아직 모국어도 제대로 습득되지 않은 시기의 영어 학습은 크게 의미가 없다. 물론 어떤 아이는 영어로 말도 몇 마디 할 줄 아는데, 내 아이는 알파벳도 못 읽으면 그것으로 인해 차이가 나는 것처럼 느껴질 수 있으나 이것으로 아이들 간 큰 차이가 난다고 판단하긴 어렵다. 그러니 크게 걱정할 필요 없다. 이 시기의 아이들은 많은 것들을 받아들일 준비가 되어 있으며, 이때 배우는 영어의 수준은 미국의 유아 수준이다. 따라서 초등학교 1학년부터 시작해도 충분하다. 영어 학습에 관심이 많은 우리도 둘째 아이 영어 공부는 초등학교 1학년 봄에서야 시작했다.

초등학교 1~2학년 시기 영어 학습은 읽는 방법(파닉스, phonics)을 기본으로 하고 기타 프로그램을 통해 흥미를 갖게 해 주는 것이 제일 중요하다. 학습 형태의 학원보다는 '영어를 다양하게 접하고 흥미를 유발할 수 있는 프로그램을 가진 학원 또는 과정'을 찾아 아이를 영어에 일정하게 노출시켜 재미를 느낄 수 있도록 유도해야 한다.

◖ 초3~초6

이 시기에는 외국어를 배울 수 있을 정도의 국어(모국어)능력이 어느 정도 갖춰지므로 본격적으로 학습을 위한 학원을 알아보자. 아이는 기존에 했던 방법과 달리 성취도 측정(입학 테스트, 승급 테스트)이 추가된 새로운 학습 환경에서 배울 수 있다. 부모로서는 아이의 학습 성향, 습성, 능력을 파악해 볼 기회이기도 하다. 특히 영어는 초등학교 3학년에서 중학교 1학년 시기에 집중적으로 학습해야 한다.

학원은 읽기, 쓰기, 듣기, 말하기 등 다양하게 할 수 있는 곳을 고르는 것이 좋은데, 그런 특징을 구별하기 어렵다면 어학원을 추천한다. 어학원은 다수의 학생을 가르치며 쌓은 많은 경험과 데이터를 가지고 있다. 그 데이터를 활용해 수준별 교육, 승급 시험 등의 시스템으로 아이의 학습 성과를 측정해 준다. 물론 이 부분에는 학원의 마케팅 전략이 포함되어 있지만, 좀 더 객관적으로 아이의 영어 실력을 파악해 볼 수 있다는 장점이 있다. 또한, 이를 통해 아이들의 경쟁심을 자극할 수도 있다. 아이에게 있어 이러한 학습 환경은 영어 학습을 위해서가 아니더라도 한 번쯤 경험해 볼 만하다.

시작 시기는 아이의 학습 정도에 따라 달리해야겠지만, 초등학교 3학년 또는 4학년이다. 내 아이가 아직 준비되지 않은 것 같다면 3학년 1~2학기 정도는 1~2학년에 했던 과정을 좀 더 해도 된다. 급한 마음에 갑자기 어학원에 보냈다가 공부 자체에 흥미를 잃을 수도 있다. 이 시기 아이들의 흥미는 곧 학업 성과와 직결된다. 만약 아이가 '공부는 어려운 것이고 학원은 가고 싶지 않은 곳이야'라고 인식한다면 다른 과목의 학습에도 좋지 않은 영향을 끼칠 것이다.

● 중1~중3

국어와 마찬가지로 중학교 3학년 때까지는 최대한 영어 학습을 많이 해 두길 권한다. 열심히 한 결과로 중학교 1~2학년 때 어학원 진도가 빨리 끝났다고 해도 고등학교에 입학하기 전까지는 하루 일정량 영어 공부할 거리(학원, 교재 등)를 부모가 찾아 주어야 한다.

앞에서 중학교 1학년 시기에 문법 공부를 해 두라고 언급했었다. 한 가지 주의할 점은 초·중 시기 어학원에서 방학 특강으로 1~2개월 영어 문법을 수강하는 것은 좋은 방법이 아니다. 문법을 배울 때는 적어도 6개월 정도의 시간을 가지고 처음부터 끝까지 한번 마무리해 보는 걸 권한다. 빠르면 초등학교 6학년 여름방학부터 2학기까지 또는 중학교 1학년 자유학기제 기간과 앞뒤의 방학을 활용하여 학원, 인강 등 별도로 공부할 방법을 찾아야 한다.

중학교 1학년 시기부터는 읽기의 방법도 달라져야 한다. 이전처럼 관심사 위주의 읽기가 아닌 조금 더 '전략적인 읽기'로 바꿀 필요가 있다. 수능에는 기사, 논설, 광고, 대화, 과학, 문학 등 다양한 형태와 주제의 콘텐츠가 출제되므로, 양보다 질에 초점을 맞춘 읽을거리를 준비해 폭넓은 어휘와 문장을 접할 수 있는 환경을 만들어 주는 것이 좋다. 중학교 2학년에서 고등학교 3학년까지는 독해력을 유지하면서 어휘력을 높이는 활동이 최선이다.

앞서 국어학원 이야기와 같이 고등학교 때 다니는 학원에서는 내신과 수능을 동시에 대비하게 된다. 학기 중에는 내신을 대비하고 방학 때는 수능을 대비한다. 수능 영어 풀이를 위한 기술, 요령을 배워야 한다. 물론 고등학교 때는 수학, 과학에 비중을 더 둘 수밖에 없어 학생에 따라서는 영어학원을 안 다니기도 한다. 하지만 중학생 때까지 영어 학습이 잘 되어 있는 경우라 하더라도 일정량의 영어 학습 계획을 세우고 있어야 한다. 시간은 적더라도 밀도 있게 공부할 수 있도록 계획표를 짜는 것이 좋다.

주의할 점은 초·중 시기에 영어 공부를 많이 해 두었음에도 고등학교 내신시험에서 의외로 저조한 성적이 나올 수 있다는 것이다. 이것은 영어 내신시험이 교과서 위주이고 난이도 조절의 수단으로 주로 문법 문제가 이용되기 때문이다. 내신시험을 잘 보기 위해 문법 학습에 집중하기엔 고등학교 시기는 다른 과목 학습으로도 바쁘다. 앞서 계속 초등학교 6학년에서 중학교 1학년 시기에 기본적인 문법 공부를 해 두라고 한 이유 중 하나가 여기에 있다.

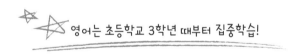

영어는 초등학교 3학년 때부터 집중학습!

수학, 시기별 위기를 잘 넘겨라

우리는 큰아이의 학습 과정에서 국어, 영어의 학습 전략이나 학원의 선택은 나름 성공적이었다고 생각한다. 하지만 정말로 아쉬웠던 것은 수학이었다. 현행을 고려하지 않은 심한 선행, 미적분 선행에서 개념을 경시하고 문제풀이 위주의 접근, 정작 많이 풀어야 할 시기에 많이 풀지 못한 것 등…. 생각해 보면 많은 아쉬움이 남는다.

이제부터 말하는 수학의 시기별 전략은 국어, 영어보다 좀 더 세밀하게 설명해 보겠다. 일단 원칙은 다음과 같다. ※ 이와 관련해 우리가 만든 로드맵은 【부록 2】에 있다.

- ☑ 수학 선행의 기간은 최대 4학기로 잡는다.
- ☑ 선행보다 현행 다지기가 우선이다.
- ☑ 매일매일 일정량을 학습한다.
- ☑ 아이와 주기적으로 대화하고 상태를 계속 관찰한다.
- ☑ 중간고사, 기말고사 때 해당 단원의 문제량을 늘려서 실력을 완성한다.

◖ 초1~초2

이 시기에는 특별히 학원으로 할 수 있는 것이 거의 없다. 다닌다면 흥미 위주의 학원이나 사고력 중심의 학원 정도인데, 큰 기대를 하지 않는 것이 좋다. 오히려 이보다는 집에서 꾸준히 할 수 있는 문제집이나 학습지를 풀어 보게 하는 것이 더 좋다. 주의할 점은 덧셈, 뺄셈, 곱셈 등의 연산 속도에 집착하지 말라는 것이다. 이것을 빠르게 잘하는 것이 수학의 능력일 수도 있다. 그러나 초등학교 1~2학년 시기에는 이것을 다른 용도로 써야 한다.

당장 아이가 알고 있는 수학은 덧셈, 뺄셈, 곱셈이 전부겠지만, 이것을 가지고도 여러 활동을 할 수 있다. 다양한 방법으로 풀게 하는 책들이 시중에 많이 있다. 잘 활용하면 아이들 수학 지능 향상에 정말로 큰 도움이 된다. 충분히 부모가 같이할 수 있다. 곱셈이 같은 수를 여러 번 더한(동수누가, 同數累加) 결과라는 사실 하나만 가지고도 많은 것을 할 수 있다. 자연수의 덧셈이나 뺄셈을 여러 가지 방법으로 하게 되면 자연스럽게 결합법칙을 알게 되고 정수의 덧셈, 뺄셈까지 할 수 있게 된다. 구구단을 단지 외우는 것만으로 끝낸다거나 주산학원에 다니는 것은 부모와 함께 공부하면서 좋은 시간을 보낼 기회를 버리는 것이다.

◖ 초3~초6

초등학교 3학년이 되면 학교의 과목 수가 늘어난다. 수학의 경우, 자연수 위주의 수학에서 본격적으로 분수, 소수, 나눗셈의 개념을 배우게 된다. 2019년 한국교육과정평가원(KICE)이 발표한「초·중 학교 학생 50명의 성장 과정에 대한 연구」에 따르면 초등학생들이 수학에서 처음으로 어려움을 겪는 시점이 초등학교 3학년 '분수'를 배울 때라고 한다. 또한, 모 시민단체에서 학생과 교사를 대상으로 한 조사에서는 다수의 교사가 수포자(수학 포기자)는 초등학교 3학년의 분수, 나눗셈 그리고 5~6학년의 분수의 사칙연산 단계에서 많이 발생한다고 대답했다. 이러한 사실들을 감안하여 초등학교 3학년부터 6학년까지 수학의 시기별 전략을 살펴보자.

초등학교 2학년 겨울방학부터는 다음 학기 선행을 한다. 선행이라기보다는 예습이라고 보면 좋겠다. 아이에 따라 학원을 다니지 않고도 할 수 있다. 수학은 엄마들이 이끌어 줄 수 있다. 시중에 이것을 안내해 주는 좋은 책(방법서, 교재)들이 많다.

교재는 보통 아래와 같은 순서로 공부하게 된다.

요즘 교재들은 개념(연산)과 유형, 유형과 심화가 섞여 있는 경우도 있어 만약 이렇게 구성된 교재로 공부한다면 '유형 → 심화', '유형 → 심화 → 문장제' 순서도 좋다. 문제의 양이 적기 때문에 방학에 개념(연산), 유형서까지 진도를 나갈 수 있으며, 이렇게 한 뒤에 학기 중에는 심화서를 하면 된다. 국어, 영어의 진도에 문제가 없는 경우에는 심화서를 하나 더 하거나 문장제 문제집(서술형 문제집)을 풀어 보길 권한다.

명심할 것은 욕심을 내지 않아야 한다는 것이다. 수학은 4학년 때까지 이 정도의 페이스를 유지하고 국어, 영어에 좀 더 시간을 배분하는 것이 좋다. 만일 방학 중에 유형서에서 막히는 경우 학기 중에 기존 유형서를 다시 풀고 마무리해도 된다. 이때는 오답 문제를 집중적으로 한 번 더 풀고, 이후 다른 유형서를 하나 더 풀어 보면 학습한 부분을 확실하게 다잡을 수 있다.

그렇다면 다른 교재로 넘어가는 기준은 어떻게 정하면 좋을지

고민이 될 것이다. 이에 우리는 '정답률 70%를 기준'으로 하는 것을 권하고 싶다. 단계별로 70% 이상 정답률을 보이면 다음 단계를 한 권 더 하고, 그렇지 않으면 오답 문제를 다시 풀고 유사한 수준의 교재를 하나 더 하는 정도에서 마무리하는 것이다.

더 나아가, 아이를 수포자로 만들지 않기 위해 공부 순서와 교재 선택만큼이나 중요한 것이 있다.

- ☑ 아이의 수학 공부 시간을 정해 매일 공부할 수 있도록 습관을 길러 준다.
- ☑ '수학은 내가 직접 풀어야 진정 내 것으로 만들 수 있다'는 점을 아이에게 항상 인지시킨다.
- ☑ 아이가 수학을 공부할 때 지치지 않는 수준이 어느 정도인지를 면밀히 파악하여 학습의 양이나 시간을 조절해 준다.

4학년 겨울방학부터는 선행(예습) 속도를 높여 본다. 이제부터는 학기 중에도 선행해서 5학년 2학기까지 5~6학년 과정을 진행한다(5학년에 비해 6학년 수학은 어렵지 않다). 5~6학년의 현행은 4학년까지의 방법과 같이 학기 중에 심화서(문장제) 위주의 문제풀이로 마무리한다.

◖ 중1~중3

실생활에서 볼 수 있는 자연수, 소수, 분수 중심의 초등학교 수학과 달리 중학교 수학에서는 기호를 사용하는 추상의 수학이 본격적으로 시작된다. 이때가 하나의 고비가 될 수 있기에 잘 다지면서 가야 한다. 부모가 아이의 상태를 잘 확인해야 한다.

우리가 짜놓은 로드맵에서는 5학년 겨울방학부터 중학교 수학 선행을 시작해야 함을 제시한다. 중학교 수학 학습의 기준은 다음과 같다. 이 기준을 기반으로 여기에 맞게 학습하면 된다.

- 현행이 더 중요하다. 중학교에서의 현행은 해당 시기의 단원을 마무리하는 것이 목표다. ─고등학교 시기도 마찬가지다─중간고사, 기말고사 때 해당 단원을 마무리하는 것을 목표로 해야 한다. 수학은 다지면서 가야 한다. 중학교 과정이 흔들리면 고등학교 과정을 제대로 할 수 없다.
- 내신시험이 없는 기간(자유학기제)에는 성과를 파악하기 어렵다. 이 기간에도 현행을 놓치면 안 된다. 현행에 문제가 없는 경우에는 학기 중에도 선행해 볼 수 있다.
- 중2~3시기에는 학기 중에 일부 선행을 할 수 있다. 하지만 이것도 현행에 문제가 생기면 방학 때로 계획을 바꿔야 한다.
- 현행에 문제가 생기는 경우 과외교사를 구해서라도 보충해야 한다. 부모가 빠른 판단을 해야 한다.

고1~고3

고등학교 수학의 경우는 학습할 양이 많아 학기 중에 선행을 병행한다는 건 어려우므로 학교 내신시험에 집중하는 게 더 좋은 선택이다. 수능을 위해 따로 공부한다기보다 학교 시험을 대비하며 개념을 충실히 하고 푸는 문제의 양을 늘리는 과정에서 탄탄하게 실력을 완성할 수 있다. 수학은 내신 대비와 수능 대비가 크게 다르지 않다. 학원(인강)이 과목별, 수준별로 세분되어 있어서 학생의 수준에 따라 선택하면 된다.

수학 선행은 신중하게!

5장

성과 체크,
학원 고르기 그리고 그만두기

이번 장은 초·중 시기의 성과 체크와 학원 고르기, 그만두기에 관한 이야기다. 대부분의 학생이 학교보다 학원에 학습을 의존하는 현실이다. 학원의 실체를 잘 알고, 잘 고르고, 잘 그만두는 방법을 알고 있어야 한다.

학원의 선행학습은 마케팅?

◐ 학원은 잘하는 학생들 위주로 돌아간다

유명 학원들은 잘하는 학생을 기준으로 진도를 짠다. 그렇기에 빠르게 선행을 진행하는 것이다. 부모들은 내 아이가 잘하는 학생과 섞여 있는 것에 만족하고 그들과 똑같은 진도를 나가면 최상위권이 될 수 있다고 생각한다. 그런데 이는 잘못된 판단이다. 한두 명을 대상으로 하는 수업에 내 아이가 들어 있다. 그 아이가 내 아이라면 좋겠지만 현실은 그렇지 않을 확률이 높다.

학원은 잘하는 학생들을 잡으려 혈안이 되어 있고 때로는 그들에게 우리가 잘 모르는 장학금(할인)의 혜택도 있다. 레벨 테스트의 수준을 높여 잡는 것과 재원생 중 잘하는 학생의 학교와 등수를 말해 주는 것도 당연히 마케팅이다. 그 마케팅에 내 아이가 들러리가 될 수 있다. 이것은 특히 수학 과목에서 많이 발생한다. 부모는 아이에게 선행(先行)을 시키려다 남의 학비를 대주는 선행(善行)을 할 수도 있다. 우리 아이가 학원의 들러리가 되고 있는 건 아닌지 계속해서 확인해야 한다.

🌑 학원은 필요해서 다니는 곳

학원이라는 곳은 학습에 도움을 받기 위해 다니는 곳이다. 그렇기에 아이의 성적 향상이나 학습 습관 형성에 도움이 되는 경우도 많다. 하지만 학교와는 달리 학원은 엄연한 사업체며, 영리 기업이다. 따라서 각종 마케팅 전략을 사용해 수익을 창출하려는 것은 당연한 일이다. 그렇지만 몇 가지 눈살을 찌푸리게 하는 사례들도 있다. 말 안 되는 이유를 달아서 해외여행 등 학습 외적인 활동을 하는 때도 있고,—말 안 되는 것은 알고 있지만 빠지면 아이도 부모도 자존심이 상할 수 있다—때로는 온라인 신청을 받지 않고 현장 접수를 한다고 하여 밤새 부모가 줄을 서기도 한다.—그런 학원에 아이를 보내봤지만 별다른 게 없었다. 감기 치료비만 나갔다―그만두려고 하는 경우 '한 번 그만두면 다시는 재입반이 어렵다'는 이야기를 하기도 한다. 우리의 경험으로 볼 때 이 모두 다 크게 의미를 가질 필요 없는 것들이다.

홈쇼핑을 생각해 보자. 쇼호스트들은 "이번이 마지막 기회, 방송 중에만 이 가격!"이라고 말한다. 그리고 방송에 나온 맛집만 하더라도 많은 사람이 줄 서서 먹고 있으면 나도 거기에 줄을 서야 할 것 같고 안 먹으면 안 될 거 같은 생각이 들기도 한다. 그런데 정말로 양심적으로 식재료를 사용하고 가격도 예전 가격을 유지하려 노력하는 좋은 식당들도 잘 찾아보면 많이 있다. 홈쇼핑의 물건은 그날만 팔 리가 없다. 팔면 남는 것인데 왜 그날만 팔까?

학원의 마케팅 전략도 이러한 심리를 파고드는 걸 전제로 한다. 학원에서 상담하게 된다면 학원 측에서 하는 얘기를 잘 들어보자. 그리고 TV 홈쇼핑과 유사한 멘트를 날리고 있는지를 살펴봐라. 학원은 학습에 필요해서 다니는 곳이다.

우리가 학원에 대해 부정적인 부분만을 말하려는 것은 아니다. 마케팅은 '소비자'가 원하는 부분이 있어서이기도 하다. 학생과 학부모를 잘 배려해 주는 학원도 많다. 또, 학교 선생님보다 더 학생에게 관심을 가지고 진심으로 조언해 주는 강사들도 많다. '소비자'로서 냉정한 판단을 하고 최대한 잘 활용해야 한다.

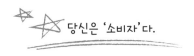
당신은 '소비자'다.

학습 성과 알아보기, 학원 활용하기

초3~초6의 학습 성과를 알아보는 방법

초등학생들의 학습 성과는 세세하게 파악하기 힘들다. 학교에서도 기초적인 수준의 단원평가 정도가 다이기에 학생들의 세세한 성과를 측정하기 쉽지 않다. 따라서 초등학생 아이를 둔 부모들은 내 아이의 학습 수준과 진도를 결정하는 데 있어 더더욱 어려울 수밖에 없다. 예전과 같은 정기고사가 있다면 그에 맞추어 아이의 부족한 부분도 알 수 있고 그때그때 부족한 것을 보충할 수도 있을 텐데 지금의 제도상으로는 어렵다. 한편으로는 이 시기에 정기고사가 있으면 사교육이 더 성행하게 되어 아이들이나 부모들이 힘들어지는 기간도 더 길어질 것이다.

초등학교에서 배우는 영어는 사교육에 한참 뒤처져 있어 학교 내에서의 학습 성과는 크게 의미가 없다. 국어의 경우는 정량적으로 성과를 측정하기 어려운 과목이다. 수학은 답이 있는 과목이기에 성과를 알 수 있지만, 학교를 통해 성과를 파악하는 데는 한계가 있다. 또한, 수학학원의 커리큘럼을 쫓아서 진행하다 보면 진도에 연연하다가 성과는 뒤로 미룰 가능성이 크다.

그렇다면 초등학생의 학습 성과, 어떻게 확인할 수 있을까? 일단 학교 선생님과의 면담 기회를 잘 활용해야 한다. 시험은 보지 않지만, 선생님은 반 아이들을 기준으로 상대적인 비교를 해 줄 수 있는 사람이기 때문이다. 부모의 적극성에 따라 좀 더 상세한 얘기를 들어 볼 수도 있다. 따라서 선생님과의 면담 일정이 잡히면 부모는 물어보고 싶거나 확인하고 싶은 내용을 보다 구체적으로 정리해 가야 한다.

다른 방법으로는 현재 다니고 있는 학원에서 중간중간 치르는 시험 결과를 참고하여 학원의 담당 선생님에게 묻는 것이다. 하지만 이것도 학원의 마케팅 전략이 들어가 있을 수 있으므로 완전히 객관적인 평가가 아닐 수도 있다는 점은 감안해야 한다.

이 외에 타 학원의 테스트를 이용하는 방법도 있다. 보통은 학원의 입학 상담을 하는 과정에서 1~2만 원을 주고 테스트를 보게 된다. 물론 이 테스트도 학원의 마케팅과 관련이 있어 어렵게 출제하는 경우도 적지 않다. 기존에 학원을 다니는 아이들이 있으므로, 신입생을 상급반에 바로 넣는 것이 어렵기도 하지만 일종의 '공포 마케팅'으로 위기감을 주어 학원 입반을 유도하기 위함이다. 그래도 기존에 다니던 학원에서 보던 익숙한 테스트보다 아이의 현 수준을 파악하는 데 매우 유용한 것만은 분명하다. 그렇기에 이를 아는 부모들은 '학원의 유료 테스트'를 여러 과목에 적극적으로 활용하고 있다.

🌑 중학교 학습 성과 체크와 대응방법

중학생 시기의 성과는 내신성적과 학원의 시험 결과로 알 수 있다. 내신성적에는 석차가 나오지 않기 때문에 이를 통해 성과를 정확히 알기 어렵다. 반면, 학원 시험의 성적과 평균점수는 알 수 있다. 만약에 아이의 점수가 계속해서 최상위인 경우에는 학원을 교체해야 한다. 계속해서 도전하게 해야 한다.

그러나 계속 평균 이하의 성적이 나오는 경우는 빨리 학원 및 아이와 대화하고 원인을 파악해야 한다. 성실히 하는데도 그런 경우에는 아이에게 학원이 안 맞는 것이다. 이럴 때는 과감히 그만두고 좀 아래 레벨의 다른 학원에 다녀야 한다. 특히나 현행마저 흔들릴 때는 선행을 그만둬야 한다. 억지로 상위 레벨 학원을 고수해서는 안 된다. 여기에서 부모가 아이를 빨리 건지지 않으면 다른 과목에도 영향을 주거나 아이 스스로 포기할 수도 있다. 부모는 이 과정에서 아이와 많은 대화를 해야 한다. 아이마다 약점 있는 과목들이 있다. 그리고 만회할 수 있는 시간은 아직 있다. 하지만 평상시 대화가 많지 않은 경우 문제를 알아차리기 어렵다.

과목별 학원 고르기, 그만두기

◉ 학원과 교재는 학습 습관을 만들어 주는 것이 우선

세상에는 좋은 학습 방법들이 많다. 학습 방법을 몰라서 공부를 못한다고 생각하지 않는다. 우리가 지금까지 계속 설명한 것처럼, 학습에 있어 방법보다는 전략과 습관이 공부를 잘하는 데 더 큰 영향을 미친다고 본다. 따라서 초·중 시기에 교재나 학원 등은 학습 습관 형성에 도움이 되고 효율이 높은 것을 선택하면 된다. 초·중 시기에 형성된 습관은 고등학교까지 가며, 그래야 그 시기도 잘 버틸 수 있게 된다.

교재는 반복해서 봐도 지루하지 않은 스타일이 좋다. 하루하루

끝내간다는 성취감을 느낄 수 있도록 분책(여러 권의 얇은 책으로 구성된 것) 되어 있는 것도 추천하고 싶다.

학원의 경우 다수와 함께 공부한다는 점, 학습 환경을 달리한다는 점 등 아이의 내·외적으로 영향을 줄 수 있는 만큼 주변의 평을 들어 보고 직접 상담도 해 보는 등 더 세심하고 신중하게 알아봐야 한다. 특히 상담 과정에서 '꾸준하고 성실하게 수업할 수 있을지'를 면밀히 짚어 보는 게 중요하다. 또한, 등록한 뒤에도 수업과 숙제를 학원에서 적절히 배합해서 관리해 주고 있는지, 아이가 선생님이나 친구들과의 관계에 있어 어려움을 겪는 건 아닌지, 계속 같은 학원에 다닐 만한 학년별 커리큘럼을 갖추고 있는지 등을 신경 써서 파악해야 한다. 만약 이런 조건들이 부모 입장에서나 아이 입장에서 흔들린다고 느껴진다면 즉각 학원을 교체한다. 초·중 시기의 학원 선택은 유명세보다 성실함이 우선이다.

고등학교에 입학 후에는 일명 '일타강사'와 나름 업계와 부모, 학생들 사이에서 검증된 학원들이 잘 알려져 있어 선택에 별 어려움이 없을 것이다. 오히려 초등학교 시기의 학원 선택이 가장 어렵다. 왜냐하면, 초등학생을 대상으로 하는 학원은 진입 장벽이 높지 않은 데다 입소문은 마케팅에 의한 것일 수도 있으며, 주변 부모들 사이에서 떠돌아다니는 각종 '썰'을 걸러내야 하기 때문이다. 따라서 부모가 내 아이의 성향을 기반으로 학원 선택에 대한 명확한 기준을 잘 세워서 선택해야만 한다.

화려한 책, 화려한 강의, 공부 비법이 일시적으로 눈길을 끌 수는 있겠지만, 질리지 않고 꾸준히 할 수 있도록 도와주는 책, 강의,

학습 방법이 더 효과가 크다는 점을 항상 기억하자.

📢 국어학원 고르기 – 초6에서 중3까지 같이 갈 수 있는 학원을 찾는다

영어, 수학과는 달리 국어(독서, 논술) 과목의 특성상 점수만으로는 성취도를 알아내기 어렵다. 상대적인 비교를 할 수밖에 없어서 학원 상담에 의존해야 한다. 그렇기에 아이의 학습 상황, 수업 내용 문의 등 기본적인 소통이 잘되는 학원, 그리고 될 수 있으면 직접 가르치는 선생님과 소통할 수 있는 학원을 고르는 게 좋다.

초등학교 4학년까지는 책 읽기 위주의 학원을 추천한다. 일단 국어라는 영역을 과목으로서가 아닌 책이라는 콘텐츠로 흥미를 느끼게 하면서 다양한 분야를 접해 볼 수 있는 커리큘럼을 가진 학원을 보낼 것을 권하고 싶다.

본격적으로 고학년이 되는 초등학교 5~6학년 때는 중학교 과정을 포함하고 있는 학원을 찾아야 한다. 만약 중학교 과정의 커리큘럼이 제대로 갖춰져 있지 않거나 아이에게 맞지 않다는 판단이 들면 학원을 빠르게 교체해야 한다. 왜냐하면, 학원마다 주력으로 하는 커리큘럼이 달라 중간에 학원을 옮기게 된다면 전체 과정에서 부족한 부분이 생길 수 있기 때문이다. 예를 들어, 이전 학원에서 아직 문법을 안 배웠는데 새 학원에서는 이미 지나간 진도라면 이를 보충하기 어려울 수 있다. 따라서 초등학교 6학년 때(늦어도 6학년 말)까지는 중학교 3학년까지 다닐 만한 학원에 정착하는 것을 추천한다.

초등학교 6학년부터 중학교 3학년까지는 우리가 「4장 시기별 전락」에서 말했던 과정을 진행하면 된다. 책도 분야별, 종류별로 다양하게 고르고 문법, 작문, 어휘, 한자 등을 골고루 섞어 가르치면서 아이가 국어 과목에 익숙해지도록 이끌어 주는 학원이 좋다.

☕ 영어학원 고르기 – 어학원, 중소 학원 나름의 장점이 있다

영어학원은 어학원과 중소규모 학원으로 나눠 설명해 보겠다.

우선 어학원의 경우엔 승급시험, 퀴즈 등의 과정이 있고 부모에게 즉시 알려주는 시스템이라 성과 측정에 유리하다. 축적된 데이터를 이용하여 상대 비교가 가능하며, 데이터를 가지고 부모와 면담하는 시간도 있다. 또한, 읽기를 중심으로 하면서 듣기, 쓰기, 말하기를 골고루 섞은 커리큘럼으로 수업을 진행한다.

어학원별로 토플 중심, 미국 교과서 중심 등 형태가 다양하다. 특별히 어떤 곳이 더 좋다고 생각하지 않는다. 여러 곳을 상담해 보고 테스트도 본 뒤에 아이와 맞는 곳을 고르면 된다. 보통은 3개월 단위로 코스가 진행되며, 초등학교 3~4학년에서 중학교 2~3학년까지 오랜 기간 다닌다고 생각해야 한다. 중간에 쉬기도 하고 학원을 바꾸는 경우도 있다. 어학원별로 장점이 있으므로 여러 곳을 각각 경험해 보는 것도 나쁘지 않다. 일반적으로 테스트를 본 후 입반하기 때문에 계속 똑같은 기초 과정부터 배우는 건 아닌가 걱정하지 않아도 된다.

어떤 부모들은 어학원이 '다수의 학생이 다니다 보니 내 아이에게 어느 정도 맞춰줄 수 있는 커리큘럼이 아니라 고정적이고 획일적인 교육이지 않을까' 하고 걱정하기도 한다. 여기에 거부감을 가지는 부모들은 중소규모 학원을 찾아가기도 한다. 물론 아이에 따라서는 중소규모 학원에서 더 좋은 성과가 나올 수도 있다.

만약 중소규모 학원에 다니기로 했다면 내 아이의 학습 성향을 잘 파악해 주고 부모와 소통이 잘되는 학원을 찾길 바란다. 내 아이가 초등학교 저학년이라면 아이의 흥미를 꾸준하게 유지해 주고 부모에게 피드백을 줄 수 있는 세심한 케어가 가능한 학원인지를 알아보면 좋다. 또한, 초등학교 고학년 시기에는 부모가 학원들의 커리큘럼을 상세히 살펴봐야 한다. 그 학원이 내세우고 있는 커리큘럼이 내 아이의 부족한 부분을 채워줄 수 있는지를 보면 된다. 만족할 만한 시스템이라면 6학년 때쯤 정착하는 것이 좋다. 어학원은 중간에 교체해도 별문제가 없지만, 중소규모 영어학원은 중학교 3학년까지 마무리할 수 있는 곳을 선택해야 한다.

● 수학학원 고르기 - 수치로 정해 본다

수학은 배우는 순서가 일정하다. 따라서 학원을 옮긴다 해도 진도가 뒤섞이지 않는다. 더군다나 선택할 수 있는 여지도 많다. 앞서 「4장 시기별 전략」에서 수학 과목 전략을 다루며 70% 이상의 정답률로 교재의 단계를 높이라는 기준을 소개한 바 있다. 이 기준처럼 수학학원을 선택하고, 계속 다니고, 옮기는 것도 수치로 기준을 정해 볼 수 있다.

만약 아이 성적이 학원에서 상위 30% 이내로 계속 유지되면, 상위 레벨 반 진입을 시도해 보거나 다른 학원의 테스트를 통해 레벨을 올려 보는 것도 해 볼 만하다. 하지만 아이가 학원에 다니고

2개월간 30% 이내로 진입하지 못한다면 학원 교체를 고려해야 한다. 첫 한 달은 적응 기간이라고 볼 수 있으나 한 달 이상 지속된다면 아이에게 학원이 맞지 않을 가능성이 크므로 바로 옮길 것을 권한다. 보통은 학원이 3개월 단위로 과정이 마무리되므로 마지막 한 달 기간에 다른 학원을 준비하면 된다. 이때는 원래 아이의 수준보다 한 단계 낮거나 기존에 공부하던 진도보다 조금 늦은 학원을 선택하면 된다.

이를 판단하는 데 있어 30% 기준도 제시했지만, 무엇보다 아이의 말을 잘 들어 보는 것이 중요하다. 수업이 어려운 것인지, 숙제량이 많은 것인지, 수업 분위기가 문제인지 등등 이유를 파악하고 아이가 힘들어하는 것에 대한 대안을 마련해 줘야 한다.

한 단계 낮은 학원으로 옮기는 것이 쉬운 선택은 아니다. 하지만 부모 욕심에 계속 유지하다 보면 자신감도 잃게 되고 수학을 포기할 가능성이 커진다. 만일 특정 단원에 약점이 보이거나 학원에 적응을 못 하는 경우에는 개인 과외도 고민해 보자.

◔ 서로 불안해한다면 차라리 대화 상대를 바꿔라

학원과 선행을 좀 다른 관점에서 얘기해 보겠다. 아빠 저자는 큰아이 초등학교 4학년 때 다니던 ○○어학원에서 주최하는 학부모 모임에 2개월간 나간 적이 있다. 각지에서 온 학부모들과 매 주말 모여서 새로 도입되는 PAPERLESS 방식의 수업을 품평하는 모임이었다. 그 자리에 온 부모들은 주로 신도시 등의 지역 학군지에 사는 부모들이었다.

그런데 이들에겐 공통적인 고민이 있었다. 다른 학부모들이 아이들 저학년 때부터 영어, 수학, 체육, 음악 관련 별별 모임을 계속 만든다는 거였다. 나가지 않으면 왕따가 될 것 같아서 여기저기 나가게 되고, 맞벌이로 주말에 쉬고 싶은데 빠지지도 못한다고 했다. 대부분 아이 교육이 처음인지라 다른 아이들이 무엇을 하는지 궁금하기도 하고, 왠지 모임에 참여하지 않으면 아이에게 필요한 정보에서도 멀어지는 것 같아 불안감도 든다고 했다.

그 모임에서 특별히 공감이 가는 말씀을 하신 한 분이 있었다. 둘째 아이 키우는 엄마였는데, 둘째 키우면서는 그런 모임을 전혀 신경 쓰지 않게 되었다고 했다. 각종 정보는 엄마들 얘기보다 오히려 경험 많은 학원 실장님들한테 듣는 것이 실질적인 도움이 되었다고 했다. 학원 실장님들은 학원에서도 아이들을 많이 보겠지만, 본인들도 학부모인지라 더 풍부한 피드백을 준다고 덧붙였다. 그리고 그런 분 중에 고수가 많다는 것이었다.

우리도 이 부분은 공감하며 학원에 갈 때는 궁금한 것을 챙겨서 실장님들에게 자주 물어봤다. 그러다 보니 그 학원에 대한 정보 외에 다른 학원, 다른 과목 정보, 강사 정보, 입시제도, 다른 부모들의 트렌드 등의 정보를 얻으면서 많은 도움을 받았다.

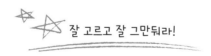
잘 고르고 잘 그만둬라!

Part 2.

방법보다 레귤러

습관을 바꿔라!

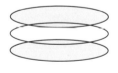

6장

레귤러(regular) 학습법
_습관을 갖추면 이긴다

우리가 생각하는 가장 효과적인 학습 방법은 일정한 간격으로, 일정한 시간에, 일정한 분량을 학습하는 것이다. 우리는 일명 '레귤러(regular) 학습법'이라고 부른다. 생각해 보면 단순하고 별것 아니라는 생각이 들 수 있다. 하지만 효과는 정말로 대단하다. 집안일이며 회사 일까지 아이의 학습 지도 외에 다른 일도 병행해야 하는 부모 입장에서는 실천하기 쉽지 않을 것이다. 반면 아이는 이 방법이 어느 정도 몸에 익으면 자연스럽게 시간을 조절하면서 학습할 수 있게 된다. 아이가 학습에 대한 체계와 습관을 들이기 위해서는 부모가 먼저 일정한 사이클을 구축하고 몸에 익혀야 한다.

무엇이든 다 '일정'해야 한다

레귤러 학습법은 모든 과목에 적용할 수 있다. 국어, 영어, 수학 등 주요 과목은 매일 학습하고 다른 과목은 주 단위로 일정을 만들 수 있다. 무엇보다 습관을 만드는 데 좋은 방법이니 학습 외적인 부분에도 적용할 수 있다.

이번 장의 뒷부분과 「7장 스케줄 관리가 타인주도 학습」의 '스케줄 관리', 「8장 초·중 목표 달성 전략」의 '체크리스트'에서는 레귤러 학습법의 실제 사례를 다룬다. 여기서 중요한 것은, 아이 혼자 학습 진행이 가능해지기 전까지는 부모가 아이의 습관을 만드는 데 해 줄 몫이 크다는 사실이다.

● 일정한 집공부로 선순환을 만든 김완벽 학생의 부모

김완벽 학생 부모는 남매를 초등학교 1~5학년 때까지 집에서 공부시켰다. 부부가 나름의 계획표를 짜고 책 읽기, 영어, 수학 학습을 매일 꾸준히 일정량을 할 수 있도록 했다. 특별한 학습 방법을 쓴 건 아니었다. 이미 우리가 알고 있는 방법들, 예를 들어, 많이 알려진 공부법인 'CD 들으면서 책 보기, 수학 연산 문제집 매일 풀기' 이런 것들이다. 그들은 학습 방법에 중심을 두기보다는 습관을 들이기 위해 노력했다.

아이들을 이렇게 학습시키기 위해 첫아이 초등학교 입학 전부터 부모는 많은 준비를 했다. 학습 방법, 학습 계획 등과 관련한 책들을 많이 읽었고 공부할 교재들도 미리미리 알아 두었다. 일정하게 공부하는 것이 가장 중요하다고 생각한 부부는 같이 계획표를 짰다. 아빠는 퇴근 후에 그날그날의 진도를 엄마에게 물어봤다.

아이들의 초등학교 1~4학년까지는 항상 엄마가 개입하여 일정과 공부할 분량을 관리했으나 5학년쯤부터는 아이들 스스로 챙기도록 했다. 6학년 시기부터는 본격적으로 사교육(학원)을 섞기 시작했다. 이때부터는 부모가 개입할 일이 많이 줄어들었다. 일정관리가 몸에 익은 남매는 부모의 잔소리를 거부하며 고등학교 3학년 때까지 스스로 대부분의 일정을 소화했다. 우리는 이 또한 선순환이라 생각한다.

보통의 부모는 초등학교 고학년 또는 중학교 시기에 이르러서야 아이의 습관을 걱정한다. 그런데 김완벽 학생의 부모는 초등학교 1학년에서 4학년 시기에 아이의 학습 습관을 형성하기 위한 활동에 집중했다. 부부가 첫아이 때부터 이런 방법에 확신을 가진 것은 아니다. 본인들과 아이들이 이렇게 꽉 짜인 일정을 고등학교 3학년 때까지 해야 하는 것 아닌가 하는 걱정에 힘들어하기도 했다.

하지만 첫아이 3학년 때부터는 확신을 갖기 시작했다. 당시 집공부만 했었기에 아이의 수준이 어느 정도인지 정확히 알기 어려웠다. 그래서 부모는 김완벽 학생과 함께 학원의 입학 테스트를 주기적으로 보러 다녔는데, 테스트 점수가 학원에 다니는 다른 아이들과 비교했을 때 상위권이었다. 이로써 '집 공부만으로도 아이가 충분히 학습을 잘하고 있고 성과도 내고 있구나'라는 확신이 들었고, 둘째 아이는 좀 더 편안한 마음으로 진행할 수 있었다고 한다. 이 집안의 경우 아이들 어린 시기에 부모가 꾸준하게 집중한 결과로 습관을 형성하고 선순환을 이루었다.

유명 학습 방법의 공통점은 '꾸준함'

우리가 책에서 말하는 방법뿐 아니라 세상에는 대단히 좋은 방법, 비법이 있다. 그런데 그렇게 하지 못하는 이유는 부모가 원인인 경우가 많다. 어떤 부모가 어느 날 유명한 교육전문가가 만든 책을 읽고 감명을 받았다고 해 보자. 이후 책에서 제안하는 학습 방법을 아이에게 적용하기 시작한다. 그런데 그것이 그리 오래가지 못한다. 그 이유를 '아이가 따라오지 못한다' 또는 '아이에게 맞지 않는 방법이다'라고 생각하기 쉽다. 그러나 그보다는 부모가 꾸준히 하지 못한 탓이 크다고 본다. 아이 탓을 할 필요가 없다.

세상에 알려진 유명 학습법의 내용은 대부분 이렇다.

"○○방법, □□방법, △△방법으로 매일 3시간 꾸준히"
A   B

보통은 '○○방법, □□방법, △△방법'에 집중하고 배워 보려 한다. 또한, 몇 번 따라 해 보는 것은 어렵지도 않다. 그런데 모든 학습법의 핵심은 '방법(A)' 자체보다 '꾸준히(B)'에 있다.

생각해 보면 어떤 학습 방법이든, 어떤 교재든 매일 3시간씩 꾸준히 한다면 안 될 것이 없다. 몸짱이 되는 운동 방법도 너무나 많다. 그런데 문제는 매일 꾸준히 하지 못하는 데 있다.

일반적으로 아이는 부모가 만든 틀 안에서 거의 움직이게 되어 있다. 어릴수록 더욱더 그렇다. 하지만 부모는 이미 타성에 젖어 있다. 조금만 효과가 없으면 아이, 책, 시스템을 탓한다. 사실 공부를 잘하는 방법은 이미 부모가 너무도 잘 알고 있다. 멀리서 찾을 필요도 없다. 예습, 복습 잘하고 매일 꾸준하게 공부하는 것, 건강 관리, 수면 관리, 음식 관리 잘하는 것. 이게 가장 쉽고 검증된 학습 방법이다. 우리가 말하려는 것은 내 아이에게 맞는 방법을 찾고 부모가 적극적으로 참여하고 실천하라는 것이다. 어렵고 비싼 방법을 찾아야 할 이유가 없다.

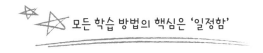
모든 학습 방법의 핵심은 '일정함'

부모의 전략도 '일정함'

아빠도 교육의 주체! 역할을 분담하라

'아빠의 무관심이 입시의 성공조건'이라는 우스갯소리가 있다. 아빠들은 아이 교육에 대해서는 무관심하거나, 빠지려고 하거나, 빠져달라고 요청받기도 한다. 하지만 우리는 절대로 그렇게 생각하지 않는다. 아이 교육은 엄마와 아빠가 같이하는 것이며, 분명한 각자의 역할이 있다고 본다. 만약 지금까지 본인이 아이의 교육에 대해 잘 모르고 가르칠 자격이 있나 싶어 한 발 뒤로 물러서 있던

아빠라면,

- 학창시절 공부 좀 해 봤고, 공부에 대한 고민도 많이 해 봤다.
- 군대에서 까다로운 상관에게 괴롭힘도 당해 봤고 그가 언젠가는 제 대한다는 진리를 알고 있다.
- 직장에서, 사업체에서 수많은 결정의 순간을 경험했다.
- 살면서 별별 사람을 다 만나 봤다.

이것만으로도 충분히 준비되었으니 염려 말길 바란다. 무엇보다 나의 분신인 아이에 대하여 너무나 잘 알고 있다. 또한, 그 곁에는 엄마라는 최고의 파트너가 있다. 엄마의 정보력을 활용하는 것이다. 엄마가 열심히 수집한 정보를 걸러내고 같이 결정하는 것이 좋다. 공부의 원리는 세상 살아가는 원리와 크게 다르지 않으며, 한 맥락에 있음을 기억해라.

앞서 김완벽 학생 부모의 사례에서 아빠가 학습에 직접 관여하지는 않았지만, 계획표를 짜고 이를 확인하는 과정을 실질적으로 주도했다. 이런 방식으로도 역할 분담이 가능하다. 아빠 중에는 이렇게 해 보고 싶고 또 이것이 가능한 아빠가 있다. 처음부터 쉽지 않으면 휴대폰에 매일 알람을 맞춰 놓고라도 아빠 본인의 습관부터 형성하자. 우리가 말하는 레귤러는 짧은 시간을 일정하게 하는 것으로도 효과가 있다. 아빠가 아이와 많은 시간을 못 보낸다 해도 항상 머릿속에 아이를 위치시키면 된다.

● 드러내지 않되 상태파악은 일정하게

나주도 학생은 어려서부터 다양한 활동에 관심이 많았다. 틈나는 대로 친구들과 뛰어놀고 PC게임도 하고 노래 부르기에도 재능이 있었다. 실용음악 학원에 다니기도 했다. 학생의 부모는 특별히 '공부하라'는 얘기는 하지 않았다. 하지만 부부는 아이에 대해 많은 대화를 했고 아이가 거부감을 느끼지 않는 방식으로 아이의 상태를 계속 확인했다. 아이가 어떤 활동을 하고 집에 오면 '재미있었어?' 등 간단하게 말을 붙였고 아이의 말과 표정을 주의 깊게 관찰했다. 걱정이 되기는 했지만, 겉으로 표를 내지 않았다. 아이가 간섭을 싫어한다는 것을 알고 있었기 때문이다.

초등학생 때 성적도 나쁘지 않았고, 다양한 취미를 가지고 있지만 한 가지에 깊이 빠지지 않는 성격이라 PC게임이나 기타의 놀이활동도 일정한 시간에만 했다. 때로는 아이의 공부에 간섭하고 싶은 마음이 있었지만, 아빠는 항상 '공부는 알아서 하는 것'이라고 말해 주었다. 초등학교 고학년이 되어 학생이 공부에 관심을 보이는 것을 알았을 때도 부부는 겉으로 크게 표를 내지 않았다. 다만, 엄마는 아이가 다니고 있는 학원을 통해 상태를 지속해서 파악했고, 이를 항상 아빠와 공유했다.

아이는 나름대로 계획을 세워 가면서 공부를 하고 있었다. 관심을 느끼는 과목에는 깊게 파고들기도 했다. 가끔 계획대로 되지 않아 스스로 힘들어할 때도 있었지만 깊게 관여하지 않았다. 유연성이 있는 아이라는 것을 알고 있었고 금세 방법을 찾아낼 것이라 믿었다. 나주도 학생은 1~2학기의 선행학습 정도를 고등학교 시기까지 스스로 유지하면서 부모의 간섭없이 공부하였다. 시간을 효율적으로 활용하기 위해서 계획표를 계속해서 만들고 또 만들었다. 부모는 직접 공부하라는 얘기는 하지 않았지만, 고등학교 3학년까지 일정하게 아이의 상태를 파악하고 있었다.

도저히 아이와 많은 시간을 보내지 못하는 부모는 다음만이라도 꾸준히 해 보길 바란다. 아이가 학교, 학원에 다녀왔을 때 잠시 마주치는 시간이 있을 것이다. 이때 부드러운 말투로 '오늘 수업 어땠어?', '재미있었어?', '어려웠어?' 이렇게 물어보는 것이다. 여기서 나오는 아이의 대답과 표정을 매일 살펴보면 된다. 부모와 대화가 잘되는 아이는 좀 더 길게 말할 것이고, 말수 적은 아이는 단답형으로라도 한마디는 할 것이다. 별 반응이 없다고 그치지 말고 매일 해 봐야 한다. 이는 관심의 표현인 동시에 아이가 긴장을 놓지 않게 되는 효과가 있다. 성적이 최상위권이고 간섭을 싫어하는 경우라도 일정하게 대화(또는 짧은 한마디)하는 것이 좋다. 부모는 말 한마디, 잠깐의 표정으로도 아이를 파악할 수 있다. 아무리 바쁜 부모라도 아이가 대학에 합격하는 그 순간까지―아니면 평생―이 정도는 꼭 해야 하지 않을까?

레귤러 학습법 사례

● 구문학습 교재를 활용하는 방법

앞서 「2장 영어 학습 전략」에서 구문학습 교재를 활용해서 영어

학습 효율을 높이고 일정하게 공부하는 습관을 형성할 수 있다고 말했다. 여기서는 이를 실제로 활용하는 방법을 상세히 설명해 보겠다.

시중에 있는 어떤 교재는 약 100개의 유닛(unit)과 1,000개의 문장으로 구성되어 있다. 각 유닛에는 간략한 문법 설명이 나와 있으며, 대략 한 유닛당 10개 내외의 예문이다. 문장을 녹음한 음원과 작문 연습이 가능한 부교재도 홈페이지에서 제공하고 있다.

우선 하루의 분량을 정한다. 본인의 상황에 맞게 하루 5~10개를 정하거나 하나의 유닛으로 정한다. 순서상 항상 받아쓰기(dictation)가 먼저다. 잘 안 들리는 경우 2~3회 들어 본다. 영어 발음의 특징상 안 들리는 부분이 있겠지만 자주 반복하다 보면 차차 들리게 된다. 따라서 잘 안 들리는 것에 연연하지 말고 전체 문장을 한 번에 들어 보고 해석이 되는지에 집중한다. 또한, 음원 파일은 하루 중 틈날 때마다 누적으로 듣는다.— 보통 한 번 듣는 시간은 5분 내외이므로 자투리 시간을 활용하면 하루 수차례 들을 수 있다—1,000개를 모두 끝내려 하지 말고 100개, 300개, 500개를 1차 목표로 정한다. 1차 목표를 달성하는 일정은 다음의 '방식1'과 같다. 일단은 이렇게 단순하게 시작하는 게 좋다. 문법이나 작문에 신경 쓰지 말고 받아쓰기와 듣기 위주로 진행한다. 이 과정에서 하루 중 일정한 시간에 빠르게 진행하는 습관을 들여 본다. 듣기는 이동 시에 MP3 플레이어를 이용해서 자투리 시간을 활용하는 것도 좋다. 집중해서 반복하다 보면 쉽게 외워지기도 한다.

방식1

일차	받아쓰기	누적듣기
1	1~10	1~10
2	11~20	1~20
3	21~30	1~30
4	31~40	11~40
5	41~50	21~50
6	51~60	31~60
7	61~70	41~70
8	71~80	51~80
⋮	⋮	⋮

일단 목표로 정한 100개(또는 300개, 500개)의 받아쓰기와 듣기로 문장에 익숙해지면 다음의 '방식2'로 전환한다. 방식2는 작문이 목표다. 작문 → 듣기 → 단어 → 문법 순으로 학습한다. 시간상 부담이 되면 문법 학습은 안 해도 된다. 작문은 전날 틀린 것을 포함해서 한다. 작문이 잘 되면 목표대로 학습이 잘된 것이다.

방식2

일차	작문	누적듣기	단어	문법
1	1~10	1~10	1~10	1~10
2	11~20	1~20	11~20	11~20
3	21~30	1~30	21~30	21~30
4	31~40	11~40	31~40	31~40
5	41~50	21~50	41~50	41~50
6	51~60	31~60	51~60	51~60
7	61~70	41~70	61~70	61~70
8	71~80	51~80	71~80	71~80
⋮	⋮	⋮	⋮	⋮

위와 같은 과정을 통해 문장에 자신이 생기면 영어 학습 시 상당한 자신감이 생긴다. 위 과정을 초등학교 고학년 때 한번 해 두면 좋다. 이후 문법을 공부하는 시기에 문법 학습 진도에 맞춰 작문을 다시 하면 된다. 이렇게 하면 문법 학습이 매우 쉬워진다.

시중에는 초등학교 저학년이 사용할 수 있는 구문학습 교재도 나와 있다. 사전 등의 예문을 인용한 좋은 예문이 들어 있고 음원 파일만 제공된다면 구문학습 교재가 아니어도 위 방법을 사용할 수 있다. 여기서 특별히 구문학습 교재를 말한 것은 구성이 단순하고 10여 개씩의 문장으로 유닛이 나누어져 있기 때문이다.

우리는 「1장 국어 학습 전략」에서 초등학교 저학년에 학습 습관을 형성해 보라고 얘기하면서 책 읽기를 우선으로 추천하였다. 그런데 일정하게 해 볼 수 있다면 구문학습으로 영어를 공부하거나 단순한 연산 교재로 수학을 공부하는 것도 습관 형성의 방법이 될 수 있다. 어떤 것이라도 꾸준히 해서 마무리할 수 있게 되면 아이도 부모도 자신감이 생긴다. 잘 참고해 보기 바란다.

구문학습 교재를 활용해서 습관을 형성한 한결이

우리 부부가 한결이(6학년)를 만나게 된 것은 지난여름 초입이었다. 한결 엄마가 너무도 노심초사하고 고민하는 것 같았다. 한결이와 한결 엄마로부터 그간 공부한 과정과 무엇이 제일 어려운지를 들어 보았다. 아이마다 부모마다 처한 환경과 생각이 다르므로 조심스러울 수밖에 없었다. 얘기를 들으면서 몇 가지 문제점을 발견할 수 있었다.

- 같은 또래 아이들보다 공부의 양이 적음.
- 많은 시간은 아니지만 게임을 함.
- 학원에 가는 날만 공부를 해서 학습 패턴이 일정하지 않음.

한결 엄마의 말을 들어 보니 한결이의 현재 공부량이 적게 느껴졌다. 다만, 점차 늘려나가면 되는 것이라 큰 문제로 생각되지 않았다. 하지만 게임을 하고 있다는 건 그만큼 공부에 쓸 시간을 뺏긴다는 것이고 한 번 시작하면 끊기 어려우니 적극적인 조정이 필요하다고 생각했다.

가장 큰 문제는 학습 습관에 있었다. 한결이는 주요 과목을 매일 학습하지 않고 그저 학원가는 날에만 공부하며, 하루의 공부 시간도 일정하지 않은 등 학습 계획에 어떠한 규칙성도 보이지 않았다. 그러니 공부의 효율이 오를 리가 없었다. 얘기를 들어주고 우리가 해 온 것들을 기반으로 조언했다. 일단 일정을 지키는 습관 형성을 위해 체크리스트를 하나 만들어 주고 엄마와 함께 작성해 보도록 했다.

며칠 후 우리는 한결이 엄마를 다시 만났다. 같이 한번 공부를 해 보자고 했다. 복잡한 방법이 아니라 단순한 방법을 써보자고 했다. 우리는 한결 엄마에게 위에서 설명한 '방식1'을 해 보자고 했다. 300개를 1차 목표로 하고 5개씩 매일 일징 시간에 엄마가 음원 파일을 이용하여 직접 받아쓰기를 시키게 했다. 그리고 음원 파일을 매일 처음부터 누적해서 20개씩 듣게 하라고 했다. 체크리스트에도 이 내용을 추가하도록 했다. 구문학습 교재를 통해 엄마와 아이의 습관을 형성해 보려 한 것이다. 한결 엄마도 이 공부 패턴을 가지고 많은 걸 배우게 하려는 목적보다 먼저 '습관'을 만드는 데 주력했다.

매주 일요일 밤 7시에 우리는 한결이를 오라고 해서 그 주에 공부한 문장 중 몇 개와 지금까지 누적된 문장 중 몇 개를 뽑아 받아쓰기를 시켜보았다. 하지만 여태껏 매일 공부를 시키고, 공부를 하는 습관이 없었던 한결 엄마와 한결이는 3주 만에 지쳐 버렸다. 둘다 노력은 하고 있으나 엄마도 아이도 힘들어했다. '여기서 포기하면 안 된다'는 생각에 우리는 하루 학습 개수를 3개로 줄여 보자고 제안했다. 매일 듣는 음원 파일도 10개로 줄였다. 그리고 우리는 책임감을 가지고 건넨 조언이니만큼 "우리가 그만두기 전까지는 두 사람 다 그만둘 수 없습니다!"라고 덧붙여 강조했다.

4개월 후 놀라운 변화가 일어났다. 하루 3개를 끊임없이 공부하게 하고 반복하면서 그사이 한결 엄마가 이 학습법의 효과를 잘 알게 된 것이다. 아직 전체 개수가 300여 개 정도였지만, 어떤 문장을 들려줘도 놓치지 않고 받아쓰기를 해내고 있고 때로는 음원 파일에서 외국인 성우가 문장 번호만을 불러 줘도 문장이 튀어나오게 됐다. 처음에는 기본적인 단어의 스펠링도 많이 틀려 있었는데 지금은 그렇지 않다. 문장에 자신이 생기니 관련한 문법이나 표현도 자연스럽게 학습이 되었다. 매일 일정 시간이 되면 엄마와 아이는 자동으로 영어 공부 모드에 들어갔다. 학습 습관이 완전히 몸에 밴 두 사람의 표정이 밝아져서 정말 다행이다. 한결 엄마는 아이와의 관계도 더 좋아졌고 본인도 자신감이 생겼다고 고마워했다. 항상 자신 없어 하고 "수학학원 숙제가 많아요…"라고 하던 한결이는 이제는 우리에게 농담도 던질 정도로 여유가 생겼다. 다른 과목을 공부하는 데도 자신감을 가지게 되었다고 한다. 현재 한결이는 위의 '방식2'를 실행하고 있다. 비록 힘들고 어려운 과정이 있었지만, 그 과정에서의 고됨보다 성취해낸 성공의 기억이 한결이네 가족의 머리에 더 오래 남을 것이라 확신한다.

'일정함'이 '자신감'을 만든다

7장

스케줄 관리가 타인주도 학습

_계획표, 만들고 또 만든다

이번 장에서는 초·중·고 학생 모두 활용할 수 있는 학습 계획 세우기와 중·고 시기에 활용할 수 있는 시험 계획 세우기를 다뤄 보고자 한다. 시험 계획표는 본격적인 내신시험이 시작되는 중학교 때부터 활용할 수 있다. 중학생 시절의 계획 세우기 연습이 고등학교까지 이어지기 때문에 실패를 거듭하더라도 계속해서 계획표를 만들어 봐야 한다.

타인주도 학습의 핵심은 계획 세우기

아래의 자기주도 self-check를 보자. '나'의 자기조절 학습 경향성을 파악하는 데 도움이 될 것이다. self-check의 8가지 항목 중

4가지 항목이 '계획'과 관련한 것이며, 학습 성과를 높이기 위해 계획의 '설정, 실천, 조정'이 중요하다.

자기주도 Self-Check

다음의 문항에 자신이 해당하는 부분에 ✔ 표시를 해 보세요.

☐ 나는 나만의 공부 목표를 미리 세운다.

☐ 나는 공부에 얼마만큼의 시간과 노력을 투자할지를 계획한다.

☐ 나는 내 공부 목표를 향해 잘 나아가고 있는지 확인한다.

☐ 나는 내가 공부하면서 생기는 문제점이 무엇인지 파악하려고 한다.

☐ 나는 상황에 따라 적절한 학습 전략을 선택한다.

☐ 나는 공부를 해야 할 때는 놀고 싶은 유혹이 생겨도 참는다.

☐ 나는 내가 세운 공부 목표를 잘 달성했는지 스스로 평가해 본다.

☐ 나는 현재의 결과에 비추어 내 공부 목표와 계획을 조정한다.

표 출처 : 고입정보포털(highschool.go.kr)

우리는 '자기주도 학습'이 쉽게 이루어질 수 없다고 생각한다. 다만, 이것이 이른 시기에 이루어지기만 한다면 학습의 성과는 대단히 높아질 것이다. 자기주도 학습이 될 때까지는 일단은 '타인주도 학습'이다. 타인주도 학습, 즉 스케줄 관리는 어떻게 보면 대입 학습에 있어 절반을 차지한다. 따라서 학생이 이것을 스스로 할 수 있을 때까지 부모가 열심히 챙겨줘야 한다. 이 부분은 부모가 훨씬 경험이 많다. 특히나 직장 생활이나 사업을 하는 아빠들은 더 많은 노하우가 있을 수 있다.

학년이 올라갈수록 학년별·학기별 계획, 중간고사와 기말고사 계획, 평상시 학습 계획, 하루의 계획 등 준비해야 할 것이 많아진다. 중·고 시기가 되면 늘어나는 학습량과 학원(인강)에 각종 교내 대회 등의 비교과 영역, 수행평가 등 감당하기 어려운 스케줄에 시달린다. 자칫 하나라도 삐끗하는 경우 날려 버린 시간을 보충하는 데 큰 어려움이 생긴다. 따라서 부모가 같이 계획표를 세울 수 있어야 한다.

중학생이라 해도 홀로 스케줄을 관리할 만큼 경험이 많지 않다. 계획표를 세웠어도 계획대로 안 되는 때가 대부분일 것이다.—사실, 모든 게 계획대로 되는 것이 오히려 이상한 일이다— 계획이 어그러진 경험이 많은 사람이라면 수정하고 보완해 가면서 대응을 할 수 있을 것이다. 하지만 아직 어린 연령대의 아이들은 세운 계획이 잘 실행되지 않으면 그 시간을 허비하는 쪽으로 선택하게 된다. 이럴 땐 옆에 있는 부모가 '타인주도' 관점으로 아이에게 적절한 솔루션을 여러 개 제시해 주고 아이가 계획을 재설정할 수 있도록 도와야 한다. 끊임없이 계획표를 세우게 되더라도 말이다.

레귤러 학습법을 활용한 학습 계획, 시험 계획

● 평소의 학습 계획(초3~고3)

지금부터 소개하는 방법은 초등학교 3학년부터 고등학교 3학년까지 활용할 수 있다. 중학생의 예로 설명해 보겠다. 아래는 어느 중학교의 2학년 학습 시간표다. 학교 수업 외에 수학, 영어, 국어, 과학학원(과외)에 다니고 있다고 가정했다.

학교 시간표							
시간	교시	월	화	수	목	금	토
9시	1	역사	영어	역사	기가B	국어	
	2	과학A	과학B	과학B	체육	한문	
	3	국어	스클	기가A	과학A	체육	
⋮	4	한문	도덕	영어	국어	수학	
	5	미술	역사	수학	수학	도덕	
	6	미술	수학	체육	영어	기가B	
16시	7		국어		창체		

방과후 시간표						
10~11시						과학과외
11~12시						과학
12~13시			수업			식사
13~14시						
14~15시						
15~16시	국어		영어		영어	
16~17시	수학 학원	수학	수학 학원	수학	국어 학원	
17~18시		국어		국어		보충학습
18~19시		식사, 이동		식사, 이동		
19~20시	식사, 이동	영어 학원	식사, 이동	영어 학원	식사, 이동	
20~21시	영어		국어		수학	
21~22시	영어		국어		과학	

- 토요일 오후의 보충학습 시간에 주중에 빠진 일정을 보충하거나 국·영·수 중 좀 더 해야 할 과목을 배치한다. 또한, 숙제, 수행평가 준비, 비교과 영역 등 주중에 하지 못했던 활동을 한다.
- 일요일은 신나게 논다.

다소 빡빡해 보인다. 하지만 일과 종료가 10시로 되어 있고 일요일은 일정이 없다. 요약하자면,

① 설명의 편의상 학교 수업 종료와 학습 시작이 붙어 있는 것으로 했다. 실제로는 집, 학교, 학원 간 이동시간으로 30분 정도를 고려하면 좋겠다.

② 표시하지 않았지만 11시 이전에 취침하는 것으로 습관을 만들게 되면 아침에 1시간~1시간 30분의 시간을 확보할 수 있다.

③ 학교 수업은 수업 시간 45분, 쉬는 시간 10분이다. 하지만 1시간으로 생각했다.

④ 위 표는 한 시간 단위로 되어 있지만, 실제 우리는 30분 단위의 계획표를 활용했다.

⑤ 수학 2시간, 영어 1시간, 국어 1시간, 과학 1시간을 주말에 보충하는 것으로 가정했다.

결과적으로 아래와 같이 과목별로 시간 배분이 됐다. 고등학생의 계획표도 이 표를 활용하여 만들어 볼 수 있다.

과목	학교 수업	학원, 과외	자습	보충	계	일 평균
국어	4	3	5	1	13	2.2
영어	3	6	4	1	14	2.3
수학	4	6	3	2	15	2.5
과학	4	2	2	1	9	1.5
계	15	17	14	5	51	8.5

어느 학년이든 국·영·수 과목은 하루도 거르지 말고 매일 일정량을 공부하는 것이 중요하다. 물론 학년이나 학습 진도에 따라 하루에 투입하는 시간의 편차는 둔다. 예를 들면, 영어는 고등학교 1학년 때 하루 1시간, 2학년 때는 하루 30분, 수학은 고등학교 1학년 때 2.5시간, 2학년 때는 3시간 이렇게 본인의 상황에 따라 시간 분배를 하는 것이다.

수업 및 학원 스케줄 등으로 인해 하루에 혼자 공부할 수 있는 시간은 실제로 그리 길지 않다. 위처럼 수학을 하루 2.5시간 이상씩 매일 공부하는 계획을 세운 학생이 시간을 배분할 때, 우선 교과 수업이 있는 4일(화, 수, 목, 금)은 이미 1시간이 채워진 것으로 생각하면 된다. 또한, 주중의 학원 수업(각 3시간, 수업+복습+문제풀이 포함)에서 이미 하루 목표는 채워졌다. 학교 수업과 학원 수업이 없는 날에는 반드시 복습(예습) 시간을 배분한다.

이러한 방식으로 다른 과목도 시간을 배분해 공부하면 된다. 학원에 다니지 않는 학생도 마찬가지로 적용할 수 있다. 방학에는 위 표에 국·영·수 각 1시간~1시간 30분을 추가하면 된다.

● 주말의 여유 시간을 확보해 주기

토요일에는 1~2개의 학원 스케줄 외에 여유 시간을 반나절 정도 확보하는 것이 좋다. 주중에 이루어져야 할 계획 중에 숙제, 수행평가, 기타의 이유로 계획이 진행되지 못한 것을 보충할 시간이 필요하다. 또한, 특정 과목을 정리할 시간이 필요하다거나 어려운 부분이 있어 집중적으로 공부할 시간이 필요할 수 있다. 이런 것들은 '주말의 여유 시간'으로 넣으면 된다. 주중에 예상 못 한 일정 변화가 발생했을 때는 당황하지 말고 이 시간을 활용하는 것으로 미루어 놓으면 된다.

초·중 시기에는 일요일은 쉬는 것으로 계획을 짜는 것이 좋다. 일요일까지 공부를 하게 되면 아이가 지쳐서 주중에 집중하지 못할 가능성이 높다. 잠도 보충하고 편안한 일요일 시간을 보낼 수 있도록 부모가 계획을 잡아 줘야 한다.

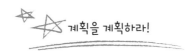

계획을 계획하라!

중간고사, 기말고사 계획

중학교의 중간고사와 기말고사는 보통 2~3일 정도 기간에 7~8 과목의 시험을 본다. 시험의 준비 기간은 약 4~5주 정도로 생각하면 된다. 시험 범위와 시험 시간표가 나오는 시기가 대략 시험 전 3~4주 전이다. 시험 시간표가 나온 뒤부터 준비하면 시간이 부족할 수 있으니 미리부터 준비해야 한다.

다음은 어느 중학교 3학년 1학기 기말고사 시간표다.

구분	1교시	2교시	3교시
7/4(월)	과학	영어	중국어
7/5(화)	사회	수학	
7/6(수)	역사	국어	

계획표 예시

(과목 뒤 숫자 : 공부 시간)

	시험			자습			학원		단계
	1	2	3	1	2	3	시험대비	수업	
6/11(토)				수학3	국어3	영어3		과학2	
6/12(일)									
6/13(월)				국어1	영어2			수학3	
6/14(화)				수학1	국어1			영어3	1
6/15(수)				영어1	국어2			수학3	
6/16 (목)				수학1	국어1			영어3	
6/17(금)				수학1	과학1	영어1		국어3	
6/18(토)				수학3	국어3	영어3		과학2	
6/19(일)				사회3	역사3	과학3			
6/20(월)				국어1	영어2		수학3		
6/21(화)				영어1	수학1			영어3	2
6/22(수)				영어2	국어1		수학3		
6/23(목)				수학1	국어1			영어3	
6/24(금)				과학2	영어1			국어3	
6/25(토)				수학3	국어3	사회3		과학2	
6/26(일)				국어3	중국어3	영어3			
6/27(월)				영어1	역사1	중국어1	수학3		
6/28(화)				국어2	영어2	사회2			
6/29(수)				과학1	국어1	역사1	수학3		
6/30(목)				국어2	역사2	사회2			3
7/1(금)				수학2	중국어2	역사2			
7/2(토)				과학3	영어3	수학3	과학2		
7/3(일)				과학4	영어4	중국어4			
7/4(월)	과학	영어	중국어	사회4	수학5				
7/5(화)	사회	수학		역사4	국어6				
7/6(수)	역사	국어							

※ 수학, 과학학원은 시험 기간에는 내신시험을 대비해 주는 것으로 가정.
※ 국어, 영어학원은 시험 전 1주는 휴무하는 것으로 가정.

- 계획표 상의 배치는 대략 과목별 단위수(주간수업 시간수)와 유사하다고 생각하면 된다.
- 총 준비 기간은 4주로, 1단계 앞에 동일한 단계가 하나 더 있다고 보면 된다.
- 2단계부터는 역사, 중국어, 사회 등의 암기과목 준비가 시작된다.
- 3단계에서는 시험 시간표의 역순으로 준비한다. 집중도를 높이려는 방법이다.
- 비주요 과목이라 하더라도 반드시 높은 점수를 받을 수 있도록 사전에 준비한다.
- 학원에 다니지 않는 학생은 학과의 스케줄을 중심으로 1, 2단계를 준비하면 된다. 위의 스케줄과 다르지 않다. 가장 중요한 것은 3단계는 역순이라는 것이다.

「9장 첫 승부처는 중학교 1학년」에서 언급한 중간고사 준비 사례처럼 '영어' 혹은 다른 과목이 1단계 혹은 위의 표에 안 나오는 앞의 기간에서 충분히 준비되었다면 시험과 가까운 기간에 다른 주요 과목을 좀 더 배치할 수 있어서 유리하다.

붉은색 네모 안의 시간은 2, 3단계 시험대비 과목별 학습 시간이다. 다음 표에 과목별 학습 시간을 표시했다.

날짜	국어	영어	수학	과학	중국어	사회	역사	계
6/18(토)	3	3	3					9
6/19(일)				3		3	3	9
6/20(월)	1	2	3					6
6/21(화)		1	1					2
6/22(수)	1	2	3					6
6/23(목)	1		1					2
6/24(금)		1		2				3
6/25(토)	3		3			3		9
6/26(일)	3	3			3			9
6/27(월)		1	3		1		1	6
6/28(화)	2	2				2		6
6/29(수)	1		3	1			1	6
6/30(목)	2					2	2	6
7/1(금)			2		2		2	6
7/2(토)		3	3	5				11
7/3(일)		4		4	4			12
7/4(월)			5			4		9
7/5(화)	6						4	10
계	23	22	30	15	10	14	13	127

8장

초·중 목표 달성 전략

_체크리스트로 위기를 극복하다

초·중·고 시기에 학습, 습관, 계획들이 정상적으로 진행되지 않는 경우들이 많다. 어찌 보면 당연할 수 있지만, 예기치 못한 상황을 맞닥뜨렸다면 부모는 아이 학습에 영향을 미칠 리스크를 줄이려는 대비가 필요한데, 이때 체크리스트는 유용하게 활용된다.

학습 계획은 예습, 체크리스트는 복습

● 방학 학습 계획과 체크리스트의 시작

방학 학습 계획은 정말로 중요하다. 방학을 기점으로 실력이 향상되는 학생이 상당히 많다. 하지만 학기 중과는 달리 종일의 스케줄을 관리해야 하기 때문에 적응에 실패하는 예도 빈번히 발생한다. 따라서 오히려 평상시보다 더 긴장하고 더 면밀하게 계획을 짜야 한다.

방학 학습 계획의 시작은 일찍 일어나는 것에서부터 시작된다. 늦게까지 공부하고 늦잠을 자게 되면 하루 전체의 일정이 망가지는 일이 발생한다. 반복되면 방학 전체의 성과에도 문제가 생길 수 있다. 방학 때는 아침 일과를 빨리 시작하는 것이 좋은데, 특히 날씨가 더운 여름방학 때는 더욱 그렇다. 계획표가 있고 없고가 차이가 있듯이, 체크리스트 또한 있고 없고의 차이가 크다.

방학 체크리스트

겨울방학 / 요일	11 복	1 금	2 토	3 일	4 월	5 화	6 수	7 목	8 금	9 토	10 일	11 월	12 화	13 수	14 목	15 금	16 토	17 일	18 월	19 화	20 수	21 목	22 금	23 토	24 일
나는 오늘 충분한 수면을 취하고 종일 맑은 정신을 유지했다																									
나는 잠자기 전 오늘 하던 일을 생각하고 내일 계획을 구상했다																									
나는 자그마한 시간을 아껴서 큰 시간으로 만들었다																									
나는 부모님께 감사하는 마음을 가지고 열심히 공부했다																									
나는 방금 책상을 깨끗이 치웠다																									
나는 학교 준비물과 수행평가들에 대해 준비했다																									
나는 불량식품을 먹지 않고 안전선 식품을 먹었다																									
국어 · 유공의 분기																									
국어의 습관																									
수학 · 수1 별학기별																									
수1 별표																									
수II 수업 복습																									
확률 수업 복습																									
대칭 수업 복습																									
영어 · 영어예문 읽기																									
듣기(단어, 1001문)																									
단어공부																									
어법/독해 숙제																									
특별 숙제																									
나머지 숙제																									
탐구 · 하이업																									
인강																									
인강 숙제																									
화학 · 복습																									
암기																									
지구과학																									

수험생 기간 전체에 체크리스트를 활용하기는 쉽지 않겠지만, 아래와 같이 필요하다고 느껴지는 시기에는 적극적으로 활용하기를 권한다.

☑ 시간을 잘 활용하는 습관을 만들고자 할 때

☑ 무언가 계획대로 안 될 때

☑ 특정한 목표를 이루고자 할 때

☑ 생활 습관에 문제가 있다는 생각이 들 때

◖ 중점적으로 관리하고 싶은 내용을 넣는다

체크리스트에는 우선 '중점적으로 관리'를 하고 싶은 내용을 넣으면 된다. 수면, 식사, 청소, 시간 관리 등 생활 습관과 관련한 부분과 과목별로 예습, 복습 등에 관한 사항을 ○, × 또는 점수 주기(5점 만점에 몇 점 등) 방식 등으로 체크하면 된다. 다음 체크리스트의 윗부분은 '점수 주기' 방식으로 작성한 것이다. 우리가 사용했던 항목은 다음과 같다.

- 나는 오늘 충분한 수면을 취하고 종일 맑은 정신을 유지했다.
  → **컨디션 관리**
- 나는 잠자기 전 오늘 한 일을 생각하고 내일 계획을 구상했다.
  → **계획의 수립 여부**
- 나는 자그마한 시간을 아껴서 큰 시간을 만들었다.
  → **시간의 관리**
- 나는 부모님께 감사하는 마음을 가지고 열심히 공부했다.
  나는 방안 책상을 깨끗이 치웠다.
  → **부모님에 대한 태도 및 청소**
- 나는 학교 준비물과 수행평가물에 대해 준비했다.

→ 준비물 및 수행평가에 대한 사항

• 나는 불량식품을 먹지 않고 안전한 식품을 먹었다.

→ 식품 등 건강관리

아랫부분에서는 과목을 세분화하여 그날그날의 진행 여부를 ○, ×, △로 기록했다. 체크란이 비어 있는 곳은 그 과목의 일정이 없는 날이다. 이 체크리스트에는 빈 곳이 주기적으로 발생하고 있다. 미리 세워진 계획에 따라 학습을 하고 있다는 것을 알 수 있다.

겨울방학		31	1	2	3	4	5	6
요일		목	금	토	일	월	화	수
나는 오늘 충분한 수면을 취하고 종일 맑은 정신을 유지했다								
나는 잠자기전 오늘 한일을 생각하고 내일 계획을 구상했다								
나는 자그마한 시간을 아껴서 큰 시간으로 만들었다								
나는 부모님께 감사하는 마음을 가지고 열심히 공부했다								
나는 방안 책상을 깨끗이 치웠다								
나는 학교 준비물과 수행평가물에 대해 준비했다								
나는 불량식품을 먹지 않고 안전한 식품을 먹었다								
국어	혼공의 품격	○	○	⊘		○		○
	국어의 습관	○	△			○		○
수학	수I 블랙라벨	⊘	○					
	수I 별표							
	수II 수업 복습		○				○	△
	확통 수업 복습	○			△			○
	미적 수업 복습	✕	✕				✕	
영어	영어예문 읽기	○	○			○		○
	듣기(단어, 1001문)	○	○			○		○
	단어공부	○	○					○
	어법/독해 숙제	○	○			○		○
	특별 숙제	○	○					○
	나머지 숙제			○				
물리	하이탑	✓	△		○			
	인강							
	인강 숙제							
화학	복습	○						
	암기	○						
지구과학		○	○		○			○

● 체크리스트 활용 사례

큰아이가 고등학교 1학년 1학기를 마친 후, 그간 세웠던 계획표와 성적표를 가지고 부모와 한 학기 동안의 일들을 이야기하는 시간을 가졌다. 가장 어려웠던 것은 신경 써야 할 과목이 늘어난 이유로 인한 일정관리 문제라는 생각이 들었다. 나름의 계획표가 있었고 여러 차례 수정하여 무리하지 않는 계획표로 바뀌었지만, 스케줄을 맞추는 것이 아직도 어려웠다.

더군다나 아이의 방은 잠자는 공간을 제외하고는 각종 책과 준비물 기타 잡스러운 물건들이 항상 차고 넘쳤다. 책상 위에는 일주일 내내 한 번도 보지 않는 책들이 잔뜩 쌓여 있었다. 아빠 저자는 "네 방이 깨끗해지고 책상 위가 딱 책 한 권으로 바뀌는 순간이 오면 공부가 아주 잘 될 거야!"라고 이야기해 줬다.

우리와 아이는 스케줄과 생활 습관 문제를 해결하기 위해 체크리스트를 활용하기로 하고 이를 매일 확인하기로 했다. 일정표 체크는 여러 일과가 끝나고 저녁 간식을 먹는 밤 11시쯤에 하는 것으로 했다.

요일	수	목	금	토	일	월	화	수	목	금	토	일	월	화	수	목	금	토	일	월	화	수	목	금	토	일	월	화	수	목	금
	1	2	3	4	5	6	7	8	9	10	11	12	13	14	15	16	17	18	19	20	21	22	23	24	25	26	27	28	29	30	31

나는 오늘 충분한 수면을 취하고 줄일 때은 정신을 유지했다

나는 컴퓨터(전자오락)을 한일을 생각하고 내일의 계획을 구상했다

나는 자고 마신 시간을 아껴서 는 시간을

나는 부모님께 감사하는 마음을 가지고 열심히 공부했다

나는 방안 책상을 깨끗이 치웠다

나는 준비물과 수행평가물에 대해 준비했다

나는 불량식품을 먹지 않고 안전한 식품을 먹었다

예습 : 국어 영어 수학 사회 과학

복습 : 국어 영어 수학 사회 과학

학원예습 : 국어 영어 수학

학원복습 : 국어 영어 수학

119

체크리스트의 효과인지 모르겠으나 일정관리에 좀 더 요령이 생겼고 시간을 잘 활용하려는 아이의 노력이 보이기 시작했다. 수학을 제외한 나머지 과목에서 공부 방법이 확립되기 시작했다. 실제로 학교의 공강이나 자습 시간에 공부할 과목까지도 미리 준비되어 있었다. 또한, 등하교 시 주머니에서 꺼내 보는 단어장도 아이가 항상 스스로 챙겼다. 어떤 상황, 어떤 장소에서도 자투리 시간을 활용할 수 있는 준비가 되고 있었다.

고등학생 때도 체크리스트를 이렇게 열심히 표시할 거라고는 생각하지 못했으나 아이는 두 달여간 성실하게 실행했다. 특히 '부모님에게 감사하는 마음으로 열심히 공부했다'라는 항목 점수가 항상 5점 만점이었다는 것이 특별하게 느껴졌다. 지금까지도 진심(!)이라 믿고 있다. 더 나아가 잠과 식사에 대한 관리도 같이 신경 쓰기 시작했다. 어떤 경우에도 아침을 거르는 일은 없도록 하였고, 무리해서 늦게까지 공부하는 일도 없었다.

우리 아이는 중·고 시기에 주로 활용했지만, 책을 읽는 독자분들에게는 초·중 시기부터 시도해 보길 권한다. 특히 방학 시기에는 꼭 활용해 보기 바란다. 일찍 습관을 형성할수록 많은 것이 수월해질 것이다.

아래는 6학년 한결이가 사용한 체크리스트다. 예전에 큰아이가 활용했던 것보다 많이 업그레이드되었다.

( )년 여름방학		7월							체크리스트 활용 시 참고 사항
		20	21	22	23	24	25	26	
요일		수	목	금	토	일	월	화	
나는 오늘 충분한 수면을 취하고 종일 맑은 정신을 유지했다									
나는 잠자기 전 오늘 한 일을 생각하고 내일 계획을 구상했다									
나는 작은 시간을 아껴서 큰 시간으로 만들었다									
나는 부모님께 감사하는 마음을 가지고 열심히 공부했다									○, × 표시
나는 방안 책상을 깨끗이 치웠다									또는 5점 만점으로 1~5의
나는 학교 준비물과 수행평가물에 대해 준비했다									숫자
나는 불량식품을 먹지 않고 안전한 식품을 먹었다									
수면	일어난 시간								수면 시간을 기록함
	잠든 시간								밤 늦게 자는 것, 늦잠 자는
	수면 시간 계								것을 방지
공부 시간	국어								
	영어								과목별 학습 시간과 총계를
	수학								기록하고 일정하게 유지되는
	기타								지 확인
	공부 시간 계								
국어	책 읽기								
	논술숙제								• 노란색으로 일정이 있는 날
	논술학원 수업								을 표시해서 체크리스트가
	한자 문제집								계획표 역할도 일부 할 수
영어	숙어								있도록 구성했다.
	문법교재								• ○, × 방식, 점수 방식 모두
	학원 수업								가능하다.
	구문학습								• 책 읽기는 읽은 책을 기록
수학	과외수업								해도 된다.
	과외숙제, 복습								• 교재의 경우는 학습 진도를
	학습서(유형)								표시해도 된다.
기타	피아노								
	탁구								
확인	부모님 싸인								부모와 함께하니 확인은 필수

본인 의지로 안 되면 다른 방법을 써라

고등학교 첫 여름방학, 계획표와 체크리스트는 준비되어 있었지만, 우리의 걱정은 과연 아침 일찍 일과를 시작할 수 있을지였다. 큰아이는 학교의 방과 후 수업 중 가장 이른 시간(8시, 3주간) 과목을 수강 신청했다. 규칙적인 일과를 위해 학교의 수업을 활용한 것이다. 수업이 끝난 후에는 바로 학교의 자습실로 이동했다.

방과 후 수업이 없는 날은 독서실의 '관리시스템'을 활용했다. 일정한 입실 시간을 정해 놓고 한 달에 3회 지각(결석)하는 경우 강제로 퇴실 되는 방식이었다. '돈 내고 독서실 다니는데 퇴실까지?'라고 생각할 수 있으나 요즘의 독서실들은 시스템(가격 할인, 자리 배치, 공부 환경, 알림 프로그램)을 잘 갖추고 있어서 입실 경쟁이 있는 곳도 많다. 본인의 의지로 잘 안 되는 경우라면 학교의 수업이나 이런 시스템을 활용하는 것도 좋다. 초·중 시기 방학의 학원, 학교 수업(방과 후 수업) 계획을 세울 때 이른 시간을 활용할 수 있도록 부모가 함께 준비해 줄 필요가 있다.

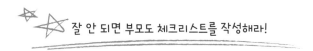

잘 안 되면 부모도 체크리스트를 작성해라!

9장

첫 승부처는 중학교 1학년
_중1을 고3처럼

중학교 1학년, 이제부터 본격적으로 아이의 공부 습관을 만들어야 하는 시기다. 이번 장에서는 이 시기가 왜 '위기이면서 기회'인지를 말해 보고자 한다. 또한, 스케줄 관리와 습관 형성으로 악순환을 선순환으로 바꾸는 방법과 영어 과목으로 중간고사에서 선순환을 이룬 사례를 설명해 보도록 하겠다.

자유학기제는 위기? 하지만 기회일 수도!

2022 개정 교육과정으로 기존 자유학년제가 다음과 같이 바뀐다.

구분	자유학년제(기존)	자유학기제(변경)	
		자유학기	진로연계학기
적용 시기	중1	중1-1학기 또는 중1-2학기	중3-2학기
지필평가	미실시	미실시	실시

교육부는 2022 개정 교육과정으로 2025학년도 중학교 입학생부터 적용된다고 하고 있으나, 상당수의 시·도 교육청에서 2023학년도부터 적용하는 것으로 추진하고 있다.

◐ 일정하게 공부할 수 있는 시기

우리는 초등학교 졸업 때까지 무리 없이 학습을 잘 진행하다가 중학교 1학년 때 문제가 발생하는 사례들을 많이 목격했다. 전체 학창 생활을 통틀어 특히 이 시기에는 부모의 관심이 극대화되어야 한다. 이 시기를 잘 보내면 나머지 시기도 무난하게 지나갈 수 있다.

부모는 중학교에 막 입학한 아이가 '교복 입은 초등학생' 정도로 보이겠지만, 아이는 자기 스스로 '어른에 조금 가까워져 있다'라고 생각한다. 따라서 그 자존심을 잘 배려해 주면서 아이와 학교생활, 선생님, 친구들, 관심사, 학원 수업, 하다못해 연예인 얘기까지도 많은 대화를 나누길 바란다. 어떤 방법으로든 아이를 좀 더 자세히 파악해 둬야 곧 공부와 시험으로 힘들고 지칠 아이와의 정서적 관계가 틀어지지 않을 수 있다.

중학교 1학년의 첫 번째 위기는 자유학기제로 인해 중간고사,

기말고사 없이 한 학기를 보내야 한다는 것이다. 아이의 성적만으로 학교생활이 잘 진행되고 있는지 알 수는 없지만, 시험이 있고 없고는 차이가 크다. 하지만 없는 시험을 만들어 치를 수는 없는 노릇 아닌가. 긍정적으로 본다면, 시험이 없는 걸 잘 활용해 꽤 좋은 성과를 이룰 수 있다. 이 시기는 학기 중 일정하게 꾸준히 공부할 수 있는 유일한 시기가 될 수 있다.

이 시기를 잘 활용하여 본격적인 교과 시험을 치르는 중학교 2학년~고등학교 3학년을 대비한다. 아이가 학습 습관을 몸에 익힐 수 있도록 부모의 노력이 정말로 필요하다.

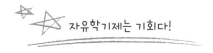

자유학기제는 기회다!

아이와 함께 악순환을 선순환으로

● 습관을 다지기 위한 학습 계획표 짜기

앞서 「7장 스케줄 관리가 타인주도 학습」의 '학습 계획표', 「8장 초·중 목표 달성 전략」의 '체크리스트'에서 실제 사례를 중심으로 설명했지만, 초등학교 6학년 겨울방학(12월)부터는 이제 중학생이라는 생각으로 일단은 생활 습관에 신경을 써야 한다. 늦게 자는 습관을 없애고 아침에 일찍 일어나서 가급적 아침 식사 전에 1시간 이상의 학습이 이루어질 수 있도록 부모의 독려가 필요하다.

이 시기의 학습 습관은 고등학교 3학년까지 간다. 이때는 대개 지키든 지키지 않든 일정을 짜고, 누가 시키지 않아도 알아서 공부한다. 하지만 중학교 1학년 때는 조금만 신경 쓰지 않으면 해당 학년 전체가 무의미하고 아무 성과 없이 지나갈 수 있다. 여기서부터 벌어지기 시작하면 상위권과의 격차를 줄일 수 없다. 충분히 상위권이 될 수 있는 아이도 이 시기를 제대로 활용하지 못하면 평가가 시작되자마자 바닥을 경험하게 될 수 있다.

학습 습관을 들이기 위해서 부모와 아이가 함께 학습 계획표를 짜야 한다. 계획표는 그야말로 '계획'이기 때문에 대부분 달성에 실패할 것이다. 그렇다 하더라도 계속해서 짜고 또 짜야 한다. 이 과정에서 부모와 많은 대화를 할 수 있다. 본인이 잘 안 되는 것이 무엇인지를 스스로 알게 되면서 자연스레 공부를 일정하게 해야겠다는 생각을 가지게 된다. 그러니 계속 엇나가더라도 계획표는 짜야 한다. 반복하는 과정에서 언젠가는 실천 가능한 계획이 만들어진다. 아니, 본인이 거기에 맞추어 실천하게 된다. 앞에 언급한 체크리스트의 활용도 큰 도움이 될 수 있다.

◉ 시간 아끼는 방법을 같이 연구해 보자

고등학교 3학년이 되면 가장 신경 써야 하는 것 중의 하나가 바로 '시간 관리'다. 많은 학생이 중간고사와 기말고사가 목전에 이르면 '아, 하루만 더 시간이 있었으면…' 하고 후회를 한다. 그 뒤로도 제대로 된 시간 관리를 하지 않으면 이런 후회는 수능을 앞두고도 마찬가지다. '아, 한 달만 더 시간이 있었으면…' 이렇게 말이다.

이제 중학교에 갓 진학한 아이가 '시간 관리'를 잘할 것이라고 기대하기는 어렵다. 이 또한 단기간에 되는 것이 아니다. 아이들이 시간을 소비하는 유형을 몇 가지 살펴보자.

유형	문제점	허비한 시간
수업 종료 후 '학교 → 집'으로 이동하는 시간	편의점, 축구, 게임, 잡담	20~30분
학원 종료 후 간식 먹는 데 소비하는 시간	친구들과 컵라면, 음료수, 잡담	20~30분
집에 도착 후 책상에 앉을 때까지의 시간	부모가 TV 시청을 하고 있으면 아이도 자연스럽게 옆에 앉는다.	20~30분
식사 후 책상에 앉을 때까지의 시간		20~30분
학원 수업 후 밤에 집에 도착해서 씻고, 간식 먹고 책상에 앉기까지의 시간		20~30분

허비하는 시간을 하나하나 따지며 아이를 쉬는 시간도 없이 압박하라는 것은 아니다. 당연히 아이도 스트레스도 풀고 쉴 시간이 필요하다. 우리가 전달하려는 핵심은 아이가 스스로 시간을 아끼려는 노력을 몸에 배게 하라는 것이다. 위의 상황들에서 단 10분씩만 줄여도 50분 정도를 줄일 수 있다. 이렇게 허비되는 시간을 아끼고 주말에 별도의 쉬는 시간을 확보해 주는 것으로 '협상'을 하는 것이 좋다. 이렇게 하면 아이도 나름 시간을 아끼려고 노력하게 될 것이고 쉬는 시간을 확보하게 된다. 집중력도 올라간다.

또 하나, 혹시나 부모의 부주의로 아이가 시간을 허비하는 일은 없어야 한다. 아이가 집에 왔는데 온 가족이 TV 시청을 하는 모습을 보면 자연스레 합석하게 된다. 부모가 습관적으로 동영상을 보거나 SNS를 하고 있으면 아이가 따라 해도 뭐라 할 수 없다. 따라서 아이가 시간 관리 잘하고 공부 잘하길 바란다면 부모들의 생활 습관을 바꾸는 것이 필요하다.

아이가 학원 수업 후 밤에 귀가할 때는 씻고, 간식 먹고, 잠시

쉬다 보면 몇 시간은 그냥 소비된다. 이후 공부하려 자리에 앉게 되면 다음과 같은 악순환이 시작된다.

이러한 패턴에서 벗어나기 위해서는 악순환의 고리를 끊을 수 있는 '시간 관리'를 해야 한다. 그렇다면 어디서부터 시작해야 할까? 우리의 제안은 '아이가 학원에서 귀가하면 일찍 재워라'다. 그리고 아침에 일찍 일어나게 해서 식사 전까지 아침 공부를 하는 것으로 유도하는 것이다. 부모도 밤에는 TV 보는 것을 자제하고 가족 모두 잠자리에 들도록 수면 분위기를 만들어 주는 것이 좋다.

부모가 참여해 분위기를 만들어 주고 아이의 '시간'에 지속적인 관심을 표하는 것만으로도 아이는 본인의 시간을 관리하는 데 신경을 쓰게 될 것이다. 중학교 1학년 때부터 다져 온 시간 관리 습관이 고등학교 3학년 때까지 이어진다면, 이로 인해 얻어지는 시간의 합산은 어마어마하지 않을까?

다시 한번 강조하지만, 아이가 시간을 잘 활용하지 못하는 이유는 부모의 노력 부족(생활 습관, 시간 절약에 관한 관심 부족)일 가능성이 크다는 것을 꼭 명심하길 바란다.

중학교 1학년 첫 중간고사에서 선순환하다

영어 과목을 활용한 선순환 사례를 이야기해 보겠다. 아래의 내용은 실제로 아빠 저자와 함께 공부한 네 명 아이의 중학생 시절과 큰아이의 고등학생 시절까지도 활용했던 사례다. 초·중·고 학생 누구나 할 수 있으며, 이전에 영어 선행이 충분하지 않았더라도 학교의 중간고사, 기말고사 대비 시 적용할 수 있는 방법이다.

참고로 아빠 저자는 영어 학습 전문가는 아니다. 하지만 특별한 계기로 큰아이 초등학교 6학년 여름방학부터 중학교 2학년까지 매 주말에 큰아이의 독서모임 친구들에게 영어 숙어와 문법을 가르친 적이 있다.—독서모임을 이끌어 준 학부모에게 감사의 마음으로 시작한 것이었는데 생각보다 오랜 기간 했다—아이들은 각자 어학원 등에 다니고 있었지만 숙어와 문법을 따로 배울 기회는 없었다.

수업 초기에 아이들은 처음 해 보는 문법 공부와 숙어 외우기를 힘들어했다. 하지만 숙어뿐 아니라 문법에 필요한 구문들은 계속 반복하며 외우게 했다. 두 달 정도는 매우 힘들어했으나 이내 익숙해졌고 아이들 스스로 외우는 것을 자연스럽게 받아들이며 암기의 필요성을 스스로 인식한 듯했다.

중학교에 진학 후 3월 첫 주 수업에서 아이들에게 교과서 1과 본문을 외워오도록 했다. 외우는 것에 익숙한 네 명의 아이들은 무리 없이 외워왔다. 이렇게 해서 3주간 1~3과의 본문을 외우게 했다. 우리 수업 시간에는 암기한 것만 시험 보고 이와 관련한 별도의 수업은 하지 않았다. 4주 차에는 아이들에게 기출문제와 자습서 문제를 구해 오게 했다. 그리고 그 문제들을 모아 복사해 나눠준 뒤 숙제로 내줬다. 교과서 암기를 마친 상태라서 문제풀이에는 어려움이 없었다.

5주 차에는 각자 푼 문제 중에 궁금한 것을 질문하고 답하며 같이 풀어 보았다. 이렇게 해서 4월 초에 중간고사 준비가 거의 끝났다. 아이들에게 학교의 영어 수업 시간은 자연스레 복습 시간이 되었다. 중간고사가 5월 초인지라 한 달 전쯤에 영어 시험 준비가 끝나니 나머지 시험 준비가 무척 수월해졌다.

실제 시험 기간에는 이미 외웠던 본문을 각자 연습하고 틀린 문제 위주로 준비하도록 했다. 효과가 좋았다. 모두 만점을 받은 것은 아니었지만 수월하게 영어 시험을 마무리했고 나머지 시험을 준비함에 나름의 여유가 생겼다. 1학기 기말고사도 이런 방식으로 준비시켰다.

중간고사가 끝난 주말, 숙제로 교과서 4과 본문을 외워 오게 했다. 아이들은 당연한 듯 열심히 했고 기말고사도 무난히 치렀다. 이후 1학년 2학기는 자유학기제로 시험이 없는 한 학기를 보냈다. 2학년이 된 후에도 아이들에게는 중간고사와 기말고사에서 영어 시험을 미리 준비하는 것이 나름의 시험 준비 방식으로 정착됐다. 이로써 아이들에게는 영어 학습으로 인한 선순환이 시작되었고, 이를 실행할 수 있는 습관이 자리 잡게 되었다.

큰아이는 고등학교 중간고사, 기말고사도 이와 같은 방식으로 준비했다. 고등학교 영어 내신 준비는 교과서 본문 암기만으로는 부족하다. 하지만 조기에 본문을 암기해 놓았기 때문에 다른 변형 문제에 대비하는 시간적 여유를 가질 수 있었다. 아빠 저자는 문법 문제를 도와주기 위해서 중학생 때 학습했던 내용을 찾아 주고 공부하도록 했다.

중·고등학교 기출문제 구입

보통은 중학교, 고등학교의 중간고사, 기말고사를 대비할 때 문제를 구입한다. 몇몇 사이트(유료사이트, 카페 등)에서는 각 학교의 내신 기출문제를 파는데, 몇 년에 한 번 교과서가 바뀌기도 하고 과목당 교과서가 여러 종류가 있으며 시험 범위도 학교마다 제각각이라 다른 학교의 기출문제가 의미 없다고 생각할 수 있다. 또한, 선생님들도 학생들이 기출문제를 참고한다는 것을 알고 있어서 과거와 똑같은 문제는 내지 않는다. 하지만 내신을 대비하는 과정에서 학교 선생님들의 출제 방식을 알아보기 위해서는 사서 볼 만하다.—참고로 기출문제는 학교 홈페이지에 공개하기도 한다—부지런한 부모들은 사이트에서 다른 학교의 문제를 구해서 아이들에게 연습용으로 활용하게 한다. 특히 중학교 내신시험용 연습문제집이 부족한 편이기 때문에 이를 활용하는 것은 분명 도움이 될 것이다. 실제 큰아이는 중학교뿐 아니라 고등학교 내신시험도 다른 학교의 기출문제를 참고했었다.

🌓 전략적인 스케줄 조절로 선순환 – 같은 공부 시간, 다른 결과

수능 전체를 준비하는 과정에서도 그리고 중간고사, 기말고사를 준비하는 과정에서도 특정 과목이 미리 준비된다면 다른 과목을 준비하는 데도 시간적인 여유를 가질 수 있다. 우리는 이런 방법을 '선순환'이라 말했다. 전체 과목으로 봤을 때 다른 아이들과 공부한 내용이나 투입한 시간이 같다고 해도 스케줄을 조절하는 방법으로 선순환을 만들어 낼 수 있게 된다. 수능처럼 장기간에 걸쳐 준비해야 하는 시험에서도 '선순환'은 매우 중요하다.

앞서 초등학생 때부터의 선행에 대해 '국어 → 영어 → 수학'의 순서를 제시한 것도, 「25장 최상위권 TIP!」에서 짚고 있는 '시간 배분과 스케줄 관리'도 결국은 선순환의 효율을 고려한 것이다.

생각을 바꾸면 악순환이 선순환으로!

Part 3.

너보다 나

생각을 바꿔라!

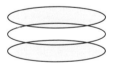

10장

최고의 선생님을 만나는 방법

_지금 거기 계시네요?

부모 세대에서도 경험했겠지만, 학교에는 소위 '잘 가르치는 선생님'과 '못 가르치는 선생님'이 있다. 하지만 이 책을 읽고 있는 초·중 부모와 모든 학생은 오늘부터 이러한 구분을 잊어야 한다.

특히 초등학교 담임선생님은 거의 전 교과를 1년간 수업한다. 그런데 학년 초에 선생님에 대해 안 좋은 선입견을 가지면 계속해서 수업에 집중하지 못하게 되고, 배움을 얻기 힘들어진다. 문제는 선생님을 구분해서 판단하는 초등학생 때부터의 습관이 중·고 시기까지 악영향을 미친다는 것이다.

학교 선생님을 활용하는 현실적 방법

● 세상에서 가장 잘 가르치는 선생님?

선생님을 분류하는 것은 패자의 일이다. 그래 봤자 그 손해는 모두 학생에게 간다. 학생은 부모나 학교 선생님을 선택할 수 없다. 운명이라 생각하고 그에 맞추는 것이 현실적이다. 선생님에 대해 부정적인 감정을 품는 순간 학생에게 있어 그 수업 시간은 멍하니 허공만 쳐다보는 시간이 될 것이다.

학교 수업이 하루에 보통 5~7시간이니 하루 동안 공부하는 시간의 절반이 넘는다. 이 시간에 기계적으로 필기만 한다거나, 집중도 되지 않는데 다른 과목을 펴놓고 자습을 하거나, 잠을 자는 데 보낸다면 이미 하루의 절반밖에는 활용하지 못하는 것이다. 수업 시간에는 수업에 열중하는 것이 효율 면에서 최고다.

부모는 '내신시험을 위해서는 학교 공부를 해야 하고 그 시험 문제를 내는 사람이 지금 수업을 진행하고 있는 선생님'이라는 사실을 아이가 잊지 않도록 해야 한다. 내 아이에게 최면을 걸어라! '내 앞에 서 있는 선생님은 세상에서 가장 잘 가르치는 선생님이다', '내가 그에 맞추어 공부하지 못할 뿐이다'라고 생각하도록 말이다. 부모는 아이가 초등학교 저학년 때부터 이런 마인드를 가질 수 있도록 그리고 유지할 수 있도록 독려해야 한다.

● 학기 초에 선생님들 특성 파악하기

학기 초에 선생님의 특성을 파악하는 게 먼저다. 정말로 꼼꼼한 강의를 하는 선생님, 나를 졸게 하는 선생님, 내내 필기만 하는 선생님, 책을 읽기만 하는 선생님 등등 다양할 것이다. 선배, 친구, 선배 학부모 등으로부터 과목별 선생님의 특성을 파악하고 대비하자. 가르치는 유형이 다를 뿐이라고 생각하자. 아무리 화려한 강의를 한다 해도 정작 내가 활용을 못 한다면 아무 의미가 없다. 반대로 재미없는 강의라 하더라도 내가 얻어내기만 하면 된다. 선생님에 따라 '예습해야 할지 아니면 복습 위주로만 해도 괜찮을지'를 판단해 보고, 중·고 시기에는 선생님이 학년 초에 공지하는 과목별 수행평가(과제, 논술, 실기시험, 보고서 등)의 내용에 어떤 것이 있는지 챙겨두면 좋다.

또한, 선생님이 교과서, 유인물, 외부 교재 중 어떤 걸 중시하는지도 파악해야 한다. 부모는 아이와의 대화를 통해 선생님의 '특성'을 잘 알 수 있도록 돕되 함부로 '규정'하지 않게 하고, 선생님 방식에 '적응'하도록 계속해서 인지시키자.

수업을 효과적으로 활용하는 방법은 예습?

선생님의 수업을 잘 활용하기 위해 예습과 복습 중 어느 것이 더 중요한지를 묻는 말에 보통 '예습이 좀 더 효율적'이라고 알려져 있다. 예습을 하면 수업에 좀 더 집중하게 되고 필기만 하는 수동적 학습이 아닌 적극적인 학습으로 바뀐다는 근거에서다. 하지만 우리는 예습이라고 섣불리 답하기 전에 '선생님의 수업 방식과 나의 선행 정도에 따라 다르다'라고 조언하고 싶다. 이를 설명하기 위해 선행학습을 한 과목의 경우와 아닌 과목의 경우로 나누어 얘기해 보겠다.

우선, (수학 등) 선행학습을 한 과목의 경우는 본인이 선행한 내용을 잘 알고 있는지에 대해 냉정하게 판단하고 있어야 한다. 선행은 했으나 한참 전에 들어 본 내용에 불과하고 자신이 없다면 선생님의 수업에 앞서 예습을 통해 리마인드해야 한다. 이마저도 하지 않으면 본인의 선행학습은 '예습'의 수준도 안 되는 상황이 되는 것이다. 선행의 특성상 보통은 오래전에 들어 본 내용일 가능성이 크다. 반면에 비록 '구경'에 그쳤을 수도 있으나 예전에 학습했던 교재를 놓고 조금이라도 예습하고 수업을 듣게 되면 선생님의 설명이 머릿속에 좀 더 잘 들어올 것이다.

가장 경계해야 할 부분은 학원에서 선행한 것을 가지고 '다 아는 내용'이라 생각하며 학교 수업에 집중하지 않는 상황이다. 선행이 잘된 과목이라면 수업 시간을 '복습을 하는 시간, 선생님이 중간고사와 기말고사에 출제할 내용을 파악하는 시간'으로 활용해야 한다. '다 아는 내용'이라는 것은 학생의 착각이다. '한 번' 들은 내용일 수도 있다. 선행한 것만으로 절대 내 것으로 만들 수 없다.

앞서 여러 번 설명했지만, 내신시험에서 한 문제라도 더 맞히기 위해 집중학습하는 과정에서 실력을 완성하는 것이 가장 좋은 방법이다. 부모로서는 '다 아는 내용'이라는 자만심에 빠지지 않고 '알고 있는 내용을 복습하고 확인하는 시간, 시험에 나올 부분을 파악하는 시간'으로 더욱더 수업 시간에 집중하도록 아이에게 반복해서 얘기해야 한다.

📖 선생님에 따라 예습, 복습 비중을 결정하자

예습을 많이 하면 수업 시간을 효과적으로 활용할 수 있다는 사실을 부정하려는 것이 아니다. 하지만 보통의 학생들은 학원, 과외 등 기존에 짜놓은 스케줄 때문에 교과목에 따라 예습 시간을 확보하기 어려울 것이다. 그래서 우리는 이론적인 얘기보다는 현실적이고 효율이 높은 방법을 제시하고자 한다. 선행하지 않았거나 선행과 관련이 없는 과목에서 학교 선생님의 수업을 활용하는 방법을 말해 보겠다.

우선 주요 과목이고 선생님의 수업 밀도가 높은 경우(필기도 많고 설명도 빠른 경우)에는 예습은 필수다. 여기에 필기 속도도 높여야 한다. 노트에 정자로 예쁘게 필기하려 하지 말고 연습장을 활용하자. 알아볼 수 있을 정도의 필기를 한 후 옮겨 적는 과정을 통해 복습하는 것이 좋다.

주요 과목이지만 선생님이 필기보다는 강의를 요약한 유인물을 제공하는 경우는 짧은 예습 이후 수업에 집중하고 복습을 하는 것도 괜찮다. 짧은 예습은 전반적인 흐름을 아는 정도로 하자. 그날 수업에 나올 단원명과 주요 어휘를 읽어 보는 것 정도면 된다.

비주요 과목의 경우는 예습보다는 수업에 집중하면서 선생님의 의도(수행평가, 지필평가)를 파악하는 데 주력해야 한다. 학생부를 잘 작성하고 수시에 대비하기 위해서 과목별 '수행평가'와 선생님의 의견—'세특'이라고 부른다. 「14장 초·중 수행평가 연습이 수시까지」에서 설명—이 매우 중요한 요소이기 때문이다.

대부분 선생님은 '학생들이 선생님을 잘 활용하기'를 원한다.

좋은 내신 받을 수 있도록 수업 시간 중에 시험에 나올 내용도 얘기해 주고, 수행평가에서는 뭘 주의해야 하는지도 말해 주신다. 잘 생각해 보자. 내 아이가 제대로 선생님을 활용하고 있는지 말이다. 학생에게는 학교의 선생님이 최고의 협력자다. 선생님을 잘 활용해야 한다.

담임선생님께 꼭 물어볼 한 가지

보통은 학교 선생님을 어려워하고 잘 안 만나게 된다. 하지만 담임선생님은 오랜 기간 여러 아이를 지켜봤기 때문에 아이의 학습 외의 다른 이야기도 들어 볼 수 있는 대상이기도 하다. 따라서 부모는 이러한 관점에서 담임선생님을 잘 활용해야 한다. 초등학교의 담임선생님은 아이의 성과를 파악할 때 도움받으면 좋고, 고등학교의 담임선생님은 당연히 진로와 관련해서 만나야 한다. 중학교 담임선생님에게서 꼭 들어 볼 것이 있다. 바로 '지역 고등학교 정보'다.

아이의 역량 또는 성향에 따라 지망하는 학교를 잘 선택해야 하기에 진학 대상이 되는 지역 고등학교는 부모가 미리미리 잘 알아봐야 한다. 물론, 이것은 컨설팅, 학원, 주변 선배 부모를 통해 알아볼 수도 있다. 적극적인 부모들은 대상이 되는 지역 고등학교를 직접 방문하기도 한다. 하지만 아직 입학하지도 않았고 내 아이를 잘 모르는 고등학교에 가서 깊이 있는 이야기를 나누긴 힘들 것이다. 우리는 고등학교 진학에 대한 정보는 중학교 담임선생님에게서 들어 보는 것이 가장 좋다고 본다.

공립학교의 경우 선생님들이 주기적으로 이동하지만 대부분 지역 안에서 이동하는 경우들이고, 선배들을 진학시켜온 경험이 있으므로 지역 고등학교에 대해 잘 파악하고 있을 것이다. 그러므로 중학교 1~3학년까지 담임선생님을 만날 때는 우리 아이가 어떤 성향이라고 생각하는지, 진학 대상이 되는 고등학교의 수업 분위기는 어떤지, 우리 아이가 어느 고등학교를 지망하는 것이 좋을지 등을 단도직입적으로 질문하자. 「18장 지역 고등학교 상태, 잘 알고 있나요?」에서 '고등학교 선택하는 방법'을 더 자세히 다루도록 하겠다.

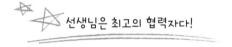

선생님은 최고의 협력자다!

11장

암기식 학습법의 폐해?

_그렇게 말하는 사람을 피해!

학습 방법을 이야기하는 책들이나 교육부의 정책취지 등을 설명하는 문구들에서 '암기식 학습의 폐해', '단순 암기식 학습법'이라며 '암기'를 마치 잘못되고 저급한 방법으로 표현하는 것을 자주 보았을 것이다. 하지만 우리가 학습으로 얻는 결과물들 또는 더 심화한 학습을 위해 필요한 것들은 암기 없이는 불가한 것들이다.

이번 장에서는 암기를 목표로 공부해야 하는 이유와 초등학생에게 암기를 권장해야 하는 이유를 설명해 보겠다.

암기 없이는 불가능한 '심화 학습'

영어를 배우면서 알파벳을 외우고 수학을 배우면서 숫자를 외

141

우지 않는다면 그다음 단계로 나가지 못할 것이다. 그다음 단계에서 영어나 국어의 단어를 외우지 않거나 수학의 공식을 외우지 않는다면 결국은 한자어의 각각의 의미를 배우거나 영어의 어원을 연구한다거나 수학의 공식을 스스로 정리해내야 하는데 그것이 가능할까? 신동들이나 대과학자들은 모든 것을 다 이해하면서 지식을 쌓아 온 것일까?

◖ 초등생에게 암기를 독려해야 한다

학습은 '암기 → 이해 → 암기 → 이해…'를 반복하면서 머릿속에 지식을 넣어가는 과정이다. 암기식 학습이 문제가 있다고 말하는 경우는 '암기'에서 그치는 때를 말하는 것이다. 암기해야 자연스럽게 '이해'의 단계로 넘어갈 수 있다. 따라서 초등학생이 '암기식 학습 방법이 잘못된 것'이라고 인식하게 되면 안 된다.

아이들도 어디선가 '암기식 학습법은 잘못된 것'이라는 얘기를 들어 본 적 있을 것이다. 그래서 부모나 선생님이 암기를 요청하는 순간 '잘못된 학습법'이라고 핑계를 대게 되고 암기하는 것을 본능적으로 거부하게 된다. 그렇기에 부모로서는 아이의 초등학교 저학년 때부터 암기를 권장하고 칭찬해 줘야 한다.

우리는 앞에서 4명의 아이와 초등학교 6학년 때부터 문법, 숙어 공부를 하면서 숙어 암기와 문법의 주요구문들을 암기한 사례를 언급한 바 있다. 처음 공부를 할 때는 숙어 암기와 문법용 구문을 반복해서 학습하는 것을 힘들어했지만, 재시험까지 봐 가면서 숙어를 암기하도록 했다. 숙어는 암기 외에 달리 학습할 방법이 없었다. 그리고 이 기회에 여럿이 같이 외우는 것이 효과적이라고 생각했다. 참여한 아이들의 부모들도 이를 공감해 주었고, 수업 전까지 숙어를 반드시 외우도록 아이들을 독려했다.

암기는 모든 과목에 있어 활용해야 하는 학습 방법이다. 초등학생 때부터 암기에 거부감을 가진다면 이후의 학습 과정이 힘들어진다. 그렇게 되면 당연히 대학 입시에도 문제가 생길 수 있다.

◉ 이해해야 암기도 된다

저학년의 암기와 고학년의 암기는 방법이 다르다. 고학년의 암기는 논리를 기반으로 한다. 논리적으로 정리를 잘해야 암기가 잘된다. 암기를 잘하는 사람은 정리하는 능력이 뛰어나다. 교과서의 영어 본문을 외울 때도 있는 그대로 앞뒤 없이 막 외울 수는 없다. 문장 간의 연결성이 있으므로 암기 이전에 먼저 문장의 구조, 문맥을 파악하려 할 것이다. 이 과정에서 논리적으로 구성하고 정리하는 능력이 발달한다. 수학 문제를 풀 때도 처음부터 개념을 완전하게 머릿속에 넣을 수 없다. 개념을 공부하고 반복해서 문제를 풀어 보고 풀이법을 암기하기도 하고 또 개념을 공부한다. 이런 단계들이 반복되면서 개념과 유형을 암기(이해)하게 되는 것이다.

「6장 레귤러 학습법」의 사례에서 구문학습 교재를 반복해서 듣고 구문을 암기하는 단계까지 공부해야 하며, 이 학습의 최종 목표는 '작문'이라고 말했었다. 처음부터 작문을 척척 해내는 사람은 없다. 단어, 숙어 등을 암기하고 그 조합으로 문장을 외우고 만들다 보면 작문이 가능해진다. 즉, 우리가 말하려는 것은 암기의 단계를 거쳐서 이해의 단계까지 가야 한다는 것이고 그렇게 해야 빠르게 학습할 수 있다는 것이다.

우선 마음 자세를 '암기를 목표로 하는 공부'로 해야 완성도를 훨씬 높일 수 있다. 일정 수준에 이르면 암기와 이해는 별 구분이 없어진다. 그러니 암기를 목표로 공부하는 것을 무조건 부정적으로 보면 안 된다.

100점을 목표로 하면 완전히 다른 결과가 나온다

◌ 목표는 암기, 그리고 100점이다

고등학교에서 주요 과목의 내신을 대비하는 공부와 수능을 대비하는 공부는 차이가 없다. 학교의 주요 과목 내신시험 중 선택과목에 따라 수능과 무관한 것도 있지만 대부분은 수능과 깊게 관련이 있다. 학교에서도 수능과 무관하게 시험을 내지 않는다. 그렇다면 내신의 주요 과목은 몇 점을 목표로 공부해야 할까? 내신 학원은 몇 점을 목표로 가르치는 것일까?

100점을 목표로 하는 공부와 95점을 목표로 하는 공부는 완전히 다르다. 공부하는 과정의 노력과 집중도에서 엄청난 차이가 있다. 물론 95점을 목표로 준비했는데, 100점을 맞을 수도 있고 100점을 목표로 했음에도 95점을 맞을 수도 있다. 목표와 다른 점수가 나올 수 있지만 100점을 목표로 하는 공부는 그 결과물이 다르다.

100점을 목표로 공부하면 상당히 많은 양과 높은 집중력으로 학습하게 된다. 또한, 많은 시간이 필요할 것이므로 시간을 효율적으로 사용하려 노력할 것이다. 100점 맞는 공부는 단원평가를 준비하는 초등학생에게도 중요하다. 100점을 목표로 공부하도록 습관을 길러줘야 한다. 부모는 학원을 고르는 때도 학원의 목표가 무엇인지를 잘 파악해 봐야 한다. 목표 설정에 따라 학생이 한 단계 업그레이드될 수 있다.

기술은 기술일 뿐, 실력이 아니다

예를 들어 보자. 큰아이가 고등학교 1학년 1학기 때 다니던 내신 대비 영어학원이 있다. 지역에서는 꽤 유명한 강의였고 수강생도 대단히 많았다. 이 선생님은 시험에 나올 만한 예상 문제도 많이 제공하고 교과서 본문을 가지고 다양한 방법으로 괄호 넣기 연습을 집중적으로 시키는 방식으로 가르쳤다. 큰아이가 이 학원에 다닐 때 부모와 아이가 나름 판단한 것은 '저 수업만 들으면 90점, 아니 95점은 맞겠구나'라는 생각이었다. 예상대로 무난히 90점대 점수를 맞을 수 있었다. 하지만 계속 수업을 들으면서 '시험을 보는 기술에 불과한 것 아닌가?'라는 의문이 들기 시작했다. 중상위권을 목표로 할 때는 이 수업을 잘 활용해 볼 만했다. 그러나 시험이 끝나고 나서 남는 것이 없었다. 한편으로는 주요 과목 이외의 암기과목은 이런 방식이 좋아 보였다.

2학기에 학원을 옮겼는데 이 학원은 좀 다르게 공부를 시켰다.―아빠 저자가 생각하는 학습 방법과 일치했다―본문은 무조건 외우게 시켰고, 외운 상태에서 실제 '공부'를 가르쳤다. 기술만으로 해결했을 때와 점수에서 아주 큰 차이는 없었다. 하지만 공부하는 자세와 공부의 양이 달랐고 외운 문장들이 머릿속에 녹아들었다. 시험 점수의 편차도 거의 없었다. 일정한 성적이 유지되었다. 하지만 먼저의 학원에 다니는 친구들은 점수가 들쭉날쭉했다. 강사가 문제를 잘 골라낼 때는 성적이 좋았으나 그렇지 않은 때에는 전체적으로 성적이 좋지 않았다.

위에 말한 문장 일부를 괄호로 비워 두고 채우는 공부 방법과 모든 것을 외우는 공부 방법은 엄청난 차이가 있다. 공부하는 분량이나 집중도에 많은 차이가 있을 수밖에 없다. 전체적인 맥락을 떠나 단지 눈앞의 시험에 필요한 부분만을 공부하면 남는 것이 거의 없다. 점수는 큰 차이가 없을 수 있으나 남는 건 완전히 다르다.

문장을 외우는 능력이 쉽게 길러지는 것이 아니다. 고학년에 있어 암기를 잘하려면 결국은 논리적이고 꼼꼼하게 학습해야 한다.

초기 학습 시간을 줄이는 암기식 학습법

외우는 것이 가장 효과적이고 확실하다

아빠 저자는 수학 전공자로, 대학에 입학하고 처음 본 미적분학 시험에서 14점(100점 만점)을 맞은 적이 있다. 60명 중 59등에 해당하는 점수였는데, 교재에 나오는 정의, 정리 등을 외우지 않고 시험 보러 갔다가 낭패를 당한 것이다. 당시에 대학교 학문의 특성을 제대로 이해하지 못한 탓이었다. 순진하게도 다른 학생들이 다 구해 본 족보(전년도 시험지)조차도 들여다보지 않은 것이다. 담당 교수님은 마침 1학년 지도교수님이었고, 걱정되셨는지 면담을 요청하셨다.

"자네는 입학시험 성적도 나쁘지 않은데, 왜 미적분학 성적이 이런가?"

"제가 아무리 생각해도 이해가 가지 않습니다. 시험 문제를 보니 수업 시간에 필기한 것을 고스란히 다 외워야 답안을 작성할 수 있는 것인데 이렇게 앞으로도 계속 외워야 하나요?"

라고 푸념하자 교수님께서 말씀하셨다.

"앞으로 외울 게 더 많은데? 자네가 졸업 후 공부를 계속할지 취업을 할지 모르겠지만, 수학이든 아니면 다른 학문이든 간에 대학에서 배우는 학문이라는 것이 전체 학문에서 보면 아주 일부밖에는 되지 않는 거야. 좀 과장해서 말하자면 영어로 치면 알파벳 정도 배우는 거지. 4년이라는 짧은 시간 동안에 배운 것은 기본 정도밖에는 안 돼. 한정된 시간 안에 이 정도는 알고 있어야 그다음 단계로 갈 수 있지. 그러니 그 과정들을 다 이해해서 넘어가기가 쉽지 않아. 외우는 것이 가장 효과적이고 확실한 거야. 나도 자네 시기에는 열심히 외웠는데?"

당시 그 교수님의 말씀을 다 이해한 건 아니었지만, 일단 졸업을 위해 열심히 외웠다. 돌이켜 보면 같은 과에서 전공에 소질이 있는 친구들은 외우는 것조차도 잘했다.

대학 3학년쯤 되니 '외우는 게 당연하다'는 생각이 들었고 감이 오기 시작했다. 마음이 열리고 수학의 내용도 어느 정도 이해가 됐다. 수학 외의 과목들도 암기의 양이 많기는 마찬가지였고, 부전공으로 한 공대의 학습 과정도 그랬다.

◖ 한 단계 더 발전하기 위해 암기하라

'암기식 교육이 문제다', '주입식 교육이 학생의 창의력을 죽인다'라고 얘기하는 학자들은 외우지 않고 거기까지 왔을까? 누구보다 열심히 외웠을 것이다.

저자가 왜 대학 시절의 얘기까지 해 가면서 암기가 중요하다고 말하겠는가? 암기를 즐기는 이가 어디 있겠는가? 하지만 한 단계 더 발전하기 위해서는 받아들여야 한다. 초·중 부모는 아이가 암기에 거부감을 느끼지 않도록 잘 유도해 줘야 한다.

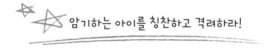
암기하는 아이를 칭찬하고 격려하라!

12장

시험만 보면 실수

_심리적 문제? 단순 실수? 훈련 부족?

이번 장에서는 실수를 줄이는 방법을 알아보겠다. 초등학교의 단원평가, 중·고 시기의 중간고사, 기말고사 그리고 학원의 시험까지 모든 시험을 완벽하게 맞추는 학생은 없을 것이다. 보통은 틀리고 맞추고 실패하고 극복하기를 반복하면서 실력이 향상된다. 원래는 아는데 틀리는 경우 '실수'라는 말을 쓴다. 하지만 그런 경우가 아님에도 실수라는 말로 위안 삼기도 하는데, 이는 결코 긍정적인 마인드라고 볼 수 없다. 한 단계 더 발전하고 성장하기 위해서는 그 '실수'의 원인을 잘 알아야 한다.

쉬운 문제, 왜 틀리는 걸까?

🌑 단순 실수일까?

큰아이 중학교 1학년 때의 일이다. 1학기 중간고사의 첫 과목은 수학이었다. 나름대로 수학 과목엔 자신이 있었고 우리와도 많은 준비를 했다고 생각한 터라 아빠 저자는 '잘 보겠지. 실수만 하지 않으면 좋겠다'라는 생각으로 아침 출근길을 나섰다. 아침 회의를 마치고 자리로 돌아온 무렵 아이가 학교의 공중전화로 전화를 걸어왔다.

"아빠, 수학 시험 망쳤어⋯. 어떡하지?"

많이 당황한 목소리였다. 약간 울먹이는 것 같았다. 엄마 저자에게 전화를 시도했으나 바로 연결이 안 되자 아빠 저자에게 전화한 것이다. '오죽하면 공중전화로 아빠에게 전화했을까?' 하는 생각에 순간 당황했으나 우선 아이를 진정시키려 노력했다.

"빨리 잊어버리고 자리로 돌아가서 그다음 시험 준비해. 기말고사 있으니 만회할 시간이 충분해. 이거 대학 수능도 아니잖아. 걱정하지 마! 아빠가 다 도와줄 거야. 얼른 교실로 가!"

아빠 저자는 즉시 엄마 저자에게 전화를 걸어 이전의 상황을 설명해 주고 아이가 돌아오면 '다음날의 시험 준비를 할 수 있도록' 안정을 시켜주라고 얘기했다.

그 이후에 치러진 며칠간의 시험들은 별 큰 문제 없이 마무리했다. 모든 시험이 끝난 후 우리는 아이로부터 수학 시험에 관한 얘기를 차근히 들었다. 엄마 저자가 문제를 살펴보았는데, 아이가 틀린 문제들은 난이도가 높은 문제가 아니라고 했다. 그래서 '단순 실수'라고 생각했고, 아이를 달래는 정도로 넘어가기로 했다. 첫 시험이라 당황했을 것으로 생각하니 마음이 짠했다. '앞으로도 이런 시험을 수없이 치러야 할 텐데. 좀 편히 사는 방법은 없나?' 안쓰러웠다.

📢 계속되는 '실수', 혹시 심리적 문제?

그런데 이렇게 시작된 수학 시험 징크스가 중학교 2학년에서 고등학교 1학년 시험까지 계속 이어졌다. 중학교 2학년 때는 「3장 **수학 학습 전략**」에서 말한 것과 같이 학기 중에 선행을 많이 해서 내신시험 준비 기간이 짧았고 연습이 부족했던 것으로 생각했다. 하지만 고등학교 수학에서 충분히 공부한 단원의 비교적 쉬운 문제에서 실수가 반복됐다. 고등학교 이과에서 가장 중요한 과목에서 이런 상황이 반복되면 앞으로도 큰 문제가 되지 않을까 싶어 걱정이 되었다.

고등학교 1학기가 마무리된 후 우리는 아이와 함께 실수의 원인을 찾아보기로 했다. 그렇게 찾은 대략적인 원인은 이랬다.

① 중요 과목이라는 생각으로 인한 심적 부담
② 학습량, 학습 방법의 문제
③ 시험 시 시간 배분의 문제

다른 과목에서도 실수가 있었지만, 반복적이거나 특정 패턴이 있는 게 아니라서 크게 신경 쓸 정도는 아니라는 판단이 들었다. 다만, 2학기 들어서도 수학 과목에서 계속해서 문제가 발생했다. 이때까지도 실수의 원인을 깨닫지 못했다.

이제 이기는 방법을 알겠어?

● 경험 많은 유명 강사를 만나다

학원에서 큰아이를 동생처럼 대해 주시는 젊은 선생님이 있었다. 2학기 중간고사를 마치고 아이는 선생님과 반복되는 실수를 상의했다.

> **선생님** : 나도 네가 왜 이런 실수를 계속하는지 잘 이해가 안 가는구나. 이렇게 한번 해 보자. K선생님을 만나 보자.
>
> **아이** : 네? 그분을 어떻게 만나요?
>
> **선생님** : 내가 만나게 해 줄게. 나 그 선생님하고 친해.

K선생님은 지역에서 경험 많고 유명한 수학 강사 선생님이다. 젊은 선생님은 고민하는 아이가 안 돼 보였는지 K선생님께 바로 연락을 취해서 아이와 만날 수 있는 시간을 잡아 주셨다. 며칠 뒤 K선생님은 젊은 선생님에게서 미리 들은 얘기와 아이로부터 이런저런 이야기를 들어 본 후에 이렇게 말했다.

K선생 : 너, 문제 좀 더 풀어야겠다. 내가 문제집 몇 가지 알려줄 테니까 그것 좀 더 풀고, 모의고사 문제집 많이 풀어라. 시간을 확실히 재고 진짜 시험처럼 해 봐.

아이 : 지금도 되게 많이 푸는데요?

K선생 : 네가 생각하는 것보다 항상 두 배 많이 풀어야 해. 마음이 든든해야 실수도 하지 않는 거야. 안도감이 필요해. 네가 몰라서 틀리는 거 아니잖아?

아이 : …….

K선생 : 야구 좋아해?

아이 : 네

K선생 : 프로야구에서 아주 오랜 기간 잘했던 선수들 있지? 이승엽, 박용택 이런 선수들 있잖아. 이런 사람들 나이 들어도 오랜 기간 계속 잘했지?

아이 : 그렇죠!

K선생 : 그 사람들 공통점이 있어. 겨울에 동계 훈련할 때 다른 후배들보다 열심히 하고 평상시에도 웨이트 트레이닝을 엄청 열심히 해. 부상도 잘 생기지 않고, 거의 일정한 성적이 나오잖아? 야구든 축구든 운동선수들 말이야….

그중에는 생활 태도에 문제가 있어서 술 먹고 훈련 게을리하고 그런 선수들도 있어. 타고난 재능을 믿고 말이지. 그런데 그런 선수들 반짝 잘할 때가 있는데 오래가지 못하더라고. 부상이 계속 발생하기도 하고. 결국은 일정하게 많은 훈련을 하는 사람들이 승리자(winner)가 되는 거야. 그 사람들은 한

20년 이상 그렇게 하는데, 너야 이제 한 2년만 그리하면 되겠다. 내 말 알아들었어? 초딩이나 중딩들이 선행하면서 문제 많이 푸는 것은 아무 의미 없는 얘기인데, 이제 너 정도 시기에는 문제 수를 늘려야 한다. 수학 말고 다른 과목도 지금보다 문제 두 배로 늘려. 알았지? 고3 때 만나자!

K선생님을 만나고 온 아이는 우리에게 본인의 문제가 '훈련량 부족'이라는 사실을 알게 되었다고 말했다. 우리 또한 앞번호의 비교적 쉬운 문제들을 틀리다 보니 공부가 덜된 것이라고는 생각하지 못했는데, 그 원인을 K선생님이 명쾌히 알려준 것이다. 이후 아이는 '훈련량'을 늘려가기 시작했다.

K선생님의 해답은 효과를 발휘했다. 무엇보다 '많이 해야 잘할 수 있다'는 단순한 진리를 제대로 받아들인 것이다. 아이의 평범했던 성적은 우상향을 거듭하였다. 그리고 고등학교 3학년 1학기, 아이는 항상 부러워하던 '최상위권 친구들'의 성적에 이르게 되었다.

만약 우리가 아이의 문제를 단순 실수라 생각했다면 지금의 성과는 없었을지도 모른다. 실수를 단순하게 넘어가기보다는 마음속으로 빨리 인정하고 받아들이고 해결법이 없는지 고민해야 한다. 이 과정을 거친 사람만이 그 실수를 만회할 기회를 잡을 수 있다.

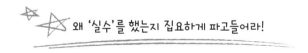
왜 '실수'를 했는지 집요하게 파고들어라!

13장

'내신 포기'를 '포기'하라!

_중학교 내신의 사용처

이번 장에서는 초·중에서 시험을 준비하는 습관을 잘 만들어야 하는 이유를 설명해 보겠다. 포기하는 습관을 지니면 고등학교에서도 쉽게 '수시 포기! 정시 전념!'을 선언하게 된다.

중학교 성적으로 대학 가나?

초등학교 시험에 부모가 관심을 보여 주라는 것

초등학교 시기에 학교 시험은 단원평가 정도로, 재량에 따라 시험을 시행하고 있어서 학교, 학년, 선생님에 따라 다르다. 그래서 부모와 아이 모두 단원평가에 대한 긴장도가 낮을 수 있다. 하지만 부모는 그 단원평가가 학교에서 치르는 '공식적인 시험'이라는 것을 아이에게 주지시킬 필요가 있다. 부모가 '단원평가'는 별것 아니라는 식으로 여기는 모습을 보여 주는 것은 좋지 않다. 아이들이 학교에서 치르는 시험을 가볍게 여기는 출발점이 되기 때문이다. 단원평가에서 한두 문제 틀린 것에 대해 아이를 질책해서는 안 되겠지만, 부모가 단원평가를 보는 날짜, 과목, 내용을 챙기고 있다는 것을 보여줘야 한다. 또한, 시험의 내용, 틀린 이유 등을 같이 얘기하는 것을 습관화하면 좋다. 당연히 칭찬과 격려도 해야 한다. 부모가 '그깟 단원평가 한두 문제 틀렸는데 뭐'라고 생각해 버리거나 부모와 시험 얘기를 할 때 아이가 '내가 알아서 할게'라는 식의 얘기가 나오게 해서는 안 된다. 부모나 아이에게 안 좋은 습관이 된다.

학원의 시험도 마찬가지다. 문제 하나하나를 세세하게 보며 맞고 틀리고를 보는 것보다 더 중요한 것이 있다. 아이가 다니고 있는 학원의 수업과 시험을 부모가 챙기고 있음을 아이와 학원에게 보여 주는 것이 우선이다. 「5장 성과 체크, 학원 고르기 그리고 그만두기」에서 언급한 것처럼 초·중 시기에는 학원을 고르기 어렵고 특히 초등학교 때는 성과를 측정하기 어렵다. 그렇기에 이 시기에는 부모가 또 다른 '성과측정자'의 역할을 해야 한다. 학교나 학원의 시험에 부모가 관심을 두고 있고, 학습에 대해 같이 이야기를 나누는 상대임을 아이와 학원에 확실히 인식시켜야 한다. 부모의 역할이 밥 먹여서 학교에 보내고 학원비 대주는 사람이 아닌 교육의 가장 중요한 주체임을 아이에게 확실히 보여 줄 필요가 있다.

💬 중학교의 시험들도 진지하고 진심으로 임하게

중학교 시기부터 본격적으로 시작되는 중간고사, 기말고사. 부모나 아이나 이 시험들을 대비하고 잘 보고 싶은 마음은 어느 학년이 되더라도 매한가지일 것이다. 중학교 내신성적이 대학 입시에 직결되지는 않지만, 중학교의 내신시험 준비 과정이 고등학교에서 수시, 정시를 준비하는 과정과 다르지 않다. 중학교에서 시험을 준비하는 과정, 시험을 보는 과정, 각종 수행평가의 과정이 고등학교 과정과 연장선상에 있다. 하나라도 경시하거나 포기하는 일이 있어서는 안 된다. 시험과 수행평가를 모두 100점 맞으라는 것이 아니다. 모두 100점을 맞겠다는 마음을 갖고 진심으로 임해야 한다.

다시 말해 습관을 잘 들여놓으라는 것이다. 부모가 운전하다가 무심코 뱉은 욕설을 보고 아이는 '그래도 되는구나!' 이렇게 인식하게 되고 밖에서도 그런 행동이 나오게 된다. 이처럼 부모가 아이의 시험에 대해 '그깟 체육 실기시험? 학원 숙제나 열심히 해!' 식의 반응을 보이면 안 된다. 마음속으로 그렇게 생각해도 밖으로는 감춰야 한다.

'아이는 부모의 거울'이라는 말이 있다. 부모가 한 말과 행동이 무의식적으로 아이의 마음속에 자리 잡으면 언젠가는 드러나게 되어 있다. 그러니 부모부터 아이의 시험을 진지하고 진심으로 대해라.

2022학년도						
	3학년 1학기					
과목	평균	성취도별 분포비율				
		A	B	C	D	E
국어	87.5	57.8	23.3	9.6	7	2.3
사회	81.3	36.9	27.6	15.9	8	11.6
역사	80.4	40.9	20.6	13	12.6	13
수학	84	46.8	23.9	13.3	8.3	7.6
과학	83.5	53.2	19.3	9	5.6	13
기술·가정	86.1	48.2	26.9	14.6	8.3	2
체육	91.5	94	5	1		
음악	94.7	95.3	4	0.7		
영어	86.1	59.5	20.6	7.6	4.3	8
생활 중국어	84.7	50.2	19.9	12	9.6	8.3

출처 : 학교 알리미 사이트(www.schoolinfo.go.kr)

위 표는 서울 소재 모 중학교의 2학년 교과별 학업성취사항을 보여 준다. A의 비율이 상당히 높다. 우리는 수십 개의 중학교를 조회했는데, 편차가 크긴 하지만 대부분 중학교의 A 비율이 상당히 높았다. 중학교 내신은 절대평가다. 영어 성적이 A가 나와도 내 아이가 59%에 해당할 수도 있다. 59%라면 고등학교로는 5등급에 해당한다. 고등학교에서 영어 공부를 거의 안 하는 학생이 이 정도 성적이 나온다.

부모로서는 중학교 성적이 전 과목 A가 나왔다 한들 안심할 수 없을 것이다. 이럴 땐 '학교 알리미(www.schoolinfo.go.kr)' 사이트에서 자녀가 다니는 학교의 A 비율이 얼마나 되는지 파악할 수 있다. 이를 통해 아이 성적표에서 과목평균 등을 꼼꼼히 살펴보고 아이 상태를 잘 알아 둬야 한다.

2차 승부처, 중3 겨울방학

● 가장 먼저 고등학교 첫 중간고사를 준비하자

중요한 얘기를 해 보고 싶다. 중학교를 거치면서 학년별로 성적이 향상하거나 정체되기도 하고 하향하는 경우도 보게 될 것이다. 이때 부모는 본인의 학창시절을 잠시 떠올려 보길 바란다. 본인 또는 주변 친구 중 중·고 시기에 성적이 드라마틱하게 향상된 경우를 본 적이 있는지 말이다. 아마 드물 것이다. 지금도 마찬가지다. 대개는 첫 시험 성적이 거의 그대로 간다. 그럼, 이렇게 말하는 이도 있겠다. "첫 시험을 잘 보면 될 것 아닌가?"라고 말이다.

맞다! 정답은 거기에 있다. 앞서 설명한 「9장 첫 승부처는 중학교 1학년」의 '중간고사 선순환 사례', 「11장 암기식 학습법의 폐해?」의 '100점을 목표로 하라', 「7장 스케줄 관리가 타인주도 학습」의 '학습 계획표', 「8장 초·중 목표 달성 전략」의 '체크리스트'를 활용할 때다. 바로 중학교 3학년 겨울방학이다. 아니 좀 더 적극적으로 기말고사가 끝나는 시기부터 고등학생 모드로 들어가자.

우선 고등학교 첫 중간고사를 준비하자. '어느 고등학교에 가게 될지, 어느 일반고에 배정될지도 모르는데?'라고 생각할지 모르겠다. 하지만 그때쯤 되면 진학할 고등학교는 어느 정도 윤곽이 나와 있다. 배정이 예상되는 고등학교의 기출문제를 준비하고 어떤 내신 학원에 다닐지 미리미리 알아보고 그 학원에 가서 상담까지 해 놓는 것이 좋다. 겨울방학부터 내신 준비를 생각하고 있으라는 것이다. 할 수 있는 것들은 다 해 놓는다. 그리고 학교가 확정되면 영어 교과서 외우기에 들어간다. 왜 이리 서둘러야 하는 걸까? 이 책을 읽는 독자를 위해서 해 주는 우리의 간절한 외침이다. 내게 지금 중학교 3학년인 아이가 있다면 반드시 그렇게 할 것이다.

첫 중간고사에서 반드시 선순환을 이루어 내야 한다. 여기서부터 꼬이기 시작하면 모든 것이 힘들어진다. 고등학교에 들어가자마자 새로운 환경에 적응해야 하고, 선생님 파악하고, 각종 수행평가에 그 많은 경쟁자를 만나게 된다. 중학교 3학년 겨울방학부터 확실하게 정신 무장하고 시작하지 않으면 내내 끌려다니다가 고등학교를 졸업하게 된다. 첫 중간고사가 끝나고 그때 가서 각성해 봤자 이미 늦다. 다른 아이들도 적응하기 때문이다. 선순환을 해야 한다.

이 책에서 힌트를 얻은 초등학생 부모라면 선순환의 시작을 위해 중학교 첫 중간고사를 최선을 다해 준비할 것이다.

◖● 주변의 '설'에 귀 기울이지 말자

일각에서는 '2022 개정 교육과정에서 고등학교 2~3학년 일반선택, 진로선택과목들이 성취평가 방식이라 성적 차이가 크지 않을 것이다. 따라서 1학년 성적이 안 좋으면 즉각 수능 대비로 바꿔야 한다'고 말하고 있다. 우리는 모두 말이 안 되는 얘기라고 생각한다. 따라서 이런 설을 믿고 불안해하거나 맘에 둘 필요가 없다.

성취평가로 인해 석차등급이 표시 안 된다 하더라도 대학에서는 우수한 학생을 골라내는 방법을 찾을 것이다. 고등학교들도 모두가 A등급을 맞게 할 수는 없을 것이다. A등급의 비율이 높아질

수록 해당 학교 평가 방식에 대한 신뢰도가 떨어져 그 학교 출신 전체의 대학 입학에 부정적인 영향을 가져올 것이다. 그렇기에 우리는 성취평가제가 되는 것을 가지고 이런저런 생각을 하지 말고 그냥 열심히 주요 과목 내신에 신경 쓰는 것이 맞다고 생각한다. 수많은 정책 변화에 신경 쓰지 말고 시험을 잘 보면 된다. 시험을 못 봐서 유리해지는 경우는 없다.

중학교 내신성적은 결국 여기에 쓰인다

● 중학교 성적통지표 보는 방법, 내신산정 방법

성적에 수업 시간을 곱하는 고등학교, 대학교와는 달리 중학교 내신은 과목별로 수업 시간수에 따른 가중치가 없다. 이 말은 모든 과목이 같은 비중이라는 뜻으로, 석차도 나오지 않는다. 2020학년도 이후에는 표준편차도 제공되지 않는다. 따라서 성적통지표나 학교생활기록부로 석차를 알 수 없다.

평준화 지역인 서울시의 경우, 2025학년도부터 고입전형에서 석차백분율도 제공하지 않아 졸업 시점에도 본인의 석차를 알 수 없다. 비평준화 지역에서는 개인별 점수를 산정한 뒤 석차연명부를 작성한다. 석차연명부는 이해 당사자(학생)가 열람할 수 있다.

● 중학교 내신성적의 사용 용도는?

중학교 내신성적은 일반고의 고입전형에 사용된다. 서울시 외의 상당수 지역에 학군별로 비평준화 학교가 있다. 이 지역에서는 일반고 지원에서 비평준화 학교에 지원할 수 있다. 이때 중학교의 내신성적이 선발 기준이 된다. 물론 평준화 지역에서도 낮은 내신 성적으로 인해 불합격되는 경우가 일부 있다(서울시 1% 미만). 많은 학부모가 중학교 내신성적이 영재고, 과학고, 외고, 국제고, 자사고 등의 전형에서 중요하게 사용될 것으로 생각할 수 있으나 실제로 는 그렇지 않다.

'2024학년도 자기주도 학습 전형 및 고등학교 입학전형 영향평 가 매뉴얼(고입정보포털 2023.3.)' 등에 따르면 전형에 제출하는 학교 생활기록부Ⅱ 내용에 지역 자사고 전형의 경우 성적(학교생활기록부 의 5번 항목)이 포함되지 않는다. 다른 학교들에도 내신점수에서 원 점수, 과목평균(표준편차) 등을 제외하고 (일부 과목의) 성취도만 제 출된다.

- 전국 자사고 – 전 과목 성취도

- 과학고 – 수학, 과학 성취도

- 외고, 국제고 – 국어, 영어, 사회 성취도

따라서 이들 학교가 내신성적만을 가지고 학생을 뽑을 수 없 다. 자기소개서, 추천서, 면접이 가장 중요한 요소가 되는 것이다. 여기까지 설명하면 서울 등 평준화 지역에서 일반고, 지역 자사고 를 지원하는 경우라면 내신성적은 중요하지 않다고 생각할 수 있 다. 그렇다면 중학교 내신성적은 어디에 쓰이는 것일까?

중학교 내신성적은 결국 여기에 쓰인다

큰아이 중학교 3학년 겨울방학, 우리는 3년간의 성적 결과(neis.go.kr에서 출력)를 가지고 한 컨설팅 업체를 찾아갔다. 이미 지원할 고등학교를 결정한 상태였기 때문에 진학 후 학습 방향과 어떤 일이 벌어질지 등에 대해 상담하는 자리였다.

몇몇 대화를 이어가던 중 진학 후 예상되는 성적을 물어봤다. 예상외의 답이 나왔다. 우리는 나름 상위권 성적이라 생각을 했고 중학교 때 성적이 고등학교에서도 어느 정도 비슷하게 나올 거라 생각을 했는데 상담 선생님은 우리 생각보다 낮은 점수를 예상했다. 당시 성적표에는 표준편차 등이 나오긴 했으나 점수를 PC에 입력한 결과를 가지고 예상 성적을 말한 것도 아니고 쓱 훑어보고 말한 것이었다. 조금 기분이 나쁘긴 했지만 신경 쓰지는 않았다. 그런데 1학년 1학기를 마치고 나서 받은 성적 결과는 그 당시 상담 선생님이 말한 수치와 거의 일치했다. 다시 한번 그때 나눈 대화를 생각해 봤다.

"고등학교 1학년 첫 중간고사는 최선을 다해서 보세요."

"그 성적에서 더는 성적 향상이 어려울 것이니 잘 참고하세요."

다행히 큰아이는 2, 3학년을 지나며 각고의 노력 끝에 성적이 우상향 되었다. 3학년 때 대학 선택을 위해 상담 선생님을 다시 만났을 때, 성적 향상이 된 것에 대단히 기뻐하시며 말씀하셨다.

"저희가 점쟁이도 아니고 아이의 미래 성적을 어떻게 알겠어요? 상담은 결국은 많은 데이터를 가지고 볼 수밖에 없는데, 그때 출신 학교 선배들의 데이터가 많은 참고가 되는 거죠. 그것으로 예측해 볼 수 있어요. 고등학교에서는 모두 한 문제 더 맞히려고 치열하게 경쟁하고 학원, 인강 등 공부할 수단들도 서로 다르지 않기 때문에 성적이 잘 오르지 않아요. 그래서 중학교 때 최대한 성적을 올려야 하는 겁니다. 중학교 성적이 고등학교 지원 시 거의 쓰이지 않고 큰 의미 없다고 생각하시는 부모들이 많아요. 그런데 중학교 때의 성적과 성적 향상을 위해 노력한 과정이 고등학교 때까지 이어지는 거죠.”

중학교 내신성적은 결국은 대학 입학에 쓰이는 것이다.

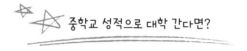
중학교 성적으로 대학 간다면?

14장

초·중 수행평가 연습이 수시까지

_하나도 놓치지 않는다

수시 입시에서 가장 중요한 것은 고등학교 학생부이지만 학생부의 주요항목은 초·중·고가 같다. 따라서 대부분의 활동은 초·중 때부터 관심을 두고 연습해야 한다. 이번 장에서는 지필평가(중간고사, 기말고사) 외의 수행평가를 놓치지 말아야 하는 이유를 설명해 보겠다.

모든 수행평가에 최선을 다한다

학생부의 내용

학교생활기록부(학생부)는 교육부에서 운영하는 나이스 사이트(neis.go.kr)에서 열람할 수 있다. 세부항목은 다음과 같다.

분류	내용
교과활동	- 지필평가, 수행평가의 성적 - 세부능력 특기사항 → '세특'이라 부른다
비교과 영역	- 수상 경력 - 창의적 체험활동 상황(자율, 동아리, 봉사, 진로) - 독서활동 상황
종합의견	- 행동특성 및 종합의견

교과활동에는 학기별·과목별 교과활동(지필평가, 수행평가)의 성적과 각 과목 담당 선생님의 의견(세특)이 들어 있다. 비교과 영역은 교과 외의 학교활동에 적극적으로 참여했는지를 나타내는 지표다. 종합의견은 학년별 담임선생님이 작성해 주는 의견이다. 이 중에서 수시(학생부 종합)전형에 가장 중요한 것은 교과활동, 종합의견 그리고 비교과 영역의 진로활동이다. ※ 진로활동은 【16장 진로 찾기】에서 상세히 설명해 보겠다.

◖ 비주요 과목의 수행평가도 매우 중요하다

보통은 국어, 영어, 수학, 과학, 사회 등 수능 과목들을 주요 과목이라 하고 이외의 과목들은 비주요 과목이라 부른다. 고등학교 시기에는 개개인의 선택 여부에 따라 과학, 사회 등도 비주요 과목이라 볼 수 있다. 수능 과목도 아니고 단위수가 적은 과목도 있지만, 수업에 집중하고 지필평가와 수행평가에 신경을 써야 한다. 절대로 가볍게 여기면 안 된다. 비주요 과목에서 최선을 다하지 않은 것은 마이너스 요소로 작용할 가능성이 크다. 초·중 시기부터 모든 과목의 수행평가에 대비하는 방법을 훈련해야 한다.

초·중 시기 학교 수업에 수많은 수행평가가 있다. 이 시기의 과목별 수행평가를 적극적으로 준비한 경험은 고등학교로 이어진다. 고등학교 학생부의 세특에는 수행평가에서의 선생님 의견을 기재하게 되어 있다. 선생님들이 몇 가지의 통상적인 문구를 학생부에 기록할 것으로 생각하기 쉬운데 그런 문구들은 누가 봐도 표가 난다. 어떤 과목이든 선생님으로서는 수업 태도가 좋고 최선을 다한 학생에게 좋은 의견을 주기 마련이다.

관람객이 적극적으로 이동하여 모든 전시물을 감상하도록 벽이 움직이도록 제작한 점이 특이함. 총 5차시의 제작 시간이 끝날 때마다 남아서 미술실 전체를 깨끗이 청소해 주었음. PPT가 전문가가 제작한 것처럼 공들여 제작되었으며, 자신감 넘치는 유창한 발표가 인상적임.
총 5차시의 자유 시간이 주어지자 모 걸그룹 멤버 사진을 보고 연필 소묘함. 그림 실력이 눈에 띄는 학생이 아니었으나 모델에 애정을 가지고 완성도가 최상위권인 그림이 탄생함. 형태를 정확히 파악하고, 귀걸이, 옷의 체크무늬, 머리칼 세부를 묘사하는 집중력이 인상적임. 눈과 머리칼은 새카맣게, 얼굴과 어깨의 피부를 옅은 색으로 섬세하게 표현함.

큰아이의 학생부에서 기억 나는 미술 선생님의 의견이 있는데 '끝날 때마다 남아서 미술실 전체를 깨끗이 청소해 주었음', '그림 실력이 눈에 띄는 학생은 아니었으나 완성도가 최상위권인 그림이 탄생함'이라는 문구가 있다. 선생님이 이런 문구를 모든 학생의 생활기록부에 기계적으로 적어 주지 않는다. 선생님은 학생의 학습 태도가 마음에 들었고 느낀 대로 그대로 적어 주신 것이다. 대학의 입학사정관들은 학생부의 내용을 꼼꼼히 읽어 보게 되어 있으며 이런 진심이 담긴 의견에 크게 주목할 수밖에 없다. 이런 문구 하나로 아이의 인성과 적극성이 파악되는 것이다.

초·중 수행평가 대비 방법은?

◖● 수행평가 방식의 변화

교과평가 방식은 지필평가와 수행평가다. 지필평가는 시험 결과로 평가하는 것이기에 특별히 불공정의 문제가 없다고 생각한다. 그러나 수행평가는 좀 다르다. 2020학년도부터 과제형 수행평가가 없어지고 '수행평가는 수업 시간 중'에 실시하는 것으로 바뀌었다. 사실 수행평가와 관련하여 '학원의 도움을 받았다', '알바 선생님을 붙였다', '엄마가 독후감을 써줬다', '아빠가 PPT를 만들어줬다' 등의 얘기를 큰아이 초·중 시절에도 많이 들어 왔다.

큰아이 중학생 시절 3인 1조로 참여하는 교내 '과학탐구대회'에 '외부 선생님'을 섭외하여 참여하자는 다른 엄마의 제안도 있었다. 지금 생각해 보면 수업 시간에 전체를 대상으로 하는 수행평가도 아닌 교내 대회(비교과 영역)였다. 여기에 만만치 않은 비용을 들여 '외부 선생님'까지 섭외하는 것은 부모들의 오판이었다고 생각한다.

그렇다고 우리가 모든 수행평가와 비교과 영역 활동에 아예 관여를 안 한 것은 아니다. 다만, 방법을 달리했다. 아이가 수행평가나 비교과 영역에 관해 물어보면 같이 아이디어를 주고받으며 상의해 주었다. 체육교과의 드라이브인 숏 시험을 앞두고는 운동장에서 같이 연습도 했다. 그 정도는 해 줄 수 있다고 생각했다.

수행평가, 이렇게 준비하자

그럼, 수행평가는 어떻게 대비해야 할까? 큰아이 초·중 시기, 학교 수행평가 대비 방법에 대해 우리가 아이에게 항상 주지시키며 강조한 것이 있다.

첫째, 문제를 잘 읽어라. 항상 문제 속에 답이 있으므로, 과제를 수행하기에 앞서 제시된 문제(주제)를 잘 읽어야 한다. 본인 생각에 자료까지 첨부하여 길고 화려하게 써도 문제에서 벗어난 답이면 좋은 점수를 기대할 수 없다. 덧붙여 수행평가는 나름의 평가 기준이 있다. 결국은 선생님들이 '주관적 관점'으로 평가하기 때문에 문제의 소지를 없애기 위해서 '평가 기준'을 공지한다. 그것 또한 잘 파악해야 한다.

둘째, 수행평가는 대부분 글로 서술하는 것이므로 표현하는 연습을 해라. 「1장 국어 학습 전략」에서 독서를 강조한 이유는 수행평가와도 연관된다. 많이 읽은 사람이 표현도 잘하고 아이디어도 좋다. PPT에 들어가는 요약 문구도 표현력에 해당한다. 덧붙여 속어, 은어, 구어체 등을 조심해야 한다. 무심코 'ㅋㅋㅋ'를 쓰는 일이 있어서는 안 된다. 또한, 직접 손글씨로 써야 하는 경우가 많을 것이니 초등학교 저학년 때부터 글씨 훈련도 해 두어야 한다.

셋째, 평상시 수업 시간에 최선을 다하고 적극적인 모습으로 임해라. 수행평가가 상당 부분 정성적 평가이기 때문에 아무래도 평상시의 태도와 적극성이 수행평가 점수에 녹아들 수밖에 없다. 어떤 수행평가 항목에는 '학습 활동, 수업준비'라는 항목도 있다.

위 세 가지 조언을 고등학교 수행평가, 대입 수시를 대비하는 훈련이라고 생각하고 적용하도록 독려해야 한다. 고등학교의 수행평가는 종류도 다양하고 방식도 다양하다.

● 입학사정관이 중요하게 보는 것은 세특

교과성적과 세특은 대학의 입학사정관이 가장 주의해서 읽어보는 부분이다. 우리가 이제껏 참여해 본 대학의 입학설명회에서 공통으로 얘기된 것을 종합해 볼 때, 입학사정관이 중점적으로 보는 것은,

① 성적의 변화 추이

② 선택 학과와 관련한 과목의 선택 여부 및 점수

③ 인성 및 적극성에 관한 사항

'① 성적의 변화 추이'에서는 '성적이 우상향하는 경우를 선호'한다는 것이다. 이는 학생의 지속적인 노력으로 성적이 향상되었다는 것으로 이해된다고 한다.

'② 선택 학과와 관련한 과목의 선택 여부 및 점수' 부분은 다음과 같다. 예를 들어 의대를 선택하는 경우는 생명과학Ⅰ, 생명과학Ⅱ를 반드시 이수하고 그 성적도 중요시한다는 것이고, 공대를 지원하는 경우 전공과 관련된 과학 과목의 선택 여부와 성적을 집

중해서 보겠다는 것을 의미한다. ※【22장 핵심은 서울대 학종 안내】의 '미적분을 선택한 문과 성향의 학생'의 사례 참고

'③ 인성과 적극성' 부분은 과목별 선생님들의 의견(세특) 하나하나에서 찾아낸다고 한다. 즉, 선생님들이 통상적으로 적는 의견인지 아니면 좀 더 진심을 담아 써 준 의견인지를 구분해 판단한다는 것이다. 그런데 ①, ②와 달리 ③은 정성적인 판단을 하는 부분이다. 따라서 담당 선생님들의 성의 있고 세심한 문구가 매우 중요하다.

국어 : 일주일에 세 번 이루어진 비문학 및 소설 요약 활동을 하며 매 수업 주어진 시간을 활용하여 성실히 요약에 임했으며, 친구의 발표와 교사의 수업을 들으면서 자신이 요약한 부분에서 잘된 점과 잘못된 점을 점검하고 매시간 꼼꼼하게 스스로 피드백을 시행함. 어휘력이 좋고 글의 요점을 파악하여 빠르게 읽어내는 능력이 탁월한 학생으로 활동 중 잘 못하는 친구들이 있으면 자신의 활동을 빠르게 끝내고 옆에서 코칭해 주는 모습이 자주 발견됨. 발표 자료의 준비량이 아주 방대했던 학생으로 최인훈의 '광장'을 발표하면서는 주인공의 이동 경로 및 사건을 한국 지도를 바탕으로 애니메이션을 적극 활용하여 학생들이 전체 줄거리를 알기 쉽게 잘 설명하였고, **'인공 신경망' 발표 자료의 경우 전체 반에 잘 만든 자료로 소개되었으며 다른 반 학생들도 100점 만점에 200점짜리 발표 자료라는 평을 하였음.**

영어 : (영어A) 수업 태도가 아주 훌륭하고 모든 활동에 적극적으로 참여함으로써 아주 우수한 성취도를 보인 학생임. 특히 Aziz Abu Sarah라는 팔레스타인 사람이 월드컵을 통하여 하나가 되는 것을 경험한 영어로 된 기행문을 요약 발표하면서 **편견을 버리고 다른 문화를 존중하는 것의 중요성을 급우들에게 알려줌.** Cyborg Technology라는 제목의 영문을 발표함으로써 첨단 과학 기술의 가능성과 한계점을 동시에 살펴보고 미래 세계가 나아가야 할 방향성도 모색함.

비교과 영역 축소로 더 중요해진 '수행평가'

● 비교과 영역의 변화 발생

초·중학교에서 이미 경험해 보겠지만, 고등학교에서도 과목별로 수학경시대회, 과학경진대회, 영어스피치, 백일장 등등의 다양한 대회를 연다. 입상하게 되면 그 결과가 '수상 경력'에 기록된다. 그러나 수상 경력은 2024학년도 대학 입시부터는 미반영하는 것으로 되어 있다.

이 외에 비교과 영역에는 자율활동, 동아리 활동, 봉사활동, 진로활동, 독서활동 등이 있다. 이 활동들도 2022학년도 대학 입시부터 변화가 발생했다.

> 학생 개인의 능력이나 성취가 아닌 부모 배경, 사교육 등 외부요인이 대입에 미치는 영향이 차단되도록 학생부, 자기소개서, 교사추천서 개선
>
> 출처 : 「대입제도 공정성 강화 방안」의 주요 내용, 교육부, 2019.11.28.

이에 따라 '교사추천서'는 2022학년도부터 폐지되었다. 또한, 2024학년도 대입부터는 정규교육과정 이외의 모든 비교과 영역 활동과 자기소개서는 폐지된다. ※ 상세한 내용은 【부록 1】의 '12) 비교과 영역 변화' 참고

● 비교과 영역 변화로 인한 변화는?

형식에 그친다고 지적되던 몇몇 비교과 영역 활동이 없어짐으

로써 교과활동에 더욱 집중할 수 있게 된 부분은 긍정적으로 볼 수 있다. 반대로 해석하자면 자기소개서마저 없어지기 때문에 수시전형에서 교과활동(지필평가, 수행평가, 세특)과 종합의견이 중요해지는 것이다. 결국 입학사정관은 세특, 종합의견의 문구 하나하나에 더 집중할 수밖에 없고 학생이나 학교도 여기에 최선을 다할 수밖에 없다. 초·중 수행평가 연습이 결국은 수시에서 매우 중요한 요소가 된다.

최선을 다해 수행하라!

Part 4.

손보다 발

달리는 부모들

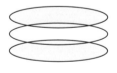

15장

게임, 스마트폰을 끊을 수 있을까?
_아주 잠시 하는 것뿐이라고?

이번 장에서는 게임, 스마트폰에 관해 이야기해 보고자 한다. 초등학교 저학년 시기에 별생각 없이 아이 손에 쥐어 준 스마트폰으로 인해 애먹고 있는 부모들이 정말 많다. 카카오톡이 사회성을 길러 주고 게임이 스트레스를 없애줄까?

게임의 설계 원리는 '중독성'

◖ 스트레스 해소, 게임으로는 절대 안 된다

버스, 지하철 등에서 게임을 하는 학생들을 많이 볼 수 있다. 게임의 형태야 워낙 다양하지만 하나의 공통점은 상대방이 있다는 사실이다. 상대방은 친구 혹은 미지의 인간이기도 하고 컴퓨터나 스마트폰이기도 하다. 여기에 문제가 있다. 모든 게임은 '경쟁을 통한 승부'를 목표로 한다는 것이다. 승부에서 이기는 쾌감을 통해 스트레스가 풀릴 것으로 생각하나 실제로는 그렇지 않다. 승부에서 이기거나 목표를 달성하게 되면 절대로 거기서 끝나지 않는다. 승부에서 이기고 거기서 게임을 그만하는 사람은 없을 것이다. 다음 레벨, 다음 상대, 다른 게임이 기다리고 있다. 게임의 속성이 그렇다. 계속할 수밖에 없게 만들기 때문에 승부에 대한 스트레스가 쌓인다. 승부에서 지거나 목표를 달성하지 못하게 되면 그 또한 스트레스가 된다. 이기든 지든 또 다른 스트레스가 기다리고 있다.

중·고 시기 학생들은 보통 긴장감과 부담감을 갖고 있고, 종일 의자에 앉아 있는 데다가 잠자는 시간도 짧다. 수능이 끝나거나 대학에 입학해야 스트레스가 없어진다. 따라서 스트레스를 '상수'로 생각하고 이것을 최소화하는 방법을 찾아야 한다. 대부분은 스트레스를 풀기 위한 활동으로 운동, 게임, 음악 청취, TV 시청, 유튜브, 음식 섭취 등을 생각하게 된다. 이 중에서 게임은 가장 경계해야 할 대상이다.

◖ 게임의 설계원리는 중독성

게임의 가장 큰 문제는 한번 시작하면 끊기 어렵다는 것이다. 애초에 게임을 설계하는 개발자는 '중독성'을 전제로 게임을 설계할 수밖에 없다. 중독성이 없는 게임은 아이의 손까지 가기도 전에 사라진다. 아무리 단순한 게임이라도 아이 손에까지 와 있는 게임은 이미 중독성이 '검증'된 것이다. '간단한 블록 깨기이니 별거 아니다', '잠시 버스 탈 때만 하는 것이니 괜찮다'라고 생각할 수 있지만, 게임에 한 번 손대면 끊거나 시간을 줄이기 어렵다.

학생 시기에 집중해야 할 대상은 '학습'이다. 그런데 게임에 중독되어 정신적 에너지를 소모하면 정작 집중해야 할 학습에는 소홀해질 수밖에 없다. 중독성이 강한 게임 대신 아이와 함께 '승부와 무관한 스트레스 해소 수단'을 찾아봐야 한다.

끊기 어려운 유혹들, 어떻게 뿌리칠 것인가

● 스마트폰, 사전도 찾고 인강도 들어?

얼마 전의 일이다. 지하철에서 내리려고 일어섰다. 장갑을 놓고 일어서는 초등학교 5~6학년 정도의 학생에게 급하게 장갑을 주워 줬다. 그 학생이 쥐고 있던 스마트폰 화면에는 복잡한 움직임의 게임이 화려하게 반짝이고 있었다. 아이에게 "게임 하는구나, 재미있니?"라고 슬쩍 물어보았다. "학원 갔다 오는 길인데요. 조금밖에 안 했어요…"라며 말끝을 흐렸다. 아이 스스로도 게임 하는 것이 잘하는 행동이 아니라고 생각하는 것 같았다. 공부하기 힘드니 스마트폰으로라도 게임을 하는 걸까? 그걸로 공부 스트레스가 해소될까?

아이들에게 스마트폰을 절대 사주지 않는 부모들이 있다. 통화만 되는 피처폰을 사 준다. 오히려 스마트폰이 필요 없다고 하는 아이들도 일부 있다. '요즘 시대에 뭘 그렇게까지?', '스마트폰으로 사전도 찾아보고 인강도 봐야 할 텐데?'라고 할 수도 있다. 하지만 공부할 시간이나 의지가 없는 것이지 공부할 수단이 없는 것은 아니다. 가방 안에, 학교 사물함에 책은 많이도 들어 있다. 이동하면서 조그만 화면으로 인강을 들어 봤자 효과도 없다.

◖ 스마트폰 없으면 성적 10% 이내 진입

초등학교 저학년 부모 중에는 스마트폰과 게임의 문제점을 잘 모르는 이들도 많다. 때로는 조부모가 선물로 사주기도 한다. 하지만 중학생 정도의 아이를 둔 부모들은 이미 스마트폰과 게임의 문제점을 잘 알고 있다. 주변에 이미 중독된 아이들의 이야기를 흔히 들을 수 있다. 그 이야기를 듣더라도 '내 아이는 그 정돈 아닐 거야'라고 생각하겠지만, 어느 날 아이의 성적이 하향한다면 원인의 99%는 스마트폰과 게임이다.

우리는 스마트폰과 게임 때문에 학습에서 멀어진 경우를 많이 알고 있다. 큰아이가 중학생일 때 게임에 빠져 학업을 포기한 학생들이 있었다. 심지어 3수를 하는데도 하루의 절반을 PC방에서 보내는 학생도 있다. 가장 충격적인 것은 초등학교 2학년이 수업 시간에 선생님 몰래 카톡을 한다는 것이다. 중독은 시간이 지날수록 되돌리기 더 어려워진다. 당장 아이 손에서 스마트폰과 게임을 떼어 놓을 방법을 찾아야 한다. 어떤 강연에서 전문가가 말했다.

단언컨대 스마트폰과 게임을 하는 아이는 성적이 10% 이내에 들 수 없다. 반대로 이 두 가지만 멀리할 수 있어도 10% 이내 진입은 어렵지 않다.

우리도 이 말에 공감한다. 이 책을 다 읽을 필요도 없었다. 10% 이내에 진입하는 방법은 의외로 간단했다. 우리가 이렇게 힘주어 말하는 데는 정말로 이유가 있다. 어설프게 제재하는 것이 아닌 전쟁을 선포하듯 결심해야 함을 알아주길 바란다.

한 번에 끊는다? 아빠의 참전

🌑 내일은 더 힘들다

초·중 시기의 아이들이 술이나 담배에 빠진다고 생각하면 끔찍하다. 그런데 스마트폰과 게임은 중독성이 더 강하다. 아이들은 자제력이 없다. 어른들이 맘만 먹으면 술이나 담배를 끊을 수 있을까? 중독성 강한 스마트폰과 게임이 어쩌다가 아이의 손에 들어갔을까?

엄마 혼자 힘으로 안 된다면 아빠에게 도움을 요청해야 한다. 아빠는 엄마와는 다른 방법을 갖고 있을 것이다. 술·담배로 힘들어하는 주변 사람을 엄마보다 많이 봤을 것이다. 아빠와 함께 어르고 달래고 어떤 방법이라도 동원해야 한다.

오늘 안 되면 내일은 더 힘들다. 끔찍하지만 고등학교 3학년인 아이가 PC방에 앉아 있는 광경을 상상해 보라. 좀 더 끔찍하지만, 아이가 담배를 물고 있거나 술을 마시고 있다면? 부모는 '조금 피우니까 괜찮아', '스트레스 때문에 그럴 거야', '사람들 만나려면 술도 좀 먹어야지'라고 하면서 이해할 수 있을까? 이런 관점에서 게임과 스마트폰 사용이 술·담배와 뭐가 다를까 싶다. '잠시 하니까 괜찮아', '게임으로 스트레스 좀 풀어야지', '사회성 기르려면 카톡이나 인스타도 해야지' 이렇게 말한다면 방금 술·담배의 경우와 무엇이 다른가?

🌰 스마트폰을 반납한 한결이

다음은 앞서 「6장 레귤러 학습법」에 등장한 한결이의 6학년 겨울 방학 때 이야기다. 부쩍 공부에 관심이 커진 한결이도 스마트폰이 있었다. 한결이 엄마는 주변에서 스마트폰으로 인해 문제가 된 학생들의 사례를 알고 있던 터라 내심 불안해했다. 다만, 엄마 본인이 데이터를 차단할 수 있고, 아직은 스마트폰으로 인해 특별히 문제가 될 만한 소지는 없어 보인다고 우리에게 말했다.

며칠 후 일요일 밤, 우리 집을 찾은 한결이에게 아빠 저자가 이렇게 말했다.

"한결아, 요즘 방학이니 집에만 있는 날도 있지?"

"네. 화요일, 목요일은 집에서 공부해요."

"좋아! 그럼 화요일은 평소처럼 공부하고 목요일은 아침에 엄마에게 스마트폰 맡기고 공부해 볼래? 그리고 스스로 공부한 시간 비교해 봐."

일주일 후 한결이와 공부한 시간을 확인했다.

"확실히 다른데요? 화요일에는 5시간인데 목요일은 7시간이에요."

"그래? 차이가 많이 나네?"

한결이에게 이번 기회에 스마트폰을 피처폰으로 바꿔 보자고 말해 봤다.

"한결아, 스마트폰으로 뭐해?"

"게임 쪼끔 하고요, 친구들하고 카톡도 해요."

"친구들하고 카톡으로 무슨 얘기해?"

"별 내용 없어요. 히히."

"한결아, 카톡으로 대화하다가 장난으로 욕설 나오는 때도 있어. 그리고 그것이 학교폭력으로 연결되기도 해. 친구랑 할 말이 있으면 만나서 하거나 전화로 하면 되지 않을까?"

한결이도 약간은 수긍하는 눈치였다. 그러나 쉽게 결정하지는 못했다. 한결이는 그다음 주 화요일, 목요일에는 아침에 스마트폰을 반납하고 공부했다. 일요일 밤 한결이가 왔다.

"한결아! 이렇게 해 보자. 이번 화요일에 하루 13시간을 목표로 공부하는 거야. 진짜로 달성하면 스마트폰 당분간 유지하고, 못하면 반납하기로 말이야."

"네? 13시간요? 그걸 어떻게 해요?"

"못 할 것도 없지, 밥 먹는 시간 3시간, 잠자는 시간 8시간, 매시간 50

분 공부 10분 휴식, 이렇게 하면 되잖아? 밥 빨리 먹으면 쉬는 시간도 많네? 그리고 월요일 밤에 10시에 잠들어서 화요일 6시 일어나고 바로 공부 시작해. 밥 먹기 전에 두 시간은 할 수 있어!"

한결이는 잠시 고민하더니 한번 해 보겠다면서 일어섰다. 우리는 한결 엄마에게 한결이와의 대화 내용을 전했다. 화요일 점심쯤과 밤 ‵열 시 반쯤 한결 엄마에게서 문자가 왔다. 한결이가 시간을 잘 지키면서 13시간 미션에 도전했고 진짜로 성공했다는 소식이었다. 우리도 많이 놀랐다. 그리고 한결이에게 칭찬과 격려를 넘치게 할 것을 요청했다. 하지만 스마트폰을 반납하지 못한 부분에 대해서는 아쉬움이 남았다.

며칠 후 토요일, 한결 엄마에게서 다시 문자가 왔다. '한결이가 오늘 아침에 스마트폰 반납했어요. 지금 피처폰 사러 갑니다!'. 한결이가 드디어 결심한 모양이었다. 수요일에서 금요일의 시간 동안 한결이 아빠도 아이와 많은 대화를 했다. 이 얘기는 실화다.

● 한 번에 끊는 방법이 가장 좋다

중독성이 있는 술, 담배, 마약, 게임 등을 보통은 상담이나 약물로 끊으려 한다. 서서히 줄여간다고 생각한다. 그런데 그런 식으로 끊게 되면 다시 서서히 늘어나게 되어 있다. 따라서 가장 좋은 방법은 계기를 만들어서 한 번에 끊는 것이다. 절대 쉬운 일은 아니다. 아이에게는 스마트폰이 이미 손, 발과 같은 존재일 수 있기 때문이다.

아이마다 성향이 다르고 부모가 느끼는 심각성도 다를 것이다. 하지만 게임이나 스마트폰 사용이 학습에 하나도 도움 안 된다는 것, 시간이 지날수록 더 끊기 어렵다는 것, 이것으로 스트레스 해소나 사회성을 기르는 데 방해될 수도 있다는 건 알고 있을 것이다.

아이가 "스마트폰 없으면 공부 안 할래!"라고 하면 "하지 마!"라고 할 수 있는 단호함과 용기를 가져라. 어차피 스마트폰 있으면 공부 안 한다.

내려놔라! 올라간다!

스트레스 해소 방법으로
게임 하는 아이들

최상위 학생들의 취미

구분	정다독	박완성	나주도	김완벽	최선행	이긴다
초1~3	책 읽기	축구, 뛰어놀기	뛰어놀기, PC게임	피아노, 운동, 놀이터	독서	레고
초4~6	3분 스피치	농구, 여행	친구들과 놀기	피아노	축구	자동차, 레고, 야구
중학교	국어 문법	법, 뇌과학	게임, 노래	피아노	축구	레고테크닉, 공기역학

이번에는 '스트레스 해소 방법'에 대해 이야기해 봤으면 합니다. 최선행 학생은 스트레스가 쌓일 때 어떻게 해결했나요?

> **최선행** 네, 저뿐 아니라 다른 친구들도 쓰는 방법인데 매운 음식, 그러니까 떡볶이나 불닭볶음면을 친구들과 같이 먹곤 했습니다. 그렇게 자주는 아니고 한 달에 한 번 정도였습니다.

매운 음식을 먹으면 스트레스가 좀 풀리던가요?

> **최선행** 혀도 얼얼하고, 땀도 나고, 친구들하고 막 웃어 가면서 먹는 거죠. 저나 친구들이나 게임은 하지 않았으니까요.

주변에 게임 하는 친구들도 꽤 있죠? 게임은 전혀 안 해 봤나요?

최선행 지금은 좀 하지만 고등학생 시절에는 안 해 봤어요. 저는 승부욕이 강하고 하나에 빠지면 너무 집중하는 스타일이기 때문에 '게임에 손대면 망한다'라는 생각이 들었어요. 정말 다행이었죠. 요즘 약간 중독 증세가 있어요. (웃음)

학생들이 게임을 하는 이유가 뭐라고 생각하나요?

이긴다 어렸을 때부터의 습관일 수도 있어요. 어느 정도 공부하는 친구들은 고등학교 3학년 때 게임 할 시간도 없고 게임 생각도 하지 않아요. 그런데 아무래도 어릴 적부터 해 온 친구들은 쉽게 벗어나지 못하더라고요.

그 친구들은 어렸을 때 어떻게 게임을 시작하게 된 걸까요?

이긴다 제가 보기에는 초등학교 때 게임 시작한 친구들은 다른 친구들과 사귀기 위해서 하는 것 같아요. 서로 얘깃거리가 게임인 거죠. 왠지 하지 않으면 왕따가 될 것 같은 생각이 들었겠죠?

그럼 이긴다 학생도 친구들과 어울리기 위해 게임을 해 봤나요?

이긴다 아니요. 전 한 번도 해 본 적이 없어요. 게임을 해야 친구가 생기는 건 아닌 거 같아요. 다른 방법으로도 친구들과 어울릴 방법은 많아요.

그럼 주변 친구들도 게임을 하지 않는다는 건가요?

이긴다 그건 아니죠. 대부분 한두 가지씩은 해요. 중간고사, 기말고사 끝나고 PC방이나 노래방에 가는 게 우리 친구들의 루틴이었죠.

그럼, 이긴다 학생은 시험 끝나고 PC방에는 안 갔나요?

> **이긴다** 아뇨, 저는 친구들하고 PC방 가서 유튜브로 뮤직비디오를 봤어요. 꼭 게임을 해야 어울릴 수 있는 건 아니에요.

이긴다 학생은 어떻게 스트레스를 풀었나요?

> **이긴다** 저도 매운 음식 가끔 먹고, 야간 자습 후에 친구랑 여기저기 걸어 다니면서 수다 떨고 집에서는 밤에 헤드폰 끼고 디지털 피아노로 좋아하는 곡을 치기도 했어요. 코로나로 학교에 못 가고 독서실에 있을 때는 '50분 공부, 10분 휴식' 이런 방식으로 공부했는데, 10분 휴식할 때 근처 공원을 아주 짧게 걸어 다니곤 했어요.

정다독 학생은 스트레스를 책으로 풀었나요? (웃음)

> **정다독** 네, 맞습니다. (웃음) 사실 저는 별로 스트레스를 받는 편이 아니었어요. 오히려 친구들의 고민을 들어주거나 친구들 사이의 문제를 중재하거나 그런 일들이 많았었죠. 친구들의 얘기를 들어주고 같이 얘기를 나누는 게 저는 싫지 않았어요.

친구들의 고민, 스트레스는 주로 어떤 것들이었나요?

> **정다독** 보통은 공부가 생각대로 되지 않는 경우라고 생각하실 거 같은데, 그런 경우는 많지 않았어요. 시간이 지날수록 각자의 한계를 받아들이는 것 같았어요.
>
> 그보다는… 의외로 관계, 즉 친구들하고의 관계, 부모님하고

의 관계 때문에 고민하는 아이들이 많았어요.

좀 더 구체적으로 말해 줄래요?

> **정다독** 내용을 들어 보면 별거 아닌 거 같기도 하고 설명하기도 쉽지 않은데, 한마디로 말하자면 주변에 친구나 가족이 있는데도 '외로움'을 많이 느끼더라고요. 수험 생활에 지쳐서 정신적으로 좀 약해지는 거 아닌가 하는 생각도 들었고요.

공감이 가네요. 어린 나이에 너무 부담 가는 일을 겪고 있고 남이 대신해 줄 수도 없으니 외로운 거죠.

16장

진로 찾기

_빠를수록 좋다

이번 장에서는 진로에 관한 이야기를 해 보겠다. 이미 대학에 입학한 큰아이도 앞으로의 진로에 대해 고민을 하고 있다. 그만큼 누구에게나 어렵다. 우리가 이 책에서 진로에 대한 일반적인 얘기를 하는 것은 무리다. 따라서 여기에서는 주로 학습 및 입시와 관련한 진로 얘기를 해 보겠다.

학교에서도 입시에서도 '진로활동'

부모 때와는 달리 '진로활동'이 초·중·고 비교과 영역의 중요 항목이 되었다. 학교의 각종 활동 중에는 '진로 탐색, 진로 탐구' 등의 주제를 가진 활동이 들어 있다. 또한, 자유학기제(자유학년제)를 만든 취지도 '진로, 적성' 등과 관련이 있다. 무엇보다 개정 교육과 정을 통해 진로선택과목이 생기고 더 강화되고 있는 것을 볼 때 학교의 역할에 '진로' 부분이 더더욱 강조되고 있는 것으로 보인다. 사실 수시 입시제도를 만들고 대학이 이 제도를 선호하는 이유도 적성, 소질, 적극성 있는 학생을 뽑고 싶어 하는 이유일 것이다. 따라서 우리나라 학제나 입시제도를 종합해 볼 때 이른 시기에 진로를 정할 수만 있다면 여러 가지 면에서 유리해진다.

◖ 진로에 대한 스코프만이라도 좁혀 가자

아이의 관심 분야를 찾는 것은 단지 아이의 대학 입학을 위해서가 아니다. 어려서부터 적극적으로 진로 찾기 활동을 해서 아이의 성향, 관심사를 파악해 볼 필요가 있다. 일반적으로 많이들 알고 있는 음악, 미술, 체육, 만들기 등의 예체능이나 취미활동을 말하려는 것은 아니다. 어린 시기에 아이의 재능만으로 진로를 찾는다는 것은 누구에게나 어려운 일이다. 예를 들어, 피아노에 재능이 있는 경우, 부모는 그것을 전공으로 정할 것인지 아니면 삶을 즐길 수 있는 취미활동으로 가져갈 것인지 고민할 수밖에 없다. 아이가 좋아하는 분야라 해서 그것을 진로로 설정하는 것도 마찬가지다. 좋아하는 것이 막상 직업이 되는 경우 생계라는 이유로 즐기면서 할 수 없을 것이다. 진로 결정이라는 어려운 과정에 놓인 부모들에게 우리는 다음과 같이 '스코프를 좁혀 가는 활동'을 권해 본다.

아이가 성장하는 과정을 지켜보며 내 아이가 문과 쪽인지 이과 쪽인지 또는 예체능 쪽인지 정도를 우선 파악한다. 이후 좋아하는 책들이나 흥미를 느끼는 활동을 보면서 세분화를 시켜 보는 것이다. 예를 들어, 아이가 이과 쪽에 관심을 보일 때 물리·생물·화학 등의 독서나 관련 활동을 시켜 보고 또 계속 대화와 관찰을 한다. 이후 물리 쪽에 관심을 보인다면 그것이 순수 학문 쪽인지 응용 학문(공학) 쪽인지도 조심스럽게 살펴볼 필요가 있다. 즉, 장기간에 걸쳐 관심 분야를 세분화하여 지속 관찰 및 파악하는 수밖에 없다. 문과 쪽도 마찬가지다. 문학, 사회과학 등의 서적을 읽게 하고 관련 활동을 해 보면서 관찰하고 대화해 나가야 한다.

위의 활동은 장기간 지속해야 하기에 쉬운 일은 아니다. 이 외에 형식적이라 생각할지는 모르겠으나 학교의 진로활동도 적극적으로 활용하고 도움이 될 만한 각종 체험활동을 부모와 함께해 보는 것도 방법이 될 수 있다. 이렇게 해서 아이가 진학하려는 분야의 스코프를 되도록 이른 시기에 좁혀 나가는 것이 여러 가지로 도움이 된다.

● 관심 분야가 없는 것이 문제, 바뀌는 것은 문제가 아니다

부모들이 걱정하는 것은 관심 분야가 연관성이 없는 방향으로 중간에 바뀌는 것에 대한 것이다. 보통 어린 시절의 관심사는 시간이 지나면서 계속해서 바뀌게 된다. 끝까지 이어지는 경우가 많지 않다. 하지만 관심을 가지는 분야가 있다는 것은 매우 중요하다. 중간에 관심 분야가 바뀌더라도 부모는 계속 적극적으로 진로활동을 하도록 도와줘야 한다.

물론, 수시 입시를 위해서는 고등학교의 선택과목을 고르는 시기(1학년 중에 실시) 이후에는 진로를 변경하지 않는 것이 좋다. 우리가 여기서 말하는 변경은 '큰 틀에서의 변경'으로, 문과 쪽에서 이과 쪽으로 바꾼다거나 공학에서 의학으로 바꾸는 것 등을 의미한다. 이 경우 선택과목에서 문제가 발생하기 때문이다. 보통 2학년부터는 선택과목(일반선택, 진로선택 등)을 수강하게 되고 선택과목의 결정은 1학년 중에 이루어진다. 수시(학생부 종합)의 경우 선택과목과 지원학과(계열)와의 연관성을 보기 때문에 앞의 경우처럼 큰 틀의 변화가 생기면 상당히 어려워진다. 예를 들어, 전자공학에 목표를 두고 물리학을 선택하고, 생명과학을 미선택한 학생이 2학년 중에 목표가 의대로 바뀐다면 난감한 상황에 놓이게 된다. 의대 지원 시 생명과학 과목 미수강은 감점 사유가 되기 때문이다. ※ 이에 대한 상세한 설명은【22장 핵심은 서울대 학종 안내】의 '서울대 학종 안내에서 주는 힌트' 참고

이와는 달리 고등학교 1학년에 기계공학을 희망하다가 2학년에 수리과학을 선호하는 것으로 바뀌는 정도는 아무 문제가 아니다. 현실적으로 말해 선택과목과 바뀐 전공 분야의 연관성에 문제만 없으면 된다. 이 경우 이전의 진로활동과 같이 바뀐 진로에 대해서도 적극적으로 활동하고 담임선생님과 상담하여 희망 진로가 바뀐 계기와 그 이후의 활동이 학생부에 기록이 될 수 있도록 하면 된다.

고등학교 학생부라는 것은 '나에 대한 큰 스토리'를 적어 나가는 활동과 같다. 충분히 그럴만한 이유가 있고 그전, 그 후에도 적극적으로 활동한 것이 학생부에 표현될 수만 있다면 큰 문제가 아

니다. 관심 분야가 없는 것이 문제이지 바뀌는 것은 문제가 되지 않는다. 바뀐 과정, 계기 등을 학생부, 면접에서 충분히 표현할 수 있으면 된다.

입학사정관이 가장 중요하게 보는 것은?

우리나라 입시에 수시전형이 도입된 지 25년이 넘었다. 학생을 선발하는 대학들의 노하우도 많이 쌓였다. 더군다나 자기소개서도 없어졌고 이른바 '블라인드' 방식으로 학생을 선발하기 때문에 대학의 입학사정관들은 학생부라는 문서에 크게 의존할 수밖에 없다. 이들은 학생부의 내용을 매우 꼼꼼히 살피고 이를 바탕으로 학생을 판단하게 된다.

고등학교 때 학교에서 작성하는 학생부에는 성적 외에도 세특, 비교과 영역(특히 진로활동) 등이 기록되게 된다. 대학이 수시전형으로 학생을 선발하는 과정에서 성적이나 선택과목은 이미 정해진 틀에 따라 판단하게 된다. 따라서 세특과 비교과 영역의 진로활동이 매우 결정적인 판단 요소가 될 수 있다. 좀 더 세부적으로 말하자면, 대학 입장에서는 학생부에서 전공에 대한 적합성을 중요하게 본다는 것이다. 따라서 지원하는 학과(계열)와 관련된 과목의 이수 여부와 성적을 기본적으로 평가하고 진로활동의 과정도 보려할 것이다. ※ 학생부에 진로활동을 작성하는 상세 과정은 이어지는 【17장 컨설팅을 두려워 말아라!】에서 설명하겠다.

193

진로에 대한 밑그림을 일찍 그리는 것은 다양한 상승효과를 가져올 수 있다. 학습 성과에 큰 도움이 되는 건 물론 진로와 관련하여 준비할 수 있는 시간이 많아짐에 따라 자연스레 학생부에 기록되는 내용도 풍성해진다. 수시전형을 준비하기에 매우 유리하다는 것이다. 그런데 이런 진로활동들이 고등학교에서 갑자기 할 수 있는 것이 아니다. 초등학교 시기부터 수행평가 등의 각종 교과활동과 비교과 영역 활동 그리고 부모와의 많은 체험이 바탕이 되어야 한다.

계기가 되어 주는 '관심 분야'

◖ 관심을 확장하기 위해 영어 공부를 더 열심히 했다

우리의 경험을 가지고 예를 들어 이야기해 보겠다. 큰아이는 유치원 때부터 고등학교 2학년 때까지 레고(LEGO)에 많은 관심을 가지고 틈날 때마다 열심히 만들었다.

어릴 적에는 레고로 배, 자동차, 경찰서 등을, 초등학교 고학년쯤이 되어서는 아마존에서 도면 책을 구하고 부품 구매 사이트에서 부품을 직접 주문한 뒤 자신의 아이디어를 더해 창작 작품을 만들었다. 중학생 시절에는 중간고사와 기말고사 시험이 끝나는 일정에 맞추어 미리 주문했다가 시험 종료일에 밤새워서 만드는 식으로 시험에 대한 스트레스를 풀곤 했다.

학교에서 미래의 꿈을 물어보는 물음에 항상 '레고 디자이너'

라고 써넣었다. 한때는 레고 회사에 취업해야 한다면서 덴마크어를 배우겠다며 책을 사 달라고도 했다.

중학생 시절부터는 주로 레고테크닉 시리즈에 집중했는데, 이 시리즈는 각종 차량, 중장비 등의 작동 원리를 배우는 데 큰 도움이 되었다. 모터, 스티어링, 스프링 등도 들어 있어 조립하는 과정에서 차량의 각종 부속이 어떻게 연결되고 작동하는지를 알 수 있게 되었다. 실제 그 당시 어떤 외국대학에서 운영하는 기계공학 강의도 여러 편 듣고 관련 영어 서적도 여러 권 사 읽기도 했다.

이때부터 아이는 레고 사이트에서 제공하는 프로그램으로 3D 형태의 레고를 프로그램으로 제작도 해 보고, 해외의 레고 마니아 사이트에 참여해서 본인이 만든 작품을 올려놓고 다른 마니아들과 서로 의견을 주고받는 활동도 열심히 했다. 이러한 과정에서 영어 공부를 더 열심히 하게 되었다고 본인 스스로 확신을 가지고 이야기한다.

◑ 진로활동에도 큰 도움이 된다

아이의 레고에 관한 관심은 고등학교에서의 진로활동에도 큰 도움이 되었다. 물론 전공을 고르는 데도 많은 영향을 미쳤다. 고등학교에 진학 후 교내의 각종 과학경진대회에 본인이 만든 8단 기어, 회생 제동장치 등을 출품해서 상을 받기도 했다.

5. 발명품의 기능 및 역할 :

- '회생제동'이란 전기차가 감속시 관성으로 인한 회전축의 회전력을 모터에 전달하게 되는데 이 힘이 모터를 돌려서 전기를 만들고 '배터리'에 충전하는 것을 말한다.

- 감속시 기어 변속을 하지 않는 현재의 전기차는 가속시나 감속시 일정한 기어비를 쓰게 되는데, 감속시 기어비를 바꿔준다 해도, 같은 역학적 에너지이기 때문에 발전량에는 미세한 차이 밖에 없다. 발전량에는 차이가 거의 없으나, 더 높은 회전수로 모터(발전기)를 돌리기 때문에 모터는 더 큰 저항을 내고, 따라서 더 확실하게 감속할 수 있다. 다시 말해 전기차가 감속에 있어서 모터에 더 많이 의존하게 되고, 따라서 같은 정도의 감속 시 브레이크 패드만 사용할 때보다 브레이크 패드에 대한 의존도를 낮출 수 있다. 일종의 엔진 브레이크라고 보면 될 것이다. 동시에 모터(발전기)에 대한 의존도가 높아지므로, 원래 브레이크 패드에서 손실될 에너지를 더 많이 전기 에너지로 저장할 수 있다.

- 더 나아가, 기어 단수를 더 많게 하거나, cvt(무단변속기)를 사용하면, 특정한 상황에 원하는 정도로 감속할 수 있을 것이다.

<그림1>   <그림2>

<그림1>은 가속시 자동차의 회전축과 모터의 연결을 보여주고 있다. 감속시에는 <그림2>와 같이 기어(톱니)의 맞물림이 바뀌어 발전량은 유지하면서 더 빨리 감속할 수 있다.

학생탐구발표대회 작품요약서	※ 출품번호

출품부문	작 품 명
물 리	레고를 활용한 자동차 변속기 구조와 기능에 대한 탐구

1. 탐구(연구) 동기

평소 기계공학에 많은 관심을 가지고 자동차 부속의 주요 원리를 공부하던 중, 얼마 전 교내 과학의날 대회에 '변속형 회생제동장치'를 주제로 출품을 하면서 변속기에 대한 공부를 한 적이 있었다. 전기차 시대가 눈앞에 있지만 변속기는 전기차의 충전효율을 높이는데도 사용되고 있는 등 사용의 범위가 앞으로도 줄어들지 않을 것으로 예상된다. 이런 이유들로 인해 '변속기'에 대해 구체적인 탐구를 해 보고자 한다.

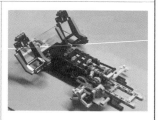

2. 탐구(연구) 내용

가. 선행 연구 고찰 및 탐구의 독창성

변속기를 탐구하는 과정에서 실제 변속기를 분해해서 탐구할 수 있는 방법이 없어서 실제 변속기의 구조와 유사하게 만들어진 '레고 테크닉'을 이용하여 탐구에 활용함.

나. 탐구 절차 및 방법

1. 먼저 'Quaife사의 6단 시퀀셜 변속기'를 통해 실제 변속기의 구조를 살펴본다.
2. 실제 변속기를 바탕으로 만든 몇 가지 '레고 변속기'의 구조를 살펴본다.
3. 레고 변속기의 구조를 살펴보면서 실제 변속기와의 차이점을 분석한다.
4. 구조뿐 아니라 변속비 등 '핵심 요소'까지도 잘 고려해서 만들었는지를 살펴본다.
5. 핵심 요소를 간과한 것이라면 이를 보완한 새로운 형태의 변속기를 직접 만들어 보면서 그 과정을 통해 '변속기 설계시 고려해야 할 부분'을 제시해 본다.
6. 새로 만든 변속기를 실제 변속기, 다른 레고 변속기와 비교한 결과를 보여주고 장단점을 분석해

대학 입시를 위한 자기소개서에서도 이 부분들을 강조하였고 수시 면접에서도 관련된 질문에 아주 '신나게' 답변했다고 한다.

2. 남들과 다른 방식으로 생각하거나 시도한 사례를 들고, 그것이 본인과 주변에 어떤 영향을 주었는지 기술해 주시기 바랍니다(1,000자 이내).

> 1학년 발명품경진대회에 '변속형 회생제동장치'를 구상하고 모형을 제작하였습니다. 이는 현존하는 회생제동 장치에 변속기를 추가하여 제동시 기어비를 바꿈으로써 모터를 회전시켜 얻는 충전량을 늘리고 디스크 브레이크 시스템의 보조 역할을 하도록 만든 것입니다. 이후 발명품에 적용하기 위하여 8단 변속기를 제작하였습니다. 기어 단 수를 늘려 제동시 기어비를 순차적으로 변경할 수 있게 하여 충전효율과 제동능력이 극대화되는 효과를 볼 수 있었습니다. 우선 제 변속기가 최대한 작은 공간을 차지하고, 에너지 손실을 최소화하겠다는 기준을 세웠습니다. 이 기준들을 만족시키는 변속기를 구상하고 만들고 부수고 다시 만드는 과정을 반복하였습니다. 매 단계마다 시행착오를 겪었고 처음부터 다시 시작해야 하여 포기의 순간도 있었지만, 4개월간의 집념으로 결과물을 만들어냈습니다.
> 결과적으로 제가 만든 변속기는 4단변속기와 2단변속기가 병렬적으로 연결되어 총 8단계의 기어비를 구현하였습니다. 이로 인해 '동력 전달에는 필요 없지만 동력이 전달되는 기어들과 맞물려서 에너지 손실을 만들어내는 기어'의 개수를 기존의 변속기보다 줄일 수 있었고, 기존의 변속기와 비교해 공간도 3분의 1 정도 줄일 수 있었습니다. 또한, 3개의 기어 셀렉터를 여러 링크와 톱니의 맞물림으로 작동하도록 설계하여 핵심부품을 90도 회전시킬 때마다 순차적으로 1단에서 8단까지 변속할 수 있게 하였습니다. 새로운 8단 변속기를 다른 사람들과 공유하기 위해 전문사이트에 게시하였더니 해외의 많은 매니아들로부터 '아이디어를 구현한 끈기와 창의성이 돋보

위는 어린 시절의 관심사가 학습에도 상승효과를 주고 전공 선택까지 이어진 사례다. 보통 어린 시절의 관심사는 시간이 지나면서 계속해서 바뀌기 때문에 이처럼 끝까지 이어지는 경우가 많지 않다.

진로를 일찍 정할 수 있거나 관심사가 계속해서 이어지면 여러 가지 면에서 유리하다. 학생부 작성에 일관성이 생기게 되고 고등학교 2~3학년 진학 시 선택과목도 전공과 맞춰서 선택할 수 있기 때문이다.

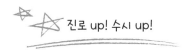
진로 up! 수시 up!

17장

컨설팅을 두려워 말아라!
_정보 서비스업이라고 생각하자

신문, 드라마 등 미디어 속 '입시 컨설팅'은 비용이 많이 들거나, 불법적인 행위와 관련하여 등장하는 경우가 많다. 부모 세대에서는 익숙하지 않은 컨설팅, 이번 장에서는 이와 관련한 오해와 선입견을 없애고 이를 적극적으로 활용하는 방법을 설명해 보겠다.

컨설팅이란 무엇이고, 왜 받아야 할까?

교육과 관련한 컨설팅은 주로 입시, 진로, 학습에 대한 것이다. 또한, 교육부에서 학습이 부진한 학생들을 대상으로 컨설팅을 진행하기도 한다. 그 외에 심리상담 등도 모두 컨설팅의 영역이라고 볼 수 있겠다. 학습이나 입시와 관련된 컨설팅은 간단하게 말해서

'정보 서비스업'이라고 생각하면 된다. 내가 잘 알지 못하는 그리고 통계로서 존재하는 것을 정리한 정보를 구매하는 것이다. 이렇게 생각해 본다면 거부감을 가질 이유는 없다. 어찌 보면 본 책과 같은 경험서 또는 정보서를 읽는 과정도 컨설팅과 다르지 않다.

● 코칭 방식의 컨설팅도 있다

컨설팅 방식도 많이 진화했다. 코칭이라는 이름으로 진행하는 컨설팅은 자체 개발한 앱이나 계획공유 앱 등을 활용하기도 한다. 또한, 다수를 대상으로 진행하거나 월 단위(또는 주 단위)로 1:1 화상 면담을 하기도 한다. 이들은 주로 공부 습관과 관련하여 시간 관리, 숙제 관리, 스케줄 관리 등을 하고 과목별로 학습 방법, 필기 방법, 시험 준비 방법 등을 알려 주기도 한다. 학생 개개인 별로 주어진 상황이 다르므로 1:1 면담 방식으로 진행하는 것은 장점이라 볼 수 있다. 또한, 만일 데이터베이스가 많이 쌓여 있고 학습 부진, 학습 장애, 게임중독 등 각각의 문제에 잘 활용할 수만 있다면 더더욱 효과적일 것으로 생각된다.

다만, 매일의 일정을 관리하며 매주 상담한다고 해도 학생 본인의 마인드가 바뀌지 않으면 아무 효과가 없다. 오히려 그렇게까지 타이트한 방식을 사용했음에도 성적이나 습관에 변화가 생기지 않는 경우 잘못하면 바로 포기 단계로 갈 수 있다. 더 이상 해 볼 게 없다는 생각 때문이다. 그러므로 이런 서비스를 이용한다 해도 부모는 그 기간에 코칭 내용과 아이의 실행이 일치하고 있는지를 적극적으로 확인해야 한다. 그리고 효과가 있는 경우라도 장기적

으로 활용하지 말고 습관이 형성되는 시기부터는 스스로 해 볼 수
있도록 하는 것이 좋다.

🌑 컨설팅, 어떤 도움을 받을 수 있을까?

부모가 기준을 명확히 하고 아이를 관리하면 되지 굳이 컨설팅
을 갈 필요가 있느냐 의문이 들 수 있다. 맞다! 하지만 부모의 기준
을 바로 잡는 것, 아이에게 관심을 기울이고 관리하는 건 '기본'이
다. 컨설팅을 가 봐야 하는 이유는 조금 '심화'에 해당한다고 생각
하면 된다. 아이의 공부뿐 아니라 부모가 컨설팅을 통해 얻어야 할
것이 무엇이길래 컨설팅에 가 보라고 하는 걸까?

첫 번째는 학습 방법, 학습 전략, 습관 형성, 제도 변화, 진학 방
식, 위기 극복 등 실제로 부모가 모르는 것을 알아보라는 것이다.
이 책과 같은 종류의 책도 읽어 보고 우리가 말한 대로 각종 설명
회도 참석해 보겠지만 잘 이해가 안 가는 것도 있을 것이고 우리
아이에게만 해당하는 궁금증도 분명히 있다. 또 책은 한 방향이지
만 컨설팅은 당연히 대화의 방식이다. 그러므로 잘 준비해 가면 도
움이 되는 생생한 얘기를 들어 볼 수 있다.

두 번째는 아이에게 조금 다른 방법으로 부모의 얘기를 전달하
라는 의미다. 사실 부모는 아이의 문제점도 잘 알고 있고 그것을
어떻게 해결해야 하는지도 어느 정도 알고 있다. 문제는 부모가 아
이에게 이제껏 해 온 이야기가 아이에게는 한 귀로 듣고 한 귀로
새는 '잔소리'가 되어 버렸다는 것이다. 더는 부모의 얘기가 잘 먹
히지 않는 것이다. 이런 경우 다른 이의 입을 통해 다른 방식으로

얘기를 들려줄 필요가 있다. 아이는 같은 말을 듣더라도 소위 '전문가'가 하는 말에 더 집중할 것이다. 그런데 이조차도 너무 자주 하게 되면 부모가 한 것과 '같은 얘기'로 들릴 수 있다. 그렇기에 우리는 평상시 부모가 최대한 잘 관리하고 일 년에 1~2차례 정도의 컨설팅이 적정하다고 본다.

어떻게 고를 것인가? 무엇을 준비할 것인가?

● 컨설팅 업체 고르기도 공부의 과정

사실 컨설팅 업체를 알아보기는 쉽지 않다. 보통은 학군지 학원가에 위치해 동네학원처럼 쉽게 찾아갈 거리에 있지도 않다. 가깝지 않아 자주 갈 수 있는 것도 아니고 비용도 가볍지는 않아서 고르기 쉽지 않다. 많은 사람이 이용하는 업종이 아니라서 많이 알려지지도 크게 광고를 하지도 않는다. 따라서 주변에 경험 많은 학원을 통해 문의해 본다거나 주변 학부모를 통해 알아보는 것도 방법이다. 학원 정보 사이트나 맘카페의 글들을 참고하거나 문의 글을 올리는 방법도 있다. 여기서 알아봐야 할 포인트는 업력이 길고 많은 컨설팅 경험을 가진 곳인지를 봐야 한다는 점이다.

우리도 고르기가 쉽지는 않았다. 처음엔 잘 알고 지내는 학원 실장님, 학원 선생님들을 통해 알아봤고, 나중엔 정보가 있는 사이트를 통해 추가로 평을 확인했다. 다른 방법은 대형학원의 컨설팅 파트에 가 보는 것이다. 학원의 이름을 걸고 하고 기본적으로 데이터가 많이 쌓여 있으므로 어느 정도의 수준은 된다고 생각해도 좋다. 이곳에서 상담한다 해도 특별히 소속 학원의 과목을 수강하도록 유도하지는 않는다.

분명 알아보다 지칠 수도 있으나 이것도 부모에게는 공부의 과정이다. 알아보는 과정에서 많은 얘기를 들어 보게 될 것이다. 맘카페 등에 올라온 여러 질문과 대답을 보면서 힌트도 얻고 거르는 방법을 배우게 된다. 원하는 대답을 듣지 못해서 불평의 글을 올린 경우나 극찬을 올린 경우도 있을 것이다. 그조차도 다 믿지 말자. 이런 과정을 거친 후에 가는 것이 오히려 좋다. 알고 가지 않으면 물어볼 것도 많지 않고 얻는 것도 많지 않다.

컨설팅을 위한 준비

컨설팅 시간은 길어야 2시간 정도다. 따라서 밀도 있게 준비하는 것이 좋다. 부모는 자신들이 찾을 수 있는 것들을 많이 준비해서 점검받는다고 생각해야 한다.

중학생 이상의 경우는 성적표, 학생부(나이스), 학교에서 했던 세부 활동 등을 정리해서 이에 대한 점검을 우선 받는다. 특히, 고등학교 입학 시에는 학생부 작성을 중점적으로 알아봐야 한다. 평상시에 부모가 알고 있던 학습, 입시 관련 지식을 확인해 볼 필요도 있다. 특히 입시 관련 정책이 자주 바뀌기 때문에 부모가 놓치고 있는 것이 있을 수 있기 때문이다. 그 외에 부모가 파악하기 어려운 것들을 질문거리로 잘 준비해서 컨설팅으로부터 답을 얻어내야 한다.

컨설팅에 가기 전에는 사전 자료를 제공하게 돼 있다. 컨설팅하는 상담 선생이 그것을 보고 상담 자료를 준비하게 된다. 자료를 보낼 때 원하는 진로, 현재의 문제점, 궁금한 점 등을 미리 알려 주면 업체 측에서는 부모가 찾지 못한 좀 더 자세하고 다양한 정보를 제공해 줄 것이다.

시기별 컨설팅, 어떻게 받아야 할까?

◉ 초등학교 시기의 컨설팅

이 시기 컨설팅의 목적은 아이의 습관을 형성하고 학습 로드맵을 만드는 데 있다. 초등학교 저학년 시기에는 아직 아이들 간에 격차가 보이거나 학습 수준상의 문제점은 보이지 않을 것이다. 이 시기에는 각종 검사(지능, 영재성 등등)를 받고 상담하는 경우가 있는데, 이것은 참고 정도만 하자. 그 외에 별달리 해 볼 만한 컨설팅은 없다. 오히려 우리 책에서 말한 것들을 부모가 실천해 보면 좋겠다. 책에서 국어, 영어, 수학의 전략 중 초등학교 1~2학년 시기에 학습 습관을 형성하는 방법들과 최상위 학생들의 사례를 소개하였다. 충분히 시도해 볼 수 있다. 우리 책을 여기까지 읽어왔고 우리말에 절반 이상 공감하고 있다면 정말로 한번 해 보면 좋겠다.

아이가 초등학교 4학년이 되었는데도 생각과 달리 습관 형성이 잘 안 된다면 바로 컨설팅을 받아야 한다. 심각한 상황이라서 가 보라는 것이 아니다. 늦을수록 부모도 아이도 습관을 고치기 더 힘들기 때문이다. 우리가 말한 것을 잘 생각해 보자. 공부 방법, 수단의 문제가 아니라고 했다. 이 시기에는 '습관'이 최우선이다. 습관이 갖추어져야 로드맵이 만들어진다.

중학교 입학 시, 고등학교 선택 시

우리가 처음 컨설팅을 받은 것은 큰아이가 초등학교 6학년 때였다. 당시엔 컨설팅에 대한 막연한 거부감이 있었다. 아마 영어학원에서 준 무료 컨설팅 쿠폰이 없었다면 우리 스스로 컨설팅 업체를 방문하지 않았을 것이다. 가벼운 마음으로 방문한 상담의 결과는 생각 외로 좋았다. 주변 엄마들이나 학교 선생님, 학원에게서 듣는 내용과는 많이 다른 새로운 내용을 알 수 있었다. 또한, 진로 결정이나 현행 입시제도 적응을 위한 준비 사항, 중학교 재학 시 유의 사항 등 막연했던 정보들에 대해 자세한 설명도 들었다. 거리 관계상 그 업체를 다시 방문하지 못했으나 그 경험을 계기로 컨설팅에 대한 선입관이나 거부감은 깨트릴 수 있었고, 1년에 1번 정도는 방문해도 좋겠다는 생각이 들었다.

중학교 3학년의 컨설팅은 고등학교 선택하기(자사고, 일반고, 외고 등)가 가장 중요한 내용이다. 아이의 현재 학습 상황이나 성적을 바탕으로 적합한 형태의 학교에 대한 정보와 선택 시 유의 사항을 들어 본다. 이것으로 지역 일반고 선택의 순서를 어떻게 할 것인지, 그 학교의 수업 분위기, 학교의 적극성 등을 알 수 있다. 또한, 진학을 목표로 하는 학교의 특이 사항(선택과목, 학생 수, 대학 진학 정보)도 파악할 수 있다.

● 고등학교 배정 후에는 꼭 한번 가 보면 좋다

만약 컨설팅 티켓 두 장이 생겼다고 한다면 우리는 '고등학교 배정 직후'와 '대학 입시 학교 및 학과 선택' 시에 사용할 것이다. 그만큼 이 두 시기가 매우 중요하다.

고등학교가 정해진 후 컨설팅의 주요 주제는 학생부 작성, 중간고사, 기말고사 등의 준비 방법, 학원 정보, 진로 결정을 위한 준비, 고등학교 2학년 선택과목(고등학교 1학년 중에 결정) 등이다. 이 중에서 가장 핵심적인 것은 '학생부 작성'이다.

그렇다면 학생부는 어떻게 작성되는 것이 좋을까? 먼저, 진로활동과 연결성 있게 작성되어야 한다. 잘 생각해 보자. 대학의 입장에서 수시전형을 통해 학생을 선발할 때, 학생이 지원학과(계열)에 적합한 인재인지를 중점적으로 볼 것이다. 이때 대학이 학생을 평가하는 주요 도구는 학생부다. 여기서 쉽게 볼 수 있는 것은 성적, 해당 학과와 관련된 선택과목의 이수 여부다. 그 외에 지원하는 학과와 관련한 진로활동 여부, 진로활동의 내용, 진로활동의 연결성을 집중적으로 보려 할 것이다. 이와 관련된 내용은 학생부의 세특, 종합의견, 비교과 영역 등에 들어 있다. 따라서 학교활동에 참여하는 것도 진로와 연관성 있는 방향으로 만드는 전략적 접근이 필요하다.

또한, 본인이 한 활동에 대해 담당 선생님에게 좀 더 확실하게 성과를 이야기하고 학생부에 기재될 수 있도록 적극적으로 노력해야 한다. 이와 같은 방향으로 학생부가 작성되기 위해 학생이 어떻게 학교생활을 해야 하는지가 컨설팅의 중요 포인트다.

◖ 고2~3 컨설팅은 대학 입시 정보에 대한 것

이 시기에 최상위권 학생이라면 컨설팅에서 학습 방향, 진로 설정에 대해 상의할 것이 상대적으로 많지 않다. 컨설팅의 내용도 단순하고 점검하는 정도다. 정말로 컨설팅이 필요한 경우는 현재 중상위권 성적으로, 향후 서울 소재 대학이나 최상위 대학의 중간과를 목표로 하는 때다.

부모들의 학창시절과는 달리 수시전형의 방식이 대학마다 다르고 과목별 적용 비율, 특별히 중점적으로 공부해야 하는 과목, 선호하는 학생 스타일 등이 다르다. 부모라고 해서 이 모든 것들을 다 챙겨 볼 수 없다. 물론 각 대학의 홈페이지에 들어가면 자세하게 나와 있고 대학에서 주최하는 설명회 등에서 상세히 설명하지만, 그 많은 홈페이지나 입시설명회를 다 방문할 수도 없다. 게다가 처음 겪어 보는 부모라면 그 정보들을 읽고 내용을 파악하기도 대단히 어려운 일이다.

또한, 조금 특별한 내용을 들어 보고 힌트를 얻을 수도 있다. 사례를 들자면, 수시전형 중 미술 공부를 해 본 적 없는 아이가 미대에 입학하는 경우가 있었다. 편법이 아니었다. 정말 그런 전형이 있어서 수시에 합격한 것이다. 그러니 부모들은 당장 내 아이가 입시 준비를 하는 학년이 아니어도, 저학년 때부터 이러한 정보들에 관심을 둘 필요가 있다.

◖ 대학, 학과를 선택하는 고3의 최종 컨설팅

우리는 큰아이 수시 원서를 작성하는 과정에서 컨설팅 선생님을 먼저 만났다. 그다음 학교 선생님을 만나서 학교와 학과를 결정했다. 아무래도 학교 선생님은 학급의 모든 학생과 부모들을 만나야 하므로 여러 번 만나 상의하기는 어렵다고 생각했기 때문이다. 또한, 구독하던 신문사의 무료 컨설팅도 참고삼아 받아 보았다. 이런 이벤트도 활용해 볼 만하다.

우리 나름대로 준비하기도 했고 컨설팅 측과 일차적으로 의견을 교환한 상태라 학교 선생님과도 무난하게 대화할 수 있었다. 우연히 앞선 시간 때에 방문한 어느 부모와 선생님과의 대화를 잠깐 듣게 되었는데, 부모가 선생님이 하는 말을 잘 이해하지 못해 선생님도 난감해 하시는 것 같았다.

고등학교 3학년의 경우 원서접수 시기에 갑작스럽게 상담을 받으려고 하면 예약이 쉽지 않다. 사람들이 몰릴 때라서 원하는 시간에 상담을 받기 어렵거나 시간에 쫓겨 깊이 있는 상담을 받지 못할 가능성이 높다. 따라서 1학기 기말고사 성적이 나올 시점에 상담을 받을 수 있도록 서둘러서 예약해야 한다. 각자 처한 상황이 다르겠지만, 인생에서 가장 중요한 선택 중 하나고, 오랜 기간의 수험 생활을 후회 없이 마무리하기 위해서라도 이 시기에는 꼭 활용해 보면 좋겠다.

우리의 컨설팅은?

● 최소 중3~고3까지는 잘 활용하자

다시 말하지만, 컨설팅을 받는 이유는 부모가 전문가가 아니기 때문이다. 첫째 아이의 입시를 경험한 부모라 해서 둘째 아이 때 모든 걸 안다고 볼 수 없다. 입시제도와 대학의 전형 방식이 계속 바뀌기 때문이다. 앞서 말했듯 컨설팅은 일종의 '정보 서비스'로, 그간 만났던 학교 선생님이나 학원 선생님, 부모의 생각과는 또 다른 어떤 시각으로 볼 수 있다는 장점이 있다.

부모는 주관적이라 정보, 판단, 선택의 폭이 좁을 수밖에 없다. 보통은 아이가 한둘이고, 주변에 아무리 경험 많은 학부모가 있어 그분과 상담한다 해도 컨설팅과는 다르다. 부담되고 가기가 꺼려질 수 있다. 하지만 우리는 컨설팅에 익숙해질 필요가 있다고 본다. 그러니 고등학교 3학년 때 외에도 중학교 3학년 겨울방학 이후 해마다 한 번 정도 만나서 점검하고 수시 원서 쓸 때까지 컨설팅을 받길 권한다.

● 초등학생 부모에게 해 주는 우리의 컨설팅

이번 장에서 컨설팅에 대해 설명한 내용이 이제껏 우리 책에서 다룬 주제들과 거의 같다. 말하자면 전략, 습관, 계획, 관리 등을 다룬다. 초등학생 부모의 경우는 우리의 컨설팅을 잘 들어 보길 바란다. 우리가 생각하는 바는 항상 가까운 거리에 있는 부모가 중심이 되어서 이런 것들을 해결해 나가자는 것이고, 필요하면 외부의 도움을 받아서라도 적극적으로 해결해 보자는 것이다. 우리는 선행을 서둘러 하라고 말하지 않았다. 다만, 가급적 빨리 습관을 형성하기 위해 노력해야 한다. 그 후 전략을 잘 세워 전반적인 방향을 미리 알고 공부해 가장 효율적인 방법을 찾으라는 것이다.

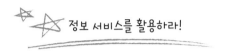

정보 서비스를 활용하라!

지역 고등학교 상태, 잘 알고 있나요?

_어쩌다 고등학생, 엊그제 초등학생

이번 장에서는 초·중 시기부터 주변 고등학교에 관심을 가져야 하는 이유를 설명해 보겠다. 주변 학부모들의 얘기만을 가지고 파악할 것이 아니라 좀 더 세밀하게 미리미리 잘 알아 둬야 한다.

외고, 영재고, 과학고 유의점

● 우리나라 학제상 학교의 종류

우리나라 학제상 학교의 종류는 다음의 표와 같다(설명을 위해 구분한 것으로 법률상의 분류와는 다를 수 있다). 보통 배정을 받는 초등학교, 중학교와 달리 고등학교는 선택의 경우가 좀 더 있다. 특성화고, 예고, 체고, 전국 단위 자사고 등은 설명할 능력이 되지 않으

므로 생략하고 외고, 영재고·과학고, 지역 단위 자사고, 일반고 순
으로 설명해 보겠다.

구분	종류	비고
초등학교	- 공립, 국립, 사립	
중학교	- 일반중(사립, 공립) - 국제중학교 - 예술중학교 - 체육중학교	
고등학교(일반)	- 사립, 공립	- 과학중점학교
고등학교(자율형)	- 자율형 공립고 - 자율형 사립고(지역) - 자율형 사립고(전국)	
특수목적 고등학교	- 국제고등학교 - 외국어고등학교 - 예술고등학교 - 과학고등학교 - 체육고등학교	
특성화고등학교	- 마이스터고등학교	- 舊 실업계고
과학영재학교(영재고)		- 법적으로 고등학교 아님

◖ 외고는 '문과' 위주, 이공대 진학은 거의 어렵다

인문·사회계열을 목표로 하는 학생에게는 외고가 좋은 선택이
될 수 있다. 외국어 이수 단위가 전체의 40%를 넘기 때문에 어학
에 관심이 있는 학생이 유리하다. 교과, 비교과(교내 대회, 동아리 활
동 등)에서 수시를 대비할 수 있는 시스템이 잘 갖추어져 있다. 상
위권 외고의 경우는 우수한 학생들이 모이기 때문에 수업 분위기
도 좋다. 저자의 대학 시절에는 학력고사로만 학생을 선발하였기
때문에 이공계에도 외고 출신들이 꽤 있었다. 하지만 현재의 제도
아래서는 외고 출신이 수시(학생부 종합, 학생부 교과)전형으로 이공

계를 지원하는 것은 다음의 이유로 어렵다.

외고 특성상 영어와 전공어 수업 단위수 비중이 높고 미적분 수업이 없는 학교도 있다. 이공계 지원 시 수학, 과학 이수 과목이 적다는 것은 치명적인 약점이 된다. '자유 전공학과'를 지원하는 방법도 있으나 대학에 따라 자유 전공학과에 입학해도 '문과 학과'만 전공으로 선택할 수 있게 한다. '교차지원'이라는 방법이 있으나 이마저도 이과에서 문과로 지원하는 데 유리하고, 반대의 경우는 여러 가지 제한이 있어 상위권 대학에서는 거의 불가능하다.

결론적으로, 외고에 진학 후 희망 진로를 이공계로 바꾸려고 할 때는 정시(수능) 또는 수시의 논술전형밖에 방법이 없다. 따라서 외고에 지원하기 전에 본인의 희망 진로가 인문·사회계열인지를 확실하게 확인할 필요가 있다. 부모로서는 학업성적만을 가지고 외고 진학을 고려하는 것보다 아이의 성향과 희망 진로를 면밀히 파악해야 한다.

🔵 영재고·과학고의 경우 유의할 부분

영재고·과학고에 입학하려는 경우에는 상당 기간 수학, 과학 위주의 준비를 해 왔을 것이다. 또한, 중학교 학과 성적도 최상위권일 것이다. 다만, 일부는 선발고사를 대비하는 과정에서 국어, 영어 과목 학습이 상대적으로 부족할 수 있다. 영재고·과학고 준비를 했으나 불합격하여 일반고에 진학할 때는 고등학교 1년 기간 동안 최대한 영어, 국어 실력을 끌어올리는 데 집중해야 한다.

반면 원하는 대로 입학에 성공하는 경우, 한 가지 조언해 주고 싶은 것이 있다. 어려운 관문을 통과하였지만, 전국에서 모인 최상위권 학생과 경쟁하다 보면 내신성적이 본인이나 부모의 기대 이하로 나올 수 있다. 아이나 부모나 이런 경험을 해 보지 못했다면 좌절하거나 당황할 수 있다. 따라서 부모는 영재고·과학고 입학전에 이런 일이 있을 수 있음을 아이와 충분히 대화하고 대비해야 한다. 또한, 앞에서 말한 것처럼 국어, 영어에서 부족한 부분이 있는지를 살피고 저학년 때 충분히 보충해야 한다.

성적 문제로 힘들어하는 것 외에 진로에 확신을 못 가지는 상황이 올 수도 있다. 영재고·과학고 입학생은 목표를 서울대 이공대, KAIST 등으로 설정하게 되는데, 고등학교 재학 과정에서 희망 진로가 바뀔 가능성 여부를 신중히 생각해 봐야 한다. 부모로서는 영재고·과학고를 준비하기에 앞서 아이의 상태나 희망 진로 등을 아이와 함께 고민해 보길 바란다.

지역 자사고는 일단 고려의 대상

자사고를 생각하는 부모나 학생의 경우 일단 자신이 속한 지역의 일반고와 비교해 봐야 한다. 유의해서 볼 부분은,

단점

- 관리가 안 되는 자사고는 일반고보다도 학업 분위기나 진학 성적이 좋지 않을 수 있다.

- 재단 문제, 자사고 재지정 문제 등으로 교내 분위기가 어수선할 수 있다.
- 사립학교라 오랜 기간 학교에 재직한 선생님들이 많아 평균 연령대가 너무 높은 경우 학생들과의 소통에 둔감할 수 있다.
- 최상위권 자사고는 상위권 학생의 비율이 높아 내신에서 과열경쟁이 생길 수 있다.

장점

- 관리가 잘되는 자사고는 좋은 학업 분위기로 학생뿐만 아니라 선생님들도 의욕을 갖고 수업을 한다.
- 상위권 학생이 많아 경쟁 시 공동의 상승효과가 있다.
- 다른 학교의 유능한 선생님을 계속 스카우트하기도 한다.
- 학교가 각종 대회, 활동에 적극적이다. 자연히 학생부에 기록할 내용이 많아진다(자기소개서가 폐지되었으므로 학생부의 중요성이 더 높아졌다).

따라서 자사고를 고를 때는 ① 진학 성적, ② 선생님들의 의욕, ③ 학교의 적극성 등을 고려하는 것이 우선이며, 되도록 최상위권 자사고를 고르는 것이 좋다. 학부모 중에는 아이의 성적이 상위권이 아니더라도 학습 분위기와 학교의 적극성을 고려하여 자사고를 선택하는 예도 많다.

일반고 선택 시 꼭 알아봐야 할 것들

일반고는 배정 가능한 지역 내에서 1, 2, 3단계 지망을 할 수 있다.— 정확하게 말하자면 1, 2단계는 선택 후 추첨, 3단계는 추첨— 제한적이지만 선택의 방법이 있는 것이다. 물론, 지원하는 대로 모두 반영이 되는 것이 아닌 추첨 방식이지만 우선으로 지원할 학교는 분명 생각해 봐야 한다.

우선 고려할 것은 학교의 학습 분위기

해당 고등학교의 학습 분위기는 지역의 선배 학부모, 중학교 담임교사, 학원 등에서 들어 볼 수 있다. 이 나이 때의 학생들은 본인의 주관과 의지로 수업에 참여한다기보다 분위기에 의존하는 경향이 강하다. 본인이 아무리 강한 의지를 갖고 있다 해도 수업 시간의 분위기나 친구들의 면학 분위기가 이를 방해하는 방향이라면 흔들릴 수밖에 없다. 학습 분위기는 학교장이나 선생님들의 의욕에 따라 달라지기 때문에 이 또한 자세히 살펴봐야 한다.

졸업생들의 진학 데이터

지원하려는 고등학교의 진학 데이터도 알아볼 필요가 있다. 일반적으로 학교 측에서 이런 데이터를 상세히 공개하지 않지만, 학원이나 컨설팅 등을 통해 어느 정도 파악할 수 있다. 직전의 진학 성적이 그대로 그다음 해에 이어지진 않겠지만, 선택에 있어 충분히 참고가 된다. 보통은 최상위권 대학 위주의 진학 데이터는 쉽게 알 수 있고 조금 더 찾아보고 노력하면 그 외 서울, 수도권 대학의 진학 정보도 알아볼 수 있다.

때로는 진학 정보를 공개하는 학교도 있는데, 이때 최종 입학 기준으로 발표하는 것이 아니라 각 대학에 합격한 학생 수 기준으로 발표하는 경우도 있다. 예를 들어, 한 학생이 수시모집에서 6개 학교에 합격했다고 하면 6개를 모두 숫자에 포함하는 것이다. 따라서 총학생 수 대비 합격자가 너무 많아 보이기도 한다. 데이터를 볼 때는 이런 부분도 고려해야 한다.

☁ 학교 알리미 사이트로 알아볼 수 있는 것들

'학교 알리미' 사이트로 초·중·고 학교들에 대한 많은 정보를 알아볼 수 있다. 특히 고등학교 선택 시 유용한 정보가 몇 가지 있다. 우리가 말해 주고 싶은 것은 '학교별 공시정보'다.

공시정보 구분	항목
① 교육활동	- 학교 교육과정 편성·운영 및 평가에 관한 사항(교육과정 편제표)
② 학생현황	- 학년별, 학급별 학생 수 - 졸업생의 진로현황
③ 교원현황	- 표시과목별 교원현황
④ 결산현황	- 학교발전기금
⑤ 학업성취사항	- 교과별 학업성취사항

①과 ②에서 먼저 학생 수와 편제표를 봐야 한다. 보통은 학생 수가 많으면 좋다. 동아리 활동 등의 비교과 영역 활동도 풍성해지고 무엇보다 개설 과목을 늘일 수 있다. 학교에서 과목을 다양하게 개설해 주면 수시지원에 유리하다. 특히 이공계의 과학(진로선택) 과목의 개설이 중요하다. 개설이 안 되어 있는 경우를 대비하는 방법도 있다. 하지만 일단은 학생 수가 많고 개설 과목 수가 많은 학교가 좋다. 교육과정 편제표에는 개설 과목에 대한 정보가 나오니 유심히 살펴볼 필요가 있다. ※【25장 최상위권 TIP!】 '김완벽 학생의 거점학교 활용' 참고

②의 '졸업생의 진로현황'에는 졸업생들이 어떤 학교에 진학했는지 세세하게 나오지 않는다. 다만, 여기서 '기타'에 해당하는 부분을 잘 살펴봐야 한다. 기타는 재수생을 의미한다. 학군지의 진학 성적이 우수한 학교일수록 '기타'의 비중이 높다. 좀 더 좋은 학교로 진학하려는 의사가 있는 경우에 재수를 택하기 때문이다. 실제로는 기타의 비중보다 훨씬 더 많은 학생이 재수한다고 생각해야 한다. 반수(대학에 등록한 채로 재수하는 경우)나 대학 자퇴 후 재수를 하는 경우도 꽤 많다.

③의 '교원현황'도 주목해 볼 필요가 있다. 특히 다른 학교 대비 수학, 과학의 교사 비중을 유심히 살펴봐야 한다. 이 과목들의 교사 수급이 어렵고, 향후 고교학점제 본격 시행 시 과학 교과의 과목 개설이 중요한 것으로 지적되고 있기 때문이다.

④의 '학교발전기금'은 「초·중등교육법」에 '교육활동을 지원하기 위하여 기부자가 기부한 기부 금품 및 일반인을 대상으로 모금

하는 모금금품과 학부모를 대상으로 자발적으로 참여하여 조성하는 자발적 조성금품을 말함'으로 정의하고 있다. 사용처는 교육용 기자재 및 도서 구입, 학교 체육활동, 기타 학예활동 지원, 학생복지 및 학생 자치활동의 지원, 교육 시설의 보수 및 확충으로 되어 있다. 당연히 기금액이 높은 학교가 좋다.

⑤의 교과별 학업성취사항에는 학년별 성취도(A, B, C, D, E) 분포 비율과 표준편차, 평균 등이 나온다. 다른 학교, 이전 학년과 비교하기에는 다소 무리가 있으나 일반적으로는 각 과목의 표준편차가 상대적으로 낮은 학교가 잘하는 학생이 많은 학교(학년)라고 볼 수 있다. 이 통계를 연구한 결과를 찾지 못했고 모든 학교의 자료를 참고한 것은 아니다. 다만, 일반적으로 고등학교 3학년의 표준편차가 높아지는 것은 이때쯤이면 내신에 집중하는 학생의 비중보다는 수능에 집중하는 학생의 비율이 높기 때문으로 추정된다.

● 과학중점학교를 알고 있어야 한다

교육부 지정 과학중점학교와 지역교육청 지정 과학중점학교로 나뉜다. 학교의 교과 편성이 일반고와는 많이 다르다. 일부 학급을 과학중점학급(이하 '과중반')으로 운영하거나 전체를 과중반으로 편성할 수도 있다. 과중의 경우 전체 교과목 중 45% 이상을 수학, 과학 관련 교과로 편성할 수 있다(일반고 30% 내외, 과학고 60% 내외). 학교에 따라 다르지만, 수학과 과학(Ⅰ, Ⅱ 과목 8개)의 거의 전 교과가 이수 대상이 된다.

고등학교 지망(배정) 시 '과중'인지를 잘 살펴봐야 한다. 당연히 과중의 과중반을 목표로 지망하는 경우는 문제가 아니다. 특히 과학고나 영재고를 준비했으나 불합격하여 과중을 지원하는 경우는 좋은 선택이 될 수 있다. 그런데 문과를 목표하는 학생이거나 수학, 과학 과목에 자신이 없는 학생이라면 과중을 피하는 것이 좋다. 과중으로 지정받은 학교는 아무래도 과중반을 중심으로 학교를 운영할 수밖에 없다. 여기에 들지 못하면 수시 준비에 문제가 생길 수 있다. 집에서 가까운 학교이고 명문 학교라서 지원했는데, 입학 후 전혀 예상하지 못한 일이 발생할 수도 있다. 지역의 고등학교 특성을 미리 파악해 둬야 하는 이유가 바로 여기에도 있다.

◖● 반대지원은 신중히

위의 방법 등으로 우선순위를 정해 놓고도 이의 역순으로 지원하는 경우가 있다. 만만한 학교에 진학해서 '높은 내신을 받겠다는 생각'을 하는 것이다. 하지만 이것은 절대로 좋은 선택이 아니다.

최상위권 학생은 어느 학교에 입학해도 성적에 큰 차이가 없을 것이다. 하지만 최상위권이 아닌 학생은 앞서 말한 '학습 분위기'나 '친구들의 면학 분위기'에 따라 성적이 좌우될 가능성이 크다. 본인의 의지가 정말로 강하지 않는 한, 이런 분위기를 극복하는 것은 매우 어렵다. 따라서 역으로 선택하는 것은 아이의 상태를 잘 고려해서 정말로 신중히 생각해 봐야 한다.

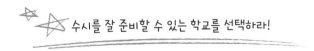
수시를 잘 준비할 수 있는 학교를 선택하라!

고등학교 배정 방식 정리(서울시 기준)

고등학교 배정(선발) 시 다음 표와 같이 학교유형별로 전기, 후기로 나누어 배정(선발)한다.

구분	고등학교
전기	영재고, 과학고, 특목고(예술, 체육), 특성화고
후기	특목고(외고), 국제고, 자사고, 일반고

배정원칙은 다음과 같다.

1. 순서상 전기고를 먼저 선발하며, 합격하면 후기고에 지원할 수 없다.
2. 후기고 중 일반고는 다음과 같이 3단계로 지원한다.

단계	지원 방법	배정 비율
1단계	단일학교군(서울시 전체 고등학교) 중 서로 다른 2개 학교 선택	20%
2단계	일반학교군(거주 지역 학교군) 학교 중 서로 다른 2개 학교 선택	40%
3단계	통합학교군 내 추첨 배정 (1, 2단계 추첨 탈락한 학생들을 통학 편의, 종교 등 고려하여 배정)	40%

3. 후기고의 외고, 국제고, 자사고 지원자는 위 1단계에 지원한 것으로 본다(1단계 탈락 시 2단계, 3단계로).

※ 일반학교군 : 서울시 11개 지역교육청 학교군이다. 근접한 2~3개 구(區)라고 생각하면 된다.
예) 동부 : 동대문, 중랑, 서부 : 마포, 서대문, 은평
※ 통합학교군 : 인접한 2개의 일반학교군이다(서울시 19개).
※ 위는 서울시의 방식이다. 경기도는 평준화·비평준화에 따라 다르다. 부산은 1, 2, 3, 4지망 방식이다(1, 3은 광역, 2, 4는 지역).

19장

초등학생 부모가
대학 설명회에 가는 이유

_생각의 틀을 확장시켜라

이번 장은 대학 입시 관련 설명회를 이야기해 보고자 한다. 대학 담당자가 참여하는 대학 설명회(입학설명회), 학원에서 주최하는 입시설명회가 있다. 초등학교~중학교 2학년 부모와 중학교 3학년 이상의 부모는 참여의 목적이 다르다. 초등학교 때부터 참여해 볼 만하다. 얻는 것이 많다.

설명회, 언제부터 다녀야 할까?

● 초4~중2 부모

각 대학은 우수한 학생을 선발하기 위해 여러 가지 홍보 활동을 한다. 그중 가장 대표적인 것이 대학 설명회다. 코로나19 이전에는 각 대학 내에서 설명회를 하거나 지역별로 장소를 빌려서 했다. 규모가 큰 고등학교에서는 여러 대학의 입학처 관계자들을 초빙해 연합 설명회를 했다. 코로나19 초기에는 이 모든 것이 온라인으로 진행되었고 간혹 오프라인으로 할 때는 방역 수칙에서 허용하는 인원을 선착순으로 신청받아 소규모로 진행되었다.

온라인 설명회는 질문에 한계가 있고 한 방향으로 진행되는 특성상 다소 형식적인 설명회로 그칠 수 있다. 예전의 설명회에서 있던 돌발질문이나 현장에서 직접 개별상담하는 기회도 없다. 하지만 시간이 없어 오프라인 설명회에 참석하지 못했던 부모들에게는 대단히 유용하다.

온라인 설명회는 '아직 좀 이른 것 아닌가'라고 생각하는 초등학생 부모에게는 아주 좋은 기회다. 주요 대학의 설명회를 몇 번 들으면서 공통으로 말하는 사항을 잘 기억해 두는 것이 좋다. 아직 먼 얘기라 생각하는가? 절대 그렇지 않다!

초등학교 고학년~중학교 2학년 부모가 대학 설명회를 들을 때는 입시제도보다는 '학생부 종합'에 초점을 맞추는 것이 맞다. 계속 설명하겠지만, 대학 입시를 위해서는 개정 교육과정에 근거해 대학이 어떤 학생을 뽑으려 하는지를 잘 이해하고 그에 맞추어 어떻게 학생부(특히, 진로활동)를 만들어 가는지가 관건이다.

◖ 중3~고3 부모

중학교 3학년 부모의 경우는 참여하는 목적이 다르다. 자녀가 중학교 3학년이 되는 해 2월에 발표된 대입제도 개편안에 맞추어 자녀의 고등학교 3학년 입시(수시, 정시)가 진행되기 때문에 이때부터는 제도의 변경 및 이에 따라 대학이 전형 방식에 어떤 변화를 주는지에 초점을 맞춰야 한다.

고등학생 학부모의 경우는 말할 것도 없이 자주 참여해야 한다. 고등학교 때는 학생이 직접 참여하는 것도 좋다. 본인이 목표로 하는 대학의 설명회에 참여하면 좀 더 강한 의지를 갖게 된다. 때로는 개별 상담 기회를 잘 활용해서 대학의 선발 방향이 본인의 준비와 벗어나지 않는지도 확인해 볼 수 있다. 특히 재학 중인 고등학교에서 주관하는 설명회에는 선배들의 입시 결과 관련 이야기도 나올 수 있으니 반드시 가 봐야 한다. 설명회가 끝나면 질의 응답 외에도 보통은 개인적으로 질문할 기회도 있다. 그렇기에 정말로 관심이 있는 대학 입학설명회에 간다면 질문할 내용을 미리 준비해 가면 더 유용한 답을 얻을 수 있다.

상대적으로 지원자 수가 많지 않은 공학 계열 대학들(KAIST, POSTECH, DGIST, GIST, UNIST 등)은 주로 소규모 설명회를 한다. 이런 기회는 좀 더 잘 활용해 볼 만하다. 충분히 질의 응답을 할 수 있다. 예를 들어 본인의 상태(관심 사항, 학생부 활동, 내신성적, 특정 교과성적)를 대략 얘기하고 본인이 해당 대학에서 선호할 만한 학생인지를 점검해 볼 수도 있다.

큰아이는 관심 있는 학교의 설명회는 가능한 경우 직접 참석했다. 고등학교 3학년 1학기 중간고사를 마친 시기에 ○○공대에서 주관하는 설명회에 참석했다. 당시 직접 입학사정관을 만나서 상담하는 기회를 가질 수 있었다. 이 자리에서 본인의 학생부 활동, 2

학년까지의 성적, 관심 있는 분야 등을 입학사정관에게 얘기한 뒤 '대학에서 요구하는 인재상'인지를 질문했다. 입학사정관은 "충분하다", "기말고사 잘 치르고, 우리 학교에 꼭 지원해 보기 바란다"라는 격려의 말을 해 줬다. 아이는 확신과 목표 의식을 가지고 기말고사를 준비했다.

설명회 참여, 무엇을 알고 있어야 할까?

◀◉ 학원에서 주최하는 대학 입시설명회의 특이점

학원에서 주최하는 입시설명회는 약간 분위기가 다르다. TV 등에 가끔 등장하는 대형학원의 연구소장부터 때로는 유명 강사가 등장하기도 한다. 설명회에서는 대학을 최상위권, 상위권 등으로 구분하고 비교해서 얘기한다거나 의대, 자연계, 인문계 등 계열별로 분리해서 설명하는 방식으로 진행한다. 학원 주체로 하는 것이라 부모들의 시선을 좀 끌어야 할 것이니 약간 과장하기도 한다. 따라서 말을 잘 가려서 들어야 하고 이 또한 복수의 설명회에 참석하는 것이 좋다. 각 대학에서 진행하는 설명회와는 달리 학원은 다수의 대학을 대상으로 한다. 그러다 보니 설명에 오류가 있을 수 있고 때로는 부모가 잘 못 알아들을 수 있으므로 의문이 가는 사항은 별도의 자료를 찾아서 직접 확인해 봐야 한다.

고등학교 3학년을 대상으로 하는 학원의 설명회는 보통은 대학을 그룹을 지어 설명한다. 예를 들어, '의치한, 서연고, 서성한, 중

경외시' 등의 외계어가 등장한다. 이 자리에서는 대학별로 입학전형, 가능한 내신 점수의 수준, 학과별로 수시·정시 지원별 유불리 등을 주로 설명한다. 학원의 유명 강사가 나와서 부족한 과목을 학원에서 보충하라는 홍보 멘트도 빠트리지 않는다.

◖ 자주 참석하면 익숙해진다

학원의 입시설명회는 주로 주중에 진행된다. 주말에는 학원 수업이 많기 때문이다. 그래서 맞벌이 부부는 설명회 참석이 쉽지 않았다. 그런데 코로나19 이후 학원에서도 유튜브로 중계를 많이 해 예전과 비교하면 접근이 쉬워졌고, 주말이나 저녁에 하는 설명회도 점점 늘어나서 의지만 있다면 참석할 기회는 많다.

부모로서는 입시에 대한 기본적인 지식이 있어야 한다. 대학, 교육청, 학원, 신문사 등에서 주최하는 설명회를 오프라인이든 온라인이든 자주 참석하여 자연스럽게 익숙해질 필요가 있다. 또한, 기본적으로 입시와 관련해서 자주 등장하는 어휘들의 의미는 잘 알고 있어야 한다. 「부록 1」의 대학 입시 기본사항을 읽어 보고 설명회에 참석하면 좋다.

고학년이 될수록 외계어 같은 입시 용어를 많이 접하게 된다. 만약 그 의미를 잘 알고 있지 못하면 중요한 상황에서 대화에 문제가 생길 수 있다. 이것은 학생이 다 알 수 있는 분야가 아니므로 부모가 신경 쓸 수밖에 없다.

우리는 백분위 점수, 표준점수, 표준편차, Z점수 같은 용어에는 익숙하고 수학적으로 계산하는 방법도 알고 있다. 그런데도 처음 학원 설명회를 들었을 때는 다른 용어들을 잘 이해하지 못하여 당황하기도 했다. 그리고 이해했다고 생각했는데 복습하지 않았더니 곧 잊어버렸다. 3~4차례의 설명회에 참석하고 나서야 비로소 알아듣기 시작했다. 자주 참석해야 익숙해진다.

초등학생 부모, 왜 설명회에 가야 할까?

'내신 열심히 하고 책 열심히 읽고 앞에서 말한 학습 전략대로 하면 될 텐데 대학 입학설명회까지?'라며 아직도 초등학교 때부터 설명회에 참여하라는 이유를 딱히 모르겠다는 부모들이 있을 수 있어 한 번 더 짚고자 한다.

우리가 초등학생 부모에게 설명회에 참여하라고 말하는 이유는 부모가 '좀 더 적극적으로 되기'를 바라는 마음에서다. 가끔이라도 설명회를 참석하게 되면 부모는 생각의 틀을 확장할 수 있다. 좀 더 큰 틀에서 아이의 학습, 미래에 대해서 생각하게 된다. 집중도 잘 안 되고 내용도 잘 이해가 안 가겠지만, 우리가 분명히 말할 수 있는 것은 얻을 것이 많다는 것이다. 온라인 설명회를 잘 활용하기를 바란다.

아이에게 좋은 학습 환경을 만들어 주고 건강을 잘 관리해 주는 것이 부모의 기본 역할이지만, 중요한 정보를 챙겨주는 것도 매우 중요한 역할이고 부모만이 할 수 있다. 다른 누가 대신해 줄 수 없다.

아이가 고등학생 때는 부모가 당연히 열심히 설명회에 다녀야 한다. 하지만 이것은 현재의 분위기를 파악하는 것에 그친다. 아이 교육에 변화를 가져올 정도는 아니라는 것이다. 우리가 말하려는 것은 초·중 부모가 설명회에 참석하라는 것이다. 가장 쉬운 방법은 대형학원 홈페이지에서 '설명회 일정의 알림서비스'에 등록하면 된다. 어떤 학원은 중학생 부모 이상으로 제한을 두고 아이 정보를 넣으라고 되어 있다. 이런 경우는 알아서 잘하면 된다.―언젠가는 중학생이 된다고 생각하면 된다―얻을 것이 분명히 있다.

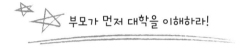
부모가 먼저 대학을 이해하라!

Part 5.

정시보다 수시

결론은 학생부 종합

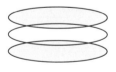

20장

입시제도, 복잡하다 복잡해

_트렌드를 읽어라

이번 장에서는 수시전형을 중심으로 대학 입시제도와 관련한 기본적인 내용과 유의해야 할 점을 살펴보겠다. 계속되는 입시제도 변화의 흐름을 읽어 보고 어떻게 준비해야 하는지도 알아보겠다. 대학 입시제도 전반의 흐름과 알아 두어야 할 용어들은 부록을 참고하길 바란다.

대학 입시전형이 수백 가지인 이유

네 가지 수시전형

우리나라 대학 입시제도는 수시전형과 정시전형(수능 위주)으로 나누어진다. 수시전형은 학생부 종합전형, 학생부 교과전형, 논술전형, 특기자전형으로 나뉜다.

학생부 종합전형은 서류평가(학교생활기록부)를 50% 이상 반영하는 전형이다. 대학의 자율성이 가장 많이 반영되는 전형이다. 학생부 반영비율, 과목별 반영 유무, 과목별 가중치, 최저학력 기준 등 대학마다 차이가 크다. 서류를 기반으로 학생의 3년간의 고등학교 생활 전반을 정성적, 종합적으로 평가하여 합격자를 선발한다. 조합이 많고 복잡한 입시 방식으로 통상 수도권 대학의 경우 수시모집에서 가장 높은 비율을 차지한다.

학생부 교과전형은 교과성적을 50% 이상 반영하는 전형이다. 학생부 종합전형, 논술전형 대비 경쟁률이 낮다. 교과성적을 중점적으로 보지만 수능 최저학력 기준을 필요로 한다. 수능성적(등급)이 일부 반영된다고 보면 된다. ※ 최저학력 기준은 【부록 1】에서 자세하게 설명하고 있다.

논술전형은 주로 수도권 소재 대학에서 실시한다. 학생부나 수능성적을 일부 반영하는 학교가 있지만, 대부분은 논술시험 성적으로 합격 여부가 판가름난다. 연간 전체 수시·정시 선발 인원의 약 3% 정도다. 특기자전형은 어학, 문학, 소프트웨어 등에 재능을 가진 학생을 뽑는 전형이다. 선발 인원수가 많지 않다.

● 학생부 종합전형 중 일반전형의 비중이 가장 크다

학생부 종합전형은 그 안에서도 여러 가지 명칭으로 세분되어 있다. 서울대는 지역균형, 일반전형, 기회균형특별전형 I, KAIST는 일반전형, 학교장추천, 고른기회 등으로 세분되어 있다. 일반전형이 가장 인원수가 많다. 학교에 따라 일반전형이라 표시 안 된 예도 있다. 연세대는 활동우수형, 국제형 고려대는 학업우수형, 계열적합형이 일반전형이다.

학생부 교과전형을 실시하지 않는 대학들도 있다. 서울대, KAIST, 포스텍에는 학생부 교과전형이 없다. 포스텍은 정시(수능)전형도 없다. 오로지 학생부 종합전형으로만 학생을 선발한다.

학생부 종합의 경우, 대학별, 계열별로 선발 방식이 너무도 다양하다.

- 학생부와 내신 반영비율 조절
- 학생부의 항목별로 비중 조절
- 과목별 반영 유·무, 과목별 가중치 조절
- 전공과 관련한 특정 과목의 점수에 가중치(서울대학교의 경우 핵심 권장과목, 권장과목 등으로 가산점을 두기도 한다.)
- 최저학력 기준 반영/미반영

대학별로 그리고 같은 대학의 학과별로도 산정 방식이 다르다. 수시전형에서 지원 방식이 수백 가지가 나온다고 하는 이유는 바로 이 때문이다.

● 정시(수능 위주 전형)에도 많은 조합이 나온다

수시와 달리 정시는 총점을 기준으로 '점수순으로 합격할 것이다'라고 단순하게 생각할 수 있으나 실제는 그렇지 않다. 이미 확정된 수능성적표가 있고, 선택과목의 난이도 차이는 표준점수로 보정한다. 따라서 합계점수를 기준으로 대학에 지원하면 될 것으로 생각하기 쉬우나 전혀 그렇지 않다.

일단은 가군, 나군, 다군으로 학교들이 나뉘어 있다. 군별로 한 번씩 지원이 가능하다. 대학별, 학과별로 어떤 수능 과목은 배제하기도 하고 어떤 과목은 가중치를 두기도 한다. 선택과목에도 필수 응시영역이 있기도 하다. 예를 들어, 자연계 지원 시 과학에서 두 개 과목을 선택해야 한다.—이는 문과에서 이과로 교차지원을 어렵게 하려는 의도이기도 하다.—여기에 학생부를 일부 반영하기도 한다. 위와 같이 정시(수능 위주 전형)에서도 상당한 조합이 나오게 된다.

바뀐다, 바뀐다, 또 바뀐다

🌑 학생부 종합에서 비교과 영역 축소! 학생부 교과인가?

교육부의 학생부 주요 항목 내 비교과 영역(요소) 개선으로 자율 동아리, 청소년 단체활동, 봉사활동, 수상 경력, 독서활동 등이 수시전형에서 제외되었다. 이후, 2022년 2월에 건국대, 경희대, 연세대, 중앙대, 한국외대 등 5개 대학에서 '학생부 종합전형의 평가 방법 및 개선방안'에 대해 연구한 자료를 발표했다. 이 자료에서는 대학별 학생부 종합전형의 평가 요소를 세부적으로 검토해 기존의 4개 영역(학업 역량, 전공 적합성, 발전 가능성, 인성)을 3개 영역(학업 역량, 진로 역량, 공동체 역량)으로 간소화했다.

결과적으로 위 내용은 비교과 영역이 축소되는 것을 의미하므로 '세특'을 포함한 교과 영역, 종합의견이 더 중요해진 것이다. 학생부 종합이 학생부 교과에 가까워진 것이다.

● 학생부 교과에 서류·면접 평가 도입! 학생부 종합인가?

학생부 교과전형의 학생부 평가는 '교과성적, 출결' 또는 '교과성적, 출결, 봉사'를 바탕으로 정량 평가하는 것을 말한다. 몇 년 전까지도 대부분 대학이 학생부 교과전형은 교과성적 위주로 선발했다. 그런데 2022학년도 이후 교과성적 외에 서류평가나 면접을 추가 시행하는 대학이 늘었다. 상위권 대학들이 지역균형전형을 학교추천전형(학생부 교과)으로 변경하면서 생긴 특징이다.

고려대는 2023학년도에 학교추천전형(학생부 교과)에 서류평가 20%와 최저학력 기준을 적용했다. 연세대도 2단계에서 면접 40%를 반영했다. 이 외에 건국대, 경희대, 동국대 등도 서류평가를 30% 반영했다.

서류평가는 학생부의 '세특'을 정성 평가하겠다는 의미다. 학생부 교과가 학생부 종합과 유사해진다. 학생부 교과전형은 교과성적 우수자 위주의 전형이므로 응시자의 성적 차이가 미세하다. 따라서 면접이나 서류평가를 하는 대학에서는 이것이 상당히 중요한 요소가 되는 것이다.

● '수시형 정시'의 부활! 이것은 수시인가 정시인가?

수시 비리가 없어지지 않고 수시가 불공정하다는 의견들이 계속됨에 따라 이전 정권에서도 정시 확대를 추진했고 2022년 대선의 주요후보들도 '정시 확대'를 공약화했다. 하지만 대학으로서는 25년 넘게 시행되고 있는 수시제도의 장점을 중요하게 생각하고 있다. 대학의 '인재상'에 맞는 우수한 학생을 뽑고 싶은 욕심이 있다. 또한, 학생을 선발하는 노하우도 오랜 기간 쌓여 있다. 따라서 고민이 많을 수밖에 없다.

서울대는 2023학년도부터 정시 지역균형전형과 일반전형에 교과평가를 도입했다. 학생부에서 내신, 세특, 교과목 이수현황을 종합적으로 평가해 지역균형전형은 '교과평가 40%+수능 60%', 일반전형은 1단계(2배수)에서 '수능 100%', 2단계에서 '1단계 성적 80%+교과평가 20%'로 선발한다. 2014학년도까지 있던 제도(수능+면접+내신)와 유사한 것이다. 이 경우 수능 만점자도 탈락이 가능한 것인데, 실제로 당시 자연계 유일의 수능 만점자가 서울대 의대 정시에 불합격하는 일이 있었다. 면접 또는 내신 중 어디에서 문제가 된 것이었는지 알 수 없지만, 수능 만점을 무조건 합격시키지는 않았던 것이고 앞으로도 그럴 수 있다.

고려대학교는 2024학년도에 수능 위주 전형(교과 우수)을 신설했다. 수능 80%와 학생부 교과(정량평가) 20%를 합산하여 일부 인원을 선발한다. 전체 인원에 교과평가를 적용하는 서울대와는 방식이 다르다.

대입 개편에 대한 다른 목소리들

2022년 10월 교육부에서 개최한 '제1차 2028 대입개편 전문가 포럼'에서 대학의 입학처장, 입학사정관, 고등학교 교사들로부터 자기소개서, 교사추천서 등을 부활해야 한다는 목소리가 나왔다. 이들의 말이 절대적이지는 않지만, 이제까지 그랬듯이 언젠가는 다시 바뀔 것 같은 예감이 든다.

주제	의견
제도 전반	– "정규교육과정 외 활동 대입 반영 폐지는 제한 사항이 지나친 측면이 있다." – "고교교육과정에서 필요한 것은 되돌려 놓을 필요가 있다."
자기소개서, 교사추천서 폐지	– "대학에서 학생 평가에 어려움이 발생하고 교과성적 위주 평가가 이뤄지는 경향이 심화된다." – "교원이 평가한 학생부에 대해 지원자 스스로가 자기소개서 등으로 설명할 기회가 필요하다." – "자기소개서 폐지는 입시에 있어 학교 교사의 영향력이 어마어마해진다." – "자기소개서는 지원자 본인이 자신의 내용을 소명하거나 강조하는 것이다. 대학은 학교와 교사의 영향력으로만 선발하라는 것으로 이것이 우리가 지향하는 공정성인지 다시 한번 생각해 볼 필요가 있다."
학종 평가 기준 및 선발결과 공개	– "정보공개 측면에서 긍정적 효과가 있으나 기준과 결과에 끼워 맞춘 활동 위주로 준비하게 돼 고등학교 교육의 다양성을 저해한다."
외부사정관 참여	– "교사, 학부모 등 직간접적 이해당사자인 경우가 많아 평가 참여가 제한적일 수밖에 없다."
정시 (수능 위주 전형) 확대	– "전체적으로 수능 위주 전형 선발 인원이 오히려 감소해 대학의 자율성이 침해되고 수능성적 하위권 수험생의 선택권이 제한된다." – "대입전형 공정성을 이유로 정시를 확대하면서 사교육이 증가했고, 수업 따로 수능 준비 따로인 문제풀이식 수업이 양산되고 있다." – "기존 정시모집 수능 위주 전형과 교과평가를 조합해야 한다. 모집단위 관련 학문 분야에 필요한 교과 이수 및 학업 수행의 충실도를 확인할 수 있게 해야 한다."

그럼 이제 어떻게 해야 하나?

이제까지 그래 왔듯이 대학 입시제도는 앞으로도 계속 바뀔 것이다. 하지만 여기까지 우리 책을 읽어 본 독자는 '뭘 어떻게 하라는 거지?'에 대한 답을 이제 어느 정도 알고 있을 것이다.

- 대학은 수시제도를 대단히 긍정적으로 생각하고 있다.

- 징지적인 이유로 '정시 확대'를 하려 하지만 쉽지 않다. 오히려 정시 전형에 수시전형 방식 일부가 포함되는 전형이 신설되고 있다.

- 학부모로서는 계속해서 제도를 잘 파악하고 '적응' 또는 '대응'을 해야 한다.

- 가장 중요한 것은 '학생부 종합'을 목표로 하고 준비해야 어떠한 제도 변화에도 대응할 수 있다.

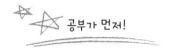

공부가 먼저!

21장

2024년부터 시작되는 교육과정

_'2022 개정 교육과정', 이 정도는 알아야 한다

이번 장에서는 2015, 2022 개정 교육과정에 대해 좀 더 이야기 해 보겠다. 개정 교육과정은 초등학생부터 고등학생까지 모든 학생에게 해당한다. 2015와 2022 개정 교육과정을 고등학교 교과 위주로 분석해 보고, 초·중 시기의 학생들에게 어떤 영향이 있으며 무엇을 준비해야 하는지도 알아보도록 하겠다.

우리 아이는 어느 교육과정에 속하나?

개정 교육과정은 매년 개정하나?

정부의 각종 교육제도 중 학생들에게 가장 큰 영향을 끼치는 것은 보통 6~8년 주기로 바뀌는 '개정 교육과정'이다(법적으로 개정 시기가 정해져 있는 것은 아니다). 여기에서 수시제도 도입, 문·이과 통합, 고교학점제 등의 큰 변화가 일어나는 것이다. 중간마다 '개편'이 발생한다. 교과에도 변화들이 일어나게 된다. 예를 들어 2015년 개정 교육과정에서 고등학교 1학년이 '수학' 한 권의 교과서로 배웠는데 2022년 개정 교육과정에서는 '공통수학Ⅰ, 공통수학Ⅱ'로 나뉘는 사례 등이다. 이 밖에 교육과정 개정 시 전문교과, 일반선택, 진로선택 등 새로운 명칭들도 등장한다. 교과서의 기술 방향이나 입시제도 및 수능 문제의 변화도 결국은 교육과정의 개정에서 시작되는 것이다.

교육과정	적용시기(순차적용)	주요 내용	해당 출생연도
2009	2011학년도	집중이수제	1996~2010년생
2015	2017학년도	문·이과 통합	2002~2016년생
2022	2024학년도	고교학점제	2009~

위의 표로 볼 때 6~7년 간격으로 개정되고 출생연도가 겹치는 것을 알 수 있다. 따라서 학교에 다니는 12년간의 초·중 교육과정 안에서 모든 학생에게 1~2회 정도의 큰 변화가 일어나게 되는 것이다.

부모로서 개정 교육과정은 가장 중요하게 꼼꼼히 봐야 할 것 중 하나다. 적어도 아이의 현재 시기에서 3년 이내에 변화가 예정된 내용 정도는 반드시 파악해 둘 필요가 있다.

출생연도별 개정 교육과정 적용 시기

☐ 2015 개정 교육과정 ☐ 2022 개정 교육과정

출생	학년도								
	2023	2024	2025	2026	2027	2028	2029	2030	2031
		새 대입제도 발표	고교학점제 전면 시행			고교학점제 첫 수능			
2005	고3	수능							
2006	고2	고3	수능						
2007	고1	고2	고3	수능					
2008	중3	고1	고2	고3	수능				
2009	중2	중3	고1	고2	고3	수능			
2010	중1	중2	중3	고1	고2	고3	수능		
2011	초6	중1	중2	중3	고1	고2	고3	수능	
2012	초5	초6	중1	중2	중3	고1	고2	고3	수능
2013	초4	초5	초6	중1	중2	중3	고1	고2	고3
2014	초3	초4	초5	초6	중1	중2	중3	고1	고2
2015	초2	초3	초4	초5	초6	중1	중2	중3	고1
2016	초1	초2	초3	초4	초5	초6	중1	중2	중3
2017		초1	초2	초3	초4	초5	초6	중1	중2
2018			초1	초2	초3	초4	초5	초6	중1
2019				초1	초2	초3	초4	초5	초6
2020					초1	초2	초3	초4	초5
2021						초1	초2	초3	초4
2022							초1	초2	초3
2023								초1	초2

※ 주의 : ○○학년도 수능은 직전년도 11월에 실시됨.
예) 2009년생이 치르는 2028학년도 수능은 2027년도 11월에 시행됨.

　　개정 교육과정을 알아보면서 과연 내 아이가 어느 교육과정에 속하는지 궁금했을 것이다. 2009년생의 경우 중학교 졸업까지는 2015 개정을, 고등학교 교과과정과 수능은 2022 개정을 적용받는다. 2017년생의 경우는 처음부터 2022 개정이 적용된다. 다만, 대

학 입시까지 2022 개정으로 간다는 것은 아니다. 중간에 새로운 개정 교육과정이 나올 가능성이 크다.

이 책이 현재의 초·중 학생 부모를 대상으로 하고 있으므로 두 교육과정을 비교하면서 설명해 보겠다. 2015 개정의 문·이과 통합을 바탕으로 2022 개정의 고교학점제가 나온 것이다. 서로 다른 교육과정이 아니다. 이번 장에서는 혼란을 피하고자 '2015 문·이과 통합', '2022 고교학점제'라는 표현을 계속해서 써 보겠다.

고교학점제로 인한 평가 방식의 변화

⬤ 2015 문·이과 통합, 같은 과목으로 경쟁하다

2015 문·이과 통합, 이것이 부모 때의 내신과 크게 달라진 부분이다. 우선 이에 대한 이해가 필요하다. 간단하게 설명해 보겠다. 부모 때는 모든 과목에서 문과는 문과 학생 간의 경쟁, 이과는 이과 학생 간의 경쟁이었다. 지금의 방식은 문·이과 구분 없이 특정 과목을 선택한 학생 전체의 경쟁이다. 예를 들어 문과 학생 50명, 이과 학생 100명이 생명과학Ⅰ 과목을 선택하면 예전 방식으로는 문과는 50명 간의 경쟁, 이과는 100명 간의 경쟁이었지만 지금의 방식으로는 150명 간의 경쟁이 된다는 것이다. 문과와 이과의 구분이 없어진 것이다. 이제부터 이 책에서는 편의상 문과 성향, 이과 성향이라는 표현을 써 보겠다.

한 가지 더 궁금한 것은 반별로 선택과목이 같은 학생들이 모여 있느냐는 것이다. 대부분 고등학교는 학생들의 이동 수업을 최소화하기 위해서 2학년, 3학년 진학 시 학생들의 선택과목에 따라 반 배정을 조정한다. 따라서 문과 성향 반인지 이과 성향 반인지가 구분이 된다. 2025학년도 이후 2022 고교학점제가 본격 시행되면 선택과목의 숫자가 늘어난다. 대학처럼 강의실을 자주 옮겨 다니는 상황과 공강 시간이 발생할 수 있다.

● 내신성적의 산정은 어떻게 하는 걸까?

2015 문·이과 통합에서의 내신 점수의 산정 과정을 간단하게 알아보겠다. 부모 때와 달라진 점은 '문·이과 구분이 없다'는 것과 '절대평가 과목이 있다'는 것이다.

평균등급은 절대평가인 체육, 음악, 미술 등을 제외하고 '과목 단위수×석차등급'의 합을 전체 단위수로 나누면 된다. 대학의 학점과는 방식이 반대여서 평균이 낮으면 상위권이다. 이 수치로 대략적인 학생의 성취도를 알아볼 수 있다. 다만, 과목별 평가표(성적표)에는 전체 과목의 평균이 나오지 않는다. 공식적으로 쓰이지도 않는다. 수시전형에서 대학은 과목별 등급을 가지고 나름의 방식으로 재산정한다(특정 과목을 제외하거나 가중치를 두기도 한다).

2019학년도부터는 진로선택(기하, 과학의 Ⅱ과목 등)에 성취평가 제가 도입되면서 평가 방식이 절대평가(A, B, C)로 바뀌었다. 그런데 성취평가 방식은 2025년 입학생(2022 개정 적용)부터 큰 변화가 발생한다.

📌 2022 고교학점제, 모든 선택과목이 절대평가로

2022 고교학점제로 인해 바뀌는 부분을 설명해 보겠다. 2021년 2월 17일 교육부 보도자료를 참고해 설명하겠다.

구분	현행			변경(2025~)			
과목 구조		교과	과목		교과	과목	
		보통 교과	공통과목		보통 교과		공통과목
			일반선택과목			선택 과목	일반선택과목
			진로선택과목				융합선택과목
		전문 교과	전문교과 I (심화과목)				진로선택과목
			전문교과 II (직업과목)		전문 교과	전문공통/전공일반/전공실무	
과목 이수	204단위 (교과 180, 창체 24)			192학점 (교과 174, 창체 18)			

위 표와 같이 융합선택과목이 신설되었다. 과목 이수 방식이 '단위'에서 대학과 같이 '학점'으로 바뀌었다. 가장 큰 변화는 선택과목 전체가 절대평가로 바뀐다는 것이다. ※ 개정 교육과정별 선택과목에 대한 보다 상세한 과목별 변화는 【부록 3】 참고

📌 진급 졸업 방식

기존에는 성적과 관계없이 각 학년 과정 수업일수의 2/3 이상 출석을 졸업 기준으로 하였다. 2025년부터는 '① 수업 횟수의 2/3 이상 출석, ② 학업성취율 40% 이상 충족, ③ 3년 누적 학점 192학점 이상'이 기준이다. 성취율과 학점을 채워야 졸업한다는 것이다. 대학의 방식과 유사해졌다.

기존은 90% 이상 A, 80% 이상 B, 70% 이상 C, 60% 이상 D,

60% 미만 E이고 성적으로 인해 졸업을 못 하는 사례는 없었다. 그런데 성적이 못 미치면 졸업할 수 없게 한다는 것이다. 바뀐 기준에 의하면 E등급이 40% 이상~60% 미만이 되는 것이고, 40% 미만은 I등급(미이수)이라 하여 보충 이수하게 한다는 것이다. 보충 이수는 온라인 등의 방식을 쓸 것으로 예상한다. 대학처럼 아예 처음부터 재수강시킨다는 게 아니다. 여기서 재이수하게 되면 E등급을 부여한다.

● 내신성적 산정 방식

내신성적 산정 방식의 변화가 가장 중요하다.

구분	현행	변경(2025~)
내신 산정	석차등급제 → 대상 : 공통과목, 일반선택 → 성취도(A, B, C, D, E)와 석차등급 표시	석차등급제 → 대상 : 공통과목 → 성취도(A, B, C, D, E, I)와 석차등급 표시
	성취평가제 → 대상 : 진로선택 → 성취도(A, B, C) 표기	성취평가제 → 대상 : 선택과목(일반·융합·진로) → 성취도(A, B, C, D, E, I) 표기

석차등급제는 전통적인 방식으로 생각하면 된다. 석차를 기준으로 4%, 11%, 23%, 40%, 60%, 77%, 89%, 96%, 100%를 각각 1~9등급으로 표기한다. 여기에 원점수, 평균, 표준편차, 수강자수, 성취도가 표시되는 방식이다(수능성적도 이와 같은 비율로 9등급으로 표기하고 표준점수, 백분위가 나온다).

성취평가제는 앞서 설명한 것과 같이 기존 A, B, C 방식의 절대평가를 말한다. 수강자 수와 평균은 표시되지만, 표준편차가 나오지 않아서 과목별로 정확한 석차를 알기 어렵다.

2025학년도부터 석차등급제의 대상 과목이 공통과목으로 축소된다. 일반선택과목도 성취평가제로 바뀌는 것이다. 쉽게 말해 주로 1학년에 배치되는 과목의 내신은 상대평가, 2학년 이후의 과목은 대부분 절대평가라고 보면 된다. 성취평가제의 대상 과목이 늘면서 성취도도 A, B, C, D, E, I 방식으로 세분화된다. 성적에 대한 부담을 줄이고 원하는 과목을 다양하게 수강하라는 의도다.

고교학점제에 대비한 초·중 준비

● 가장 주목할 변화는 과학이다

2022 개정의 전체 교과목 편성은 「부록 3」을 참고하면 된다. 이 중에서 2022 개정으로 가장 큰 변화가 일어나는 과목은 과학 과목이다. 아래 표에서 진로선택과목의 변화를 살펴보자.

교육과정	2015 개정	2022 개정
대상(입학기준)	~2024학년도	2025학년도~
대상(수능기준)	~2027학년도	2028학년도~
진로선택	물리학 II	역학과 에너지 전자기와 빛
	화학 II	물질과 에너지 화학반응의 세계
	생명과학 II	세포와 물질대사 생물의 유전
	지구과학 II	지구시스템과학 행성우주과학

기존의 Ⅱ과목들이 두 개의 과목으로 분화되었다. 현재의 수능(2027학년도까지 시행)에서는 Ⅱ과목 모두 수능에서 선택할 수 있다. 하지만 바뀌는 교육과정(2022) 과학 과목의 진로선택과목은 정시(수능)에서 제외될 가능성이 크다. 과목 수가 많아지면 선택자수, 난이도 조정, 환산점수에서 현실적인 문제가 발생하게 되기 때문이다.

이렇게 되면 이들 과목은 내신(수시용)으로만 쓰이게 된다. 진로선택과목이 글자 그대로 진로선택에 있어 중요한 역할을 하게 된다. 지원하는 계열(학과)과 이수한 선택과목의 연관성이 매우 중요하다. 이어지는 「22장 핵심은 서울대 학종 안내」에서 좀 더 상세히 설명해 보겠다.

● 국어 과목, 문해력 강화가 핵심이다

2022 개정 교육과정에서 국어 과목의 변화를 살펴보겠다. 아래의 표는 여기서 언급된 초등학교와 고등학교 과정의 개정 내용이다.

구분	내용	목적
초등학교	1, 2학년 국어 과목의 수업 시간이 연간 34시간 늘어남	기초 문해력 강화 및 한글 해득 교육 강화
고등학교	통합적 국어활동 및 매체 교육을 위한 선택과목(독서와 작문, 문학과 영상, 매체 의사소통) 신설	언어기초 및 미디어 문해력 함양을 위한 국어과 교육과정 개선

눈에 띄는 내용은 '문해력 강화, 문해력 함양'이다. 위의 고등학교 부분은 2021 국가수준 학업성취도 평가 결과 및 대응 전략

발표(교육부, 2022.6.13.)에서도 언급되었다. 이 발표에서 가장 주목할 내용은 고등학교 국어 과목의 '학력 감소'다. 보통학력 수치가 77.5%에서 64.3%로 감소했다. 코로나19 기간이라는 특수성을 고려해도 심각한 감소다. 교육부에서 개정 교육과정을 통해 이에 대한 대응에 나선 것이다.

영어 과목, 별다른 변화 없다

2022 개정 교육과정에서 영어 과목의 주요 변화는 아래와 같다.

현행 (4개 영역)	듣기, 말하기, 읽기, 쓰기
개선 (2개 영역)	이해(Reception) : 듣기, 읽기, 보기(Viewing, 시청각 이미지 등) 표현(Production) : 말하기, 쓰기, 제시하기(Presenting, 발표 등)
개선 목적	– 실생활 중심의 영어 의사소통능력을 함양 – 다양한 선택과목을 제시하여 개별 성장 맞춤형 교육과정 구성
기타 (성취 기준 조정)	(초등) 영어 기초 문해력 강화를 위해 소리와 철자 관계 이해 관련 성취 기준 보강 및 추가

위 표와 같이 현행 4개 영역을 2개 영역으로 개선하여 의사소통능력을 함양하고 다양한 선택과목을 제시하고 있다.

영어 교육이 이미 많은 부분에서 공교육보다는 사교육에 의존하고 있고, 보기(viewing), 제시하기(presenting) 등이 새로운 것이 아니라 큰 변화가 있다고 보기 어렵다. 이보다는 성취 기준의 조정에서 '문해력 강화'라는 말이 눈에 띈다.

🔵 수학 과목, 행렬의 부활과 진로선택과목이 된 미적분 II

특별히 수학은 계통 학문이라 불린다. 차례대로 배워야 하는 것으로 생각하면 된다. 예를 들자면 '수열 → 극한 → 미분 → 적분' 순서로 배워야 이해가 된다는 것이다. 따라서 보통은 교육과정이 개정된다 해도 큰 변화는 없다. 과목의 이름이 바뀌거나 약간의 학년 변경 정도다.

2022 개정 교육과정을 볼 때 전반적으로 큰 변화는 없다. 약간의 대단원명 변화밖에는 보이지 않는다. 따라서 초등학교, 중학교는 개정 교육과정으로 인한 혼란은 없어 보인다.

고등학교 과정도 과목 이름이 몇 개 바뀌었을 뿐 큰 틀에서는 거의 변화가 없다. 다른 점은 2015 개정 기준 '수학(상, 하)'에 없었던 '행렬'이 2022 개정 기준 '공통수학 I'에 부활했다는 것이다. 다만, 세부 과정을 읽어 보면 예전과 달리 기초에 해당하는 부분만 포함되어 있다. 행렬은 대학의 이공계뿐 아니라 문과 계열 학과에서도 많이 배우는 과목이다. 2009년 개정 교육과정부터 빠져 있다가 이번에 다시 들어온 것이다. 또 한 가지는 '미적분 II'(2015 개정 기준 '미적분')가 진로선택과목이 되었다는 것이다. 이것은 과학 진로선택과목의 분화와 함께 대단히 의미 있는 변화다. ※【부록 3】 '2015, 2022 개정 교육과정 보통교과 비교' 참고

🔵 초·중 시기부터 대비하는 고교학점제

앞서 살펴본 것과 같이 교육과정 변화의 주요 내용이 '2015 문·이과 통합', '2022 고교학점제'로 되어 있어 마치 이것이 고등

학생을 대상으로 하는 교육과정의 변화로 착각하기 쉽다. 그렇지 않다. 이 장의 첫 번째 표를 보면 알 수 있듯이 이 변화들은 초등학교 1학년부터 고등학교 3학년까지 전체 학년을 대상으로 하는 것이다. 따라서 '고교학점제'의 의미는 초·중 시기의 학생에게도 매우 중요하다. 그렇다면 그들의 부모는 어떤 준비를 해야 할까?

일단, 2022 고교학점제로 바뀌는 내용을 파악해 보자. 고교학점제로 인한 평가 방식의 변화는 위에서 설명했다. 표면적인 변화보다 이 제도의 내면을 살펴보자. 항상 문제 속에 답이 있다. 교육부의 고교학점제 소개페이지(https://www.hscredit.kr/hsc/intro.do)에는 '고교학점제'를 이렇게 규정한다.

학생이 기초소양과 기본학력을 바탕으로, 진로·적성에 따라 과목을 선택하고 이수 기준에 도달한 과목에 대해 학점을 취득·누적하여 졸업하는 제도

여기서 주목해야 할 부분을 아래와 같이 정리해 보았다.

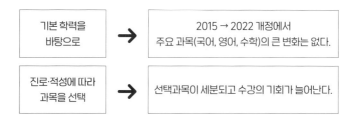

우리는 위 표를 가지고 다음과 같이 결론을 내려 보았다.

- 선택과목(고2·고3의 국어, 수학 포함)의 평가 방식이 절대평가로 바뀌었다. 이것을 가지고 고등학교 1학년 성적만이 중요하다고 생각해서는 안 된다. 국·영·수는 변함없이 초1~고3까지 열심히 공부해야 한다.
- 진로와 적성을 찾는 활동에 더 적극적이어야 한다. 학생부의 '진로활동'이 중요한 요소가 된다. 될 수 있으면 초·중 시기에 진로를 좁혀놔야 한다.
- 대학의 수시 입시전형에서 당연히 각 교과의 성적을 중시하겠지만 지원하는 계열(학과)과 관련된 과목을 수강했는지를 매우 중점적으로 보게 되므로 적극적인 수강이 필요하다.

핵심은 주요 과목과 진로활동!

22장

핵심은 서울대 학종 안내

_개정 교육과정, 대학들은 어떻게 활용할까?

이번 장에서는 앞장에서 설명한 2015, 2022 개정 교육과정을 바탕으로 대학이 어떤 방식으로 학생을 선발하는지를 알아보겠다. 또한, 대학의 학생부 종합전형 안내에서 초·중 부모는 어떤 힌트를 얻을 수 있는지를 알아보겠다. 이를 바탕으로 학습 방향이나 진로활동을 위해 초·중 시기부터 챙겨 둬야 할 부분들을 집중적으로 얘기해 보겠다.

꼭 챙겨 봐야 하는 학생부 종합전형 안내는?

초·중 부모에게 '서울대학교 학생부 종합전형 안내(편의상 이하 '서울대 학종 안내')'를 챙겨 보라고 하면 상당히 의아해할 것이다.

251

'서울대 갈 생각도 없는데?, 아직도 먼 얘기이고 그때 가서 바뀔 텐데 도대체 무슨 소리?'라고 할 가능성이 크다. 그런 반응이 나올 만하다.

2024학년도 서울대 학종 안내의 첫 장을 보면 '미래의 서울대학교 학생에게'라는 말이 나온다. 우리는 이 말이 당장 목전에 입시를 앞둔 학생들을 대상으로 한 것으로 보지 않는다. 또한, 12페이지에는 '2024학년도에 대학에 입학할 학생들은 2015 개정 교육과정을 이수한 학생들입니다', '고등학교 교육과정의 충실한 이수가 대학 진학을 위한 자연스러운 준비가 될 수 있도록 하여 학교와 교육청, 지역사회, 교원·학생·학부모뿐만 아니라 대학이 함께 실현해 가는 교육과정이 되도록 노력하고자 합니다'라는 말이 나온다. 서울대 학종 안내는 아래와 같이 구성되어 있다.

I. 미래의 서울대 학생에게	서울대학교는 이런 학생을 기다립니다 서울대학교 입학전형을 안내해드립니다
II. 학생부 종합전형 안내	학생부 종합전형이란 무엇인가요 학생부 종합전형이 왜 필요한가요 학생부 종합전형과 2015 개정 교육과정
III. 학생부 종합전형 선발 방법	서류평가 안내 면접 안내
IV. 학생부 종합전형 준비 방법	학생들은 이렇게 준비하세요
V. 어떤 과목을 어떻게 공부해야 할까요	어떤 과목을 공부해야 하나요 전공 연계 교과 이수 과목 안내
VI. 미래의 인재를 기다리며	서울대학교는 학교 안에서 성장해온 학생들을 기다립니다

이런 책자를 처음 보는 부모는 내용이 눈에 잘 들어오지 않을 수도 있다. '이게 무슨 공자님 말씀이야? 좋은 얘기만 들어 있네?'

라고 생각할 수도 있을 것이다. 하지만 우리는 이 안에 모든 정답이 들어 있다고 생각한다. 초·중 시기에 어떤 방법으로 어떻게 공부해야 할지가 여기에 다 들어 있다고 본다.

학교 문제를 풀 때도, 수능 문제를 풀 때도, 자기소개서를 쓸 때도, 면접에 답을 할 때도 가장 중요한 것은 문제의 의미를 제대로 파악해야 한다는 것이다. 그래야 정확한 답을 할 수 있다. '개정 교육과정'이 제시된 문제라고 한다면 '서울대 학종 안내'가 바로 답이다.

초·중 부모, 서울대 학종 안내를 계속 읽어라

보통의 부모들이 학습, 입시 등과 관련하여 가장 헤매는 것이 바로 이런 것이다. 핵심을 읽어 두고 잘 알아야 하는데, 그 외적인 것들(기사, 잡지, 학원, 컨설팅)로부터 부분적으로 정보만을 얻는 데만 급급하다. 우리는 이 책에서 '필요한 학원 다니고, 학원 얘기도 잘 들어 보고 컨설팅도 적극적으로 활용하라'라고 말해 왔다. 더불어 잡지나 기사 등도 참고해 볼 필요가 있다. 그러나 앞서 언급해 온 말들의 대전제는 '부모가 주관을 가지고 잘 걸러서 들어야 한다'는 것이다. 부모가 중심을 잡은 상태에서 기사, 잡지, 학원, 컨설팅이 '문제에서 요구한 것과 어긋난 답을 하고 있는 건 아닌지'를 생각해 보면 된다.

그렇다면 왜 서울대 학종 안내가 답이 되는 것일까? 서울대가 모두의 목적지고, 모두가 서울대를 좋아해서가 아니다. 서울대는 교육부의 개정 교육과정을 따를 것이고, 다른 학교들도 서울대를 기준 삼아 유사한 방향으로 갈 수밖에 없기 때문이다.

초·중 자녀를 둔 부모라면 다른 교육 방법서 10권을 사서 읽는 시간에 서울대 학종 안내를 10번이라도 숙독해 보는 것을 추천한다. 학종 안내 속 '공자님 말씀' 같은 문장의 행간을 잘 이해해 보기를 진심으로 말해 주고 싶다.

서울대 학종 안내에서 주는 힌트

◖● 미적분을 선택한 문과 성향 학생

아직 2022 개정 교육과정을 기반으로 한 학종 안내가 없다. 여기서는 기존 2015 개정 교육과정(2027학년도 대학 입시까지 적용) 기준이다. 상당 기간 2015 기반의 대학 입시가 시행될 것이고, 2015와 2022가 연결성이 있으니 충분한 참고가 된다.

보통은 고등학교 3학년에 미적분(2022 개정 교육과정에서는 '미적분Ⅱ') 과목이 개설된다. 그런데 문과 성향의 학생 중 일부가 미적분을 선택하기도 한다. 나름의 이유가 있다. 몇 가지 사례를 들어서 선택과목과 수시의 선택 계열(학과)을 어떻게 매치시키는지를 설명해 보겠다. 다음은 어느 고등학교에 재학 중인 학생들의 지원 성향과 주요 선택과목을 정리한 표다.

구분	지원 성향	일반선택	진로선택
김○○	기계공학과	미적분, 확률과 통계, 물리학Ⅰ, 화학Ⅰ, 지구과학Ⅰ	기하, 물리학Ⅱ
이○○	화학과	미적분, 확률과 통계, 물리학Ⅰ, 화학Ⅰ, 지구과학Ⅰ	기하, 화학Ⅱ
박○○	의대	미적분, 확률과 통계, 물리학Ⅰ, 화학Ⅰ, 생명과학Ⅰ	기하, 생명과학Ⅱ
정○○	경제학과	미적분, 확률과 통계	

위 표에서 각 학생이 고른 일반선택과 진로선택과목은 본인이 지원하려는 학교, 계열을 감안한 것이다. 따라서 김○○은 물리학Ⅱ, 이○○은 화학Ⅱ, 박○○은 생명과학Ⅱ, 정○○는 미적분을 선택한 것을 볼 수 있다. 그렇다면 지원하려는 계열과 선택과목을 반드시 일치시켜야 할까?

'2024학년도 서울대학교 대학 신입학생 입학전형 안내'를 보면 '전공 연계 교과 이수 과목'이라는 부분에 핵심권장과목과 권장과목을 표로 보여 주고 있다. 여기에 '전공 연계 교과 이수 과목은 지원 자격과 무관하지만, 모집단위가 권장하는 과목의 이수 여부는 수시모집 서류평가 및 정시모집 교과평가에 반영합니다'라고 나와 있다. 이 말은 누구나 지원은 할 수 있지만, 권장과목을 이수하는 학생을 선호한다는 것이다. 사실상, 그 과목들을 반드시 이수하라는 것이다. 그뿐 아니라 그 과목들의 내신성적을 중요하게 보겠다는 의미다.

대부분 대학의 입시 요강의 방향이 서울대의 입시 요강과 유사하다고 보면 된다. 1학년 시기에 지원하려는 계열(학과)이 정해져 있으면 선택과목을 고르는 데 도움이 된다. 위의 4명의 학생이 지원한 계열을 중심으로 핵심권장과목과 권장과목을 살펴보자.

서울대 전공 연계 교과 이수 과목 일부 발췌

모집단위		핵심권장과목	권장과목
자연과학대학	화학부	화학 II, 미적분	확률과 통계, 기하
공과대학	기계공학부	물리학 II, 미적분, 기하	확률과 통계
공과대학	컴퓨터공학부	미적분, 확률과 통계	
공과대학	전기정보공학부	물리학 II, 미적분	확률과 통계, 기하
의과대학	의예과	생명과학 I	생명과학 II, 미적분, 확률과 통계, 기하
사회과학대학	경제학부	–	미적분, 확률과 통계

결과적으로 4명의 모든 학생이 핵심권장과목과 권장과목을 전반적으로 잘 따르고 있음을 알 수 있다. 한 가지 우리가 잘 살펴봐야 할 부분은 지구과학 I, 지구과학 II는 (핵심)권장과목으로 지정하지 않고 있다는 것이다(천문학전공 제외).

타 대학의 경우 서울대학교의 입학전형을 따르는 사례가 많으니 서울대학교 위주로 입시 요강을 읽어 본 뒤에 다른 관심 학교의 입학전형을 비교해 보는 식으로 알아보면 된다. 서울대처럼 입학전형에 특정 과목을 지정하지 않더라도 평가 과정에서 과목의 수강 여부를 감안한다고 생각하는 것이 맞다. 상위권 대학을 진학하려는 학생에게 과목 선택 전략은 매우 중요하다.

● 전공과 관련한 과목을 적극적으로 이수하라

상위권 학생은 약간의 성적 차이가 날 것을 각오하고라도 핵심권장과목과 권장과목을 선택해야 한다. 그 이유는 '서울대 학종 안내'에 들어 있다. 다음은 서울대 학종 안내 Q&A의 일부다.

Q : 성적이 꼭 향상되어야만 좋은 평가를 받나요?

A : 정해진 모습은 없습니다. 성적이 향상되면 떨어지는 것보다 긍정적인 평가를 받을 수 있지만, 고학년이 될수록 학생들의 과목 선택에 따른 동일과목 수강자가 적어진다는 점을 염두에 두고 평가합니다. 즉, 선택한 과목의 수준과 수강자 구성, 인원으로 인하여 단순히 등급이 나빠지는 경우도 많이 있으므로 이러한 상황을 충분히 고려하여 평가합니다. 오히려 좋은 성적을 받는 데 유리한 과목만 이수하여 결과적으로 수치만 좋게 받으려 한 경우에는 긍정적인 평가를 받지 못하는 경우도 있습니다.

Q : 소수 인원으로 구성된 과목을 이수해서 석차등급이 다소 낮아지면 평가에 불리한가요?

A : 무조건 불리한 것은 아닙니다. 서울대학교에서 교과성적을 평가할 때 단순히 등급 수치만 고려하여 평가하지는 않습니다. 지원자가 이수한 과목과 함께 수강한 학생들의 구성, 수강 인원 등을 고려하여 평가하므로 소수 학생이 이수한 과목 때문에 등급이 낮아졌다고 해서 불리한 것은 아닙니다. 오히려 학생이 자신의 진학 목표를 고려하여 소수 선택과목을 이수하는 노력을 보일 때 긍정적인 평가를 받을 수도 있습니다.

내용을 잘 읽어 보면, 인원수 많은 과목을 선택하여 내신 평점을 높이는 것보다 전공과 관련한 과목은 적극적으로 선택해서 이수하라고 말한다. 다소 점수가 낮더라도 감안하겠다는 것이다. 앞서 지구과학 선택에 대해 말한 것처럼, 최상위권에 도전하는 학생은 잊지 말아야 할 부분이다.

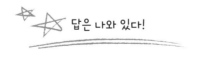

답은 나와 있다!

23장

매년 바뀌는 교육정책에 적응해라
_바꿀 테면 바꿔봐!

이번 장에서는 교육정책 변화에 대응하는 방법을 말해 보겠다. 이 책을 읽고 있는 부모라면 수많은 제도와 전형 방법들을 보면서 많이 지쳐 있을 것으로 생각한다. 우리를 더 지치게 하는 것은 잦은 정책 변화다. 이것을 이겨내고 오히려 기회로 삼을 방법을 알아보겠다.

수많은 정책 변화의 목표는 학생이 아니라 부모

정책이 변화하는 가장 큰 이유는 정치 때문이다. 대선, 총선, 지방선거, 교육감 선거 등은 모두 '교육정책'과 관련이 있다. 초·중·고 학생 중에 고등학생 일부가 유권자이겠지만, 그들의 부모가 다

유권자이고 다른 가족까지 생각하면 교육정책은 표를 받는 데 매우 중요한 수단이 된다. 거의 1~2년 단위로 오는 선거에서 항상 교육정책이 제시되고 당선자들이 '공약'을 이행하려는 과정에서 기존 정책의 방향을 바꾸려는 일이 나오게 된다. 물론 긍정적인 변화라면 다소의 혼란이 있어도 받아들일 수 있다는 생각이다. 하지만 우리가 큰아이와 둘째 아이를 키우는 과정에서 나오고 있는 각종 정책 변화를 볼 때 부정적인 사례들이 상당히 많았다.

사례로 본 교육제도 변수

몇 가지 이 책에 언급된 것과 관련된 사례를 말해 보겠다.

◉ 【사례1】 영어 절대평가는 모든 학생에게 부담

2018학년도에 수능 영어에 절대평가가 도입되었다. 경쟁과 사교육을 줄인다는 취지였는데 그렇게 되지 않은 것으로 생각된다. 확정은 2015년에 되었다. 제도 시행이 예고된 큰아이 5~6학년 시절 당시 주변 학부모들 사이에 많은 대화가 오고 갔다. '절대평가가 도입되니 영어보다 수학에 집중해야겠네'라는 의견들이 많았다. 우리도 처음에는 '그런가?' 싶었으나 좀 더 생각해 보고 나서 그 얘기들은 잘못된 것으로 판단했다.

우리는 '난이도 조절을 위해 영어문제가 오히려 어려워질 수도 있다', '무엇보다 영어는 대학 생활에도 그렇고 평생 써야 하는데,

할 만큼 하는 것이 맞다'라고 생각했다. 당시 너무 쉽게 결정을 내려버린 부모들은 영어와 수학의 비중을 조절하고 실제로 영어 교과를 경시하는 일들이 발생했다. 영어는 수시, 수능을 위해서 절대로 경시해서는 안 되는 과목이다. 이 책 여러 곳에서 설명했다.

절대평가 시행은 의도와는 달리 오히려 학생 모두에게 부담이 되었다. 「2장 영어 학습 전략」에서 말했지만 1, 2등급(80점 이상)에 많은 수험생이 분포되다 보니 변별력을 위해서라도 어휘 수준과 문제의 난이도가 계속 높아지고 있다.

● [사례2] 자유학기제 → 자유학년제 → 자유학기제

'자유학기제'는 중학교 1학년에 한 학기를 경쟁에서 벗어나 시험 없이 소질과 적성을 키우기 위한 활동을 한다는 취지로 시작되었다. 그런데 시행 초기부터 '학교에 그런 준비가 되어 있을까?' 하는 의문이 제기되고 있었다. 실제 큰아이 때 진로활동을 한다는 취지로 학교에서 이런저런 활동을 했는데, 지켜보는 부모 입장으로서는 그저 씁쓸했다. 더군다나 시험 없이 보내는 이 기간에 흐트러지는 학생들도 많았다.

그런데 선거가 있고 난 뒤로 오히려 자유학기제를 1년으로 확대하는 '자유학년제'가 시행되었다. 겪어 본 부모들은 도대체 이런 제도가 왜 필요한지 알 수 없었다. 이로 인해 학력 미달 학생이 늘고 있다는 지적들도 있었다. 시행 몇 년이 지나지 않아 정부에서 2025학년도 중학교 입학생부터 자유학기제로 다시 바꾼다고 공표하였다.─ 일부 교육청은 이미 2021학년도부터 자유학기제를 시행하고 있다―'자유학기제'와 '자유학년제' 모두가 대선 공약이었다.

◀ 【사례3】정말로 걱정되는 '고교학점제'

2022 개정 교육과정에 대해서는 혼란이 계속될 것이다. 2015 개정 교육과정도 수시와 정시(수능) 간에 미스매치가 많았다. 수능이 지금의 체제로 계속 간다면 2022 개정 교육과정과 더욱 큰 미스매치가 생길 것이다. 애초에 고교학점제를 시행하겠다는 것은 다양성을 갖고 가겠다는 것인데, 수능시험이 이를 반영하지 못하게 되면 학교 교육과 수능시험이 전혀 다른 방향에서 각자의 길을 가게 되는 것이다.

처음에 2022 개정 교육과정이 설계되는 시점에서는 수능제도의 개선(축소, 자격시험으로의 전환, 절대평가로 전환 등)이 동시에 진행되었다. 그런데 이런 장기계획의 설계가 진행되는 동안 입시 비리가 터지자 이에 대한 대안으로 '정시 확대'를 선언해 버린 것이다. 대선 후보들도 '정시 확대'를 공약했다. '정시'가 공정하니 이를 확대한다는 것인데, 학생을 둔 부모들 입장에서 보면 과연 '정시가 공정한 것인가?'에 대한 의문이 들 수 있다. 수시에 비리가 있다면 비리를 차단할 방법을 찾아 주면 될 것인데, 정시를 확대하는 것이 과연 수시 비리를 차단할 수 있을까?

무엇보다 이제껏 2015, 2022 개정 교육과정은 학교 교육의 정상화와 수시를 강화하는 방향으로 진행되고 있다. 앞서 고등학교 과학Ⅱ 과목(4개)이 8개로 분화되면서 수능 제외 가능성이 크다고 설명했다. 이 또한 정시 확대와는 맞지 않다.

그리고 누구보다 대학이 수시를 정시보다 긍정적으로 생각하고 있는데, 정시 확대가 가능할까? 정책적으로 정시 확대를 말하고 있지만, 서울대가 정시모집에 교과평가를 도입해서 수시형 정시를 만든 사례가 발생하기도 했다. 우리는 이것이 상당한 의미를 담고 있다고 본다. 즉, 대학도 정시 확대에 대한 '방어'에 나선 것이다.

어떻게 대응할 것인가?

2025학년도 고등학교 입학생부터 전면 도입되는 고교학점제는 2028학년도 대학 입시부터 적용된다. 이 책을 읽고 있는 많은 부모의 아이들이 여기에 해당한다. 아직은 그 윤곽이 명확하지 않고 많은 의문이 남아 있어 계속해서 혼란과 변화가 있을 것이다. 앞서 정책 변화의 원인과 잘못된 몇몇 실제 사례들을 살펴보았다. 다른 답답한 사례들을 떠올리는 부모들도 많을 것이다. 문제는 이제껏 그래 왔듯이 앞으로도 계속되리라는 것이다. 아이들을 볼모로 부모들의 표를 흔드는 일은 우리나라뿐 아니라 다른 나라에도 있을 것이다. 그렇다면 우리는 어떻게 대처해야 할까?

우선 너무 급하게 앞서 움직이지 말아야 한다. 좀 더 냉정하게 생각하고 상식선에서 판단해 봐야 한다. 다른 학부모들의 의견을 들어 보는 것도 필요하다. 하지만 우리의 경험을 가지고 말한다면, 잘 판단이 안 되는 변화가 발생했을 때는 경험 많은 학교 선생님들의 얘기를 들어 보는 것이 좋다. 또한, 위기를 기회로 바꾸는 지혜가 필요하다. 자유학기제 기간을 잘만 활용하면 꾸준히 공부하는 습관을 기르고 부족한 부분을 보충할 기회라고 생각해야 한다.

여기까지 이 책을 읽는 독자에게 시원한 마음보다 또 다른 걱정거리를 주는 것 같아 마음이 무거워진다. 어떻게 변할지 모를 교육정책 속에서 조금이나마 독자들에게 도움이 될 만한 방법을 제시하여 마음의 짐을 다소나마 덜어 보고자 한다. 길게 얘기하지 않겠다. 이 책에서 처음부터 일관되게 주장해 온 말들을 꼭 기억하길 바란다.

- 국·영·수 더욱 강화한다.
- 진로 탐구를 서두른다.
- 수시(학생부 종합)를 목표로 한다.

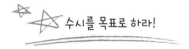

수시를 목표로 하라!

Part 6.

머리보다 노력

나는 이긴다!

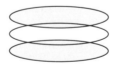

24장

최상위권은
Genius or Spartan?

이번 장에서는 최상위 학생들의 초·중 시기 공부 과정을 요약해 봤다. 이 학생들이 어떻게 공부했는지를 파악하고, 그들의 공부 과정과 지금 독자 아이의 공부 과정을 비교해 본다면 분명 도움이 될 것이다. 우리가 대화를 나눈 여섯 명의 학생 중 어떤 학생이 자신의 아이와 비슷한 성향인지, 어떤 학생의 방향이 내 아이와 맞을지 고려해 볼 것을 권한다. 참고로 여기서 말하는 Genius는 '원래 머리가 좋은 학생', Spartan은 '노력과 훈련으로 좋은 성과를 낸 학생'을 의미한다.

초·중 공부 과정, 다 똑같지 않았다

● 초·중 시기의 공부 과정

우리는 6명의 학생에게 공통의 질문을 던지고 '심층 인터뷰'를 하는 방식을 택했다. 이들과의 인터뷰 중 단답형 질문을 요약하여 다음 표에 정리해 두었다. 주제별 인터뷰는 대화의 형식으로 이 책의 부분 부분에 넣어 두었다. 또한, 이들이 제시하는 학습 방법은 「25장 최상위권 TIP!」에 들어 있다.

정다독 학생 : 선행학습 없이 많은 독서량과 수업 시간에 집중하는 방식으로 오로지 학교 수업을 활용하여 최상위권을 유지했다.

박완성 학생 : 공부할 때 모든 것을 확실하게 하려고 노력했다. 목표치를 높이고 완성도에 매우 집착했다.

나주도 학생 : 부모님은 공부하라는 말을 하지 않았다. 초등학생 때부터 자기주도 학습에 들어섰다. 효율을 높이는 방식으로 공부했다.

김완벽 학생 : 모든 과목을 공부할 때 완벽하게 내 것으로 만들 때까지 파고들었다. 위기가 발생하면 적극적으로 대응했다. 필요하면 다른 학교의 수업에도 참여했다.

최선행 학생 : 성적이 잘 나오지 않거나, 잘하고 싶은 과목이 있으면 독서실에서 나오지 않고 모든 것을 쏟아부었다.

이긴다 학생 : 숱한 위기를 하나하나 극복하며 이겨 나갔다. 모든 과목을 완벽하게 준비해서 100점을 받기 위해 노력했다.

초·중 시기의 국·영·수 공부 과정은 다음의 표와 같다.

구분		정다독	박완성	나주도
저자의 평가		"독서왕! 집중왕!"	"완성도의 기준이 다르다"	"자기주도 학습의 교과서"
고등학교		수도권 일반고	서울 자사고	광역시 자사고
대학		KAIST 생명과학	서울대 의대	KAIST 전산학부
입학 방식		수시	수시	수시
유치원		어린이집	영어유치원	일반유치원
초 1~3	영어학원	다니지 않음 (집 공부)	어학원	동네 영어학원
	수학학원 (선행)	다니지 않음 (선행 안 함)	학원가 (선행함)	다니지 않음 (선행 안 함)
	책 읽기	많이 읽음	잘 읽지 않음	잘 읽지 않음
	관심사	책 읽기	축구, 뛰어놀기	뛰어놀기, PC게임
초 4~6	영어학원	다니지 않음 (집 공부)	어학원	동네 영어학원
	수학학원 (선행)	다니지 않음 (선행 안 함)	+4~6학기	+1학기
	책 읽기	많이 읽음	잘 읽지 않음	잘 읽지 않음
	관심사	3분 스피치	농구, 여행	친구들과 놀기
중학교	영어학원	다니지 않음 (집 공부)	어학원	동네 영어학원
	수학학원 (선행)	다니지 않음 (선행 안 함)	+4~6학기	+1~2학기
	국어학원 (책 읽기)	주 4~5권	논술학원	잘 읽지 않음
	관심사	국어 문법	법, 뇌과학	게임, 노래
최상위 TIP		선생님과 눈 마주치기	자투리 시간에 미니 노트 활용하기	개념부터 잡고 다수의 문제풀이로 마무리

구분		김완벽	최선행	이긴다
저자의 평가		"완벽하게 내 것으로 만들 때까지"	"모든 것을 쏟아붓는다"	"다 이겨버릴 거야"
고등학교		서울 일반고	과학고	서울 자사고
대학		서울대 의대	KAIST 생명과학	KAIST 전기·전자
입학 방식		수시	수시	수시
유치원		일반유치원	일반유치원	일반/영어유치원
초 1~3	영어학원	다니지 않음 (집 공부)	동네 영어학원	동네 유치원
	수학학원 (선행)	다니지 않음 (선행 안 함)	다니지 않음 (집에서 선행)	다니지 않음 (선행 안 함)
	책 읽기	많이 읽음	많이 읽음	많이 읽음
	관심사	피아노, 운동, 놀이터	독서	레고
초 4~6	영어학원	다니지 않음 (집 공부)	동네 영어학원	어학원
	수학학원 (선행)	초6부터+2~3학기	+6~8학기	+3~4학기
	책 읽기	많이 읽음	평균 수준	많이 읽음
	관심사	피아노	축구	자동차, 레고, 야구
중학교	영어학원	동네학원, 어학원	어학원	어학원
	수학학원 (선행)	+3~4학기	+4~6학기	+3~4학기
	국어학원 (책 읽기)	평균 수준	평균 수준	논술학원
	관심사	피아노	축구	레고테크닉, 공기역학
최상위 TIP		집중력을 높여 주는 인강 공부법	필기 옮겨 적기	막히는 버스·지하철 피하기

◗ 그들의 공통점, 차이점

그들이 선택했던 방법, 공부한 과정들은 모두 달랐다. 특별한 공통점을 찾기 어려웠다. 독서나 선행을 많이 한 경우, 전혀 안 한 경우 등 각자가 다 달랐다. 그러나 공통점은 있다. 누구보다도 시간을 아끼고, 누구보다도 열심히, 누구보다도 겸손했다는 것이다.

또 하나는 그들과 부모님들과의 관계다. 어린 시절부터 지금에 이르기까지 그들은 부모님들과 함께 호흡하고 밀접하게 소통했다.

남들은 그들이 날 때부터 좋은 머리를 갖고 태어났다고 말한다. 개인적인 역량의 차이, 지능의 차이는 분명히 존재한다. 다만, 우리는 공부에 있어 역량·지능이 반이고 노력·의지가 나머지 반이라고 생각한다. 노력, 의지는 타고나는 것이 아니라 부모의 주도 아래 후천적인 교육과 훈련으로 형성할 수 있다.

이들 최상위 학생들은 남다른 역량을 가진 것 외에 '누구보다도 열심히 했다'라고 말하고 있다. 이들의 처절한 공부 과정을 우리가 책에서 모두 전달해 줄 수는 없지만, 우리는 각각을 인터뷰하면서 '아! 이래서 최상위권이 되었구나. 정말 열심히 했구나'라고 생각했다.

They're all from SPARTA!

나는 Genius인가?
Spartan인가?

최상위권 6인의 학생들은 본인들이 Genius라고 생각하는지, Spartan이라면 어떤 노력을 했는지를 순서대로 한번 들어 보겠습니다. 정다독 학생은 스스로 Genius라고 생각하나요?

> **정다독** 절대 아닙니다. 제가 스스로 생각했을 때 공부를 잘하는 사람도 아니고, 똑똑한 사람도 아닙니다. 스스로 Genius라고 생각하면서 내가 오만해지고 우월 의식, 시혜 의식을 갖게 될까 봐, 또 그것 때문에 상처받는 사람이 생길까 봐 그런 생각을 일부러 안 하기도 합니다.

그렇다면 남들보다 더 노력했다고 생각하는 부분은 어떤 게 있나요?

> **정다독** 진짜 수업을 열심히 들은 것? 수업 시간에 선생님이랑 눈을 마주치는 습관을 초등학교 2학년 선생님이 들여 주셨어요. 그 습관이 계속 이어졌고 그래서 수업을 더 열심히 듣게 되었습니다. 사교육을 하지 않다 보니 예습, 복습을 철저하게 했고 문제집을 다른 친구들보다 반복해서 많이 풀었습니다.

나주도 학생은 어떻게 공부했나요?

나주도 저는 공부 방법이 남들과 조금 달랐습니다. 계획을 철저하게 세워 완전하게 시험을 준비해야 하는 것이 완벽한 공부법이라고 생각했거든요. 어릴 적부터 열심히 놀면서 효율적으로 공부했습니다.

남들과 다르게 노력한 부분이 있다면 어떤 건가요?

나주도 개념을 아주 중요하게 생각하여 외부 서적의 도움 없이 교과서의 개념 위주로 기반을 탄탄히 다졌다는 점에서 다른 사람들과 차별점이 있다고 생각합니다.

김완벽 학생의 학습 과정을 보니 진짜 Genius인 거 같아요.

김완벽 절대로 그렇지 않습니다. Genius라면 천재적으로 무언가를 통달한 사람이어야 할 텐데, 저는 사실 공부를 통달한 것과는 거리가 있다고 보거든요. 그냥, 완벽주의 성향 때문인지 특정 부분을 완벽하게 내 것으로 만들 때까지 그 부분 공부를 계속했을 뿐이에요. 그리고 저는 계획을 세워서 미리미리 하는 것을 정말 못했어요. 다른 친구들이 다 잘만 쓰는 스터디 플래너도 한 권을 다 써 본 적이 없었습니다. 미루는 습관이 심해서 학원 숙제도 항상 다 못 하고 하루 공부 목표치를 완벽히 달성한 적이 거의 없었어요.

공부의 목표치가 너무 높아서 그렇게 생각하는 거 같네요. 박완성 학생은 어떤가요?

> **박완성** 결과를 보고 그렇게 말씀하시는 분들이 있는데, 저는 전혀 그렇게 생각하지 않습니다. 남들이랑 비슷한 머리로 조금 더 노력했을 뿐인데, 공부의 완성도에 대한 기준이 남들보다 높아서 좋은 결과를 얻은 게 아닌가 싶습니다. 그리고 저는 공부를 잘한다기보다 시험을 잘 보는 편이라 생각합니다.

남달리 노력한 부분이 있나요?

> **박완성** 공부할 때 모든 걸 확실하게 하려고 노력했어요. 개념도 완벽하고 확실하게 익히고, 이전에 배운 내용이랑 연계해서 생각해 보며 지식을 체계적으로 확장해 나가려고 노력했어요. 내가 정말 아는지와 관련해 공부의 완성도에 매우 집착했습니다.

최선행 학생은요?

> **최선행** 전체적인 통계로 보면 그렇게 보일 수 있으나, 스스로는 그렇게 생각하지 않습니다. 저는 성적이 잘 나오지 않거나, 잘하고 싶은 과목이 있으면 방학을 모두 반납해서 독서실에서 공부했습니다. 어떤 결과를 얻기 위해 노력을 할 때 몸에 무리가 갈 정도로 모든 걸 쏟아부었습니다. 한편으로는 체력과 열정을 잘 조절하며 공부하는 능력이 부족했던 것 같습니다.

이긴다 학생은 예비인터뷰에서 스스로 Genius라고 말했던 거 같은데? 이긴다 학생은 어떤 사람인가요?

이긴다 저뿐 아니라 앞선 친구들은 처절한 노력을 한 사람들입니다. 머리가 정말 뛰어나 공부를 잘하는 사람도 물론 있지만, 그런 사람은 극소수라고 생각합니다. 나머지는 거기서 거기 아닐까요?

그럼 본인은 Genius가 아닌가요?

이긴다 (웃음) 개인적으로 공부에는 꽤 자부심이 있는 편이고, 또 결과가 만족할 만큼 잘 나왔습니다. 하지만 별로 제게 어울리는 표현은 아닌 것 같습니다.

남들보다 더 노력했던 부분은 뭔가요?

이긴다 고등학교 내신을 정말로 열심히 공부했습니다. 영어는 교과서를 전부 다 외운다거나, 과학 과목은 7년 치 수능 특강 교재를 모두 구해 풀어 본다거나 지금 생각해 보면 '대체 어떻게 했을까?' 할 만큼 내신에 진심이었습니다. 완전하게 공부할 수 있는 과목들은 정말 완벽하게 준비해서 100점을 받기 위해 노력했습니다.

25장

최상위권 TIP!
_그들이 말하는 공부 이야기

이번 장은 최상위권 6명의 학생에게서 직접 들어 본 공부 이야기다. 공부한 과정, 공부에 대한 생각이 각자 달랐지만 잘 읽어 보면 분명한 공통점이 있다. 독자의 시각으로 이들의 공통점을 찾아보기 바란다. 내 아이가 '공부'에 대한 욕심이 생겼을 때, 학습 성과를 올려 한 단계 더 발전하고 싶어 하거나 공부로 힘들어할 때 같이 읽어 보면 좋겠다.

정다독 – 이미 재료는 내 안에 있습니다

응용력이 중요하다

지식을 잘 알고 있어야 하고 그 지식을 응용할 수 있어야 시험에서 좋은 성적을 낼 수 있습니다. 지식을 충분히 공부한 시점에서는 응용력에 초점을 두고 공부하기 바랍니다.

시험공부를 오래 할수록 내가 지식 자체를 몰라서(혹은 잘못 알아서) 틀리는 문제는 줄어듭니다. 그러나 지식을 응용하는 능력은 다른 문제입니다. 배운 지식을 응용하는 능력은 기초적인 문제를 푸는 방법 등으로는 길러지지 않습니다. 따라서 틀리는 문제를 계속 틀리거나 학업성취도가 나아지지 않는다면. 자신에게 지식을 활용하는 능력이 부족한지 점검해 보고 새로운 유형의 문제를 풀어 봐야 합니다.

시험이 가까워질수록 문제를 틀리는 것에 더 크게 마음이 흔들리기 마련입니다. 하지만 이럴 때 너무 낙심하지 말고 내가 지식이 부족한 것인지 응용력이 부족한 것인지 생각해 보고 공부의 방향성을 조금씩 업데이트해 보세요. 응용력을 기를 좋은 기회입니다. 틀린 문제에 대해 제대로, 그리고 구체적으로 원인을 파악했다면 시험에서 또 틀릴 일이 없습니다.

수능을 앞두고 가장 마인드 컨트롤에 도움이 되었던 조언은 "이미 재료는 너 안에 있어"였습니다. 시험이 가까워질수록 수험생의 머릿속에는 이미 많은 지식이 있으니, 시험 시간에 문제가 요구하는 바에 맞춰 엮고 답을 내는 것은 자신이 이미 알고 있는 지식을 활용하고 잘 꺼내는 것에 달렸다는 사실을 꼭 명심하세요.

⬤ 학습 TIP – 선생님과 눈 마주치기

초등학교 2학년 때 담임선생님께서 "수업 시간에 선생님의 눈을 보면서 수업을 들으면 집중이 잘 되고, 설명하는 내용이 더 잘 기억되고, 이해도 잘된다"라고 하셨습니다. 그때는 그 말씀이 어떤 의미였는지 잘 몰랐으나 선생님 말씀이라 당연히 그렇게 해야 한다고 생각했습니다.

그렇게 선생님과 눈 맞춤을 하는 습관이 몸에 배었는데, 그 효과는 학년이 올라갈수록 크게 나타났습니다. 저학년 때는 공부량도 많지 않고, 내용도 크게 어렵지 않아서 수업을 잘 듣지 않아도 조금만 공부하면 쉽게 따라갈 수 있습니다. 하지만 고학년이 될수록 진도가 빨라서 수업 시간에 집중하지 않으면 수업을 따라가기 어렵습니다.

선생님과 눈을 마주치면서 공부를 하게 되면 말이 없는 의사소통을 하게 됩니다. 선생님은 학생의 눈을 보고 이해했는지를 금방 파악할 수 있고, 그에 맞추어 진도를 더 나갈지 아니면 설명을 더 할지를 판단하며 수업을 끌어갑니다.

여기서 중요한 것은 선생님은 눈 맞춤을 하는 학생들에게 맞춰 수업을 진행한다는 점입니다. 만약 그 학생이 이해하지 못한 것 같다면 '이 학생은 열심히 하려는 학생이니 더 자세히 알려 줘야지' 하고 좀 더 상세히 설명합니다. 의식적으로 눈을 마주치지 않으려 하는 친구들이 많은데 제 생각에는 이것만큼 좋은 학습 방법은 없는 거 같습니다.

박완성 – 모두 내 것으로 만든다

◐ 무엇을 아는지 무엇을 모르는지를 구분하라

공부할 때는 자신이 무엇을 알고 무엇을 모르는지 구분하는 능력이 제일 중요한 것 같습니다. 선행학습을 할 때도 똑같습니다. 무엇을 하고 있는지 모르고 닥치는 대로 많이 푸는 것은 그냥 시간 낭비입니다. 항상 하루 중 잠시라도 자신이 무엇을 하고 있는지 생각해 보는 것이 좋습니다. 많이 배우고 많이 푸는 것보다 적은 양을 배우더라도 그걸 모두 자기 것으로 만드는 게 제일 중요합니다.

◐ 학습 TIP – 자투리 시간에 미니 노트 활용

고등학교 시절에 쉬는 시간, 버스(지하철)를 타는 시간을 효율적으로 활용하기 위해서 항상 미니 노트를 준비했습니다. 처음에는 과목별로 여러 개를 준비했으나 별로 효과가 없었습니다. 그래서 두 개로 줄였고, '영어 단어, 숙어', '과학 과목 중 암기할 내용'을 기록했습니다. 단어와 숙어 복습 시 또는 영어 수업 시간(학교, 학원)에 미니 노트를 항상 펴 놓았습니다. 모르는 단어·숙어가 나올 때 즉시 미니 노트에 적고, 쉬는 시간 또는 조회 후 약간의 남는 시간에 사전을 찾아 필요한 내용을 적어 놓았습니다.

노트를 만들 때는 제가 공부하는 교재 또는 사전에 있는 예문을 되도록 일부라도 썼습니다. 전체 예문을 쓰는 것은 효율이 떨어지기 때문에 앞뒤의 한두 단어를 같이 쓰는 식으로 했습니다. 예를 들어, strike(n.파업)라는 단어의 앞에는 이와 관련된 동사가 있습니다. 'stage a strike 파업을 벌이다' 이런 식으로 쓰는 겁니다. 단어만 외우는 건 쉽지 않고 같이 외우는 것이 훨씬 효과가 좋았습니다. 이런 식으로 제가 직접 단어를 적으면서 오랜 기간 만든 단어 노트는 버스, 지하철 등에서 아무 때나 아무 페이지를 열어 봐도 항상 익숙한 단어(표현)가 되었습니다.

물리 등 과학 과목은 주로 공식이나 순서에 맞추어 외워야 하는 것들을 복습하면서 적어 두었다가 자투리 시간에 보았습니다.

나주도 - 주도면밀하게 내가 주도한다

◐ 계획을 세우고 또 세우면 언젠가는 된다

부모님께서는 저에게 공부는 시켜서 하는 것이 아니라 스스로 하는 것이라며 공부하라는 이야기를 전혀 하지 않으셨습니다. 저는 부모님께서 공부하라는 말씀을 하지 않으신 것이 제가 공부하는 것에 흥미를 느끼고 열심히 하게 된 계기가 되었다고 생각합니다. 만약 어렸을 때부터 시켜서 하는 공부가 익숙했다면 지금처럼 자기주도 학습이 잘 이뤄지지 않았을 것입니다.

처음부터 계획을 잘 세울 수는 없었습니다. 개념을 아주 꼼꼼히 공부하는 스타일이기 때문에 시간이 부족한 경우가 많아서 계획대로 잘 안 되었습니다. 이런 점을 인식하고부터는 공부 계획을 세우는 것에 집중했습니다. 계속해서 연습하고 또 연습했습니다. 이런 훈련이 몸에 익은 후에는 세세한 계획을 세우지 않아도 자연스럽게 학습의 순서가 정해졌습니다. 계획 세우는 연습을 계속해 보기 바랍니다.

📀 학습 TIP – 개념부터 잡고 다수의 문제풀이로 마무리

초등학생 때는 학원에 다니지 않고 혼자서 개념을 철저히 하고, 암기가 아닌 이해 위주로 공부했습니다. 중학교 1학년 때부터 동네 수학학원에 다니기 시작해 1~2학기 정도 선행을 진행했고, 중학교 2학년부터는 고등학교 물리학, 화학을 선행했습니다. 그리고 3학년으로 올라가는 겨울방학부터 고등학교 수학 선행을 시작했습니다.

중학생 때는 교과서의 모든 개념을 배경 설명과 함께 공책 정리하였고 외부 문제집은 전혀 풀지 않았습니다. 자기 전에 정리한 내용을 배경부터 결론까지 머릿속으로 훑어 복기하는 등의 방법으로 탄탄한 개념을 쌓기 위해 노력했습니다.

고등학생 때도 모든 개념을 배경과 함께 아주 철저히 공부했고, 특히 수학과 과학에서는 고등학교 교과 범위를 넘어서는 내용이더라도 정말 기초와 기반이 되는 법칙, 공리 같은 것을 찾아 정리하며 기반을 튼튼히 다졌습니다. 고등학교의 첫 시험을 보고 예상보다 점수가 나오지 않아 충격을 받긴 했습니다. '수업 시간에 배운 내용만 시험에 나온다', '문제를 풀어 보는 것보다 개념을 철저히 하는 게 중요하다'라고 생각하고 준비한 공부 방법이 중학교와 출제 형식이 다른 고등학교 때는 적용되지 않았기 때문입니다.

이때 저의 문제점을 알게 되었습니다. 기존과 달리 학습서 등을 참고하고 문제를 많이 푸는 형식으로 공부 방법을 바꾸었습니다. 개념을 잘 다진 상태에서 풀게 되니 문제를 쉽게 많이 풀 수 있게 되었습니다. 또한, 내신성적도 향상되기 시작했습니다.

김완벽 – 끈질기게 물고 늘어지면 방법은 있다

● 원하는 과목이 개설되지 않자 거점학교를 활용

저는 결과적으로 의대를 지원했지만, 재학시절에는 공대에도 많은 관심이 있었습니다. 공대 지원을 위해서 반드시 물리학Ⅱ를 수강하고 싶었습니다. 그런데 아쉽게도 수강 인원수가 적어서 학교에 과목이 개설되지 않았습니다. 수시전형에서는 전공과 선택과목의 연관성을 매우 중요하게 보기 때문에 저로서는 상당히 난감한 상황이었습니다. 이때 저는 부모님과 상의 끝에 거점학교를 활용하기로 했습니다.

학교에 개설된 생명과학Ⅱ를 수강하고 주말에 물리학Ⅱ 과목이 개설된 다른 학교에 가서 수업을 들었습니다. 위기가 닥쳤을 때 당황하지 말고 이것을 이겨낼 방법을 잘 찾아보기 바랍니다.

거점학교
공동교육과정은 '거점학교'와 '학교 연합형'으로 나누어진다. 강의 시간은 방과 후 또는 주말로 되어 있기에 수강할 수 있다. 이 제도에서 시험이나 성적의 산정은 없다. 이수 학점에는 포함되나 성적에 영향은 없다.

– 공동교육과정 알아보는 법 : www.hscredit.kr/mng/educourse_offline.do

● 귀찮음을 이겨내고 자신만의 공부법을 찾아라

제가 학창시절 때 가장 이해가 안 되었던 말 중 하나가 "나, 이 과목 공부는 끝냈어"라는 말이었습니다. 아무리 공부를 열심히 해도 그 과목을 완벽하게 공부했을 리가 없는데 어떻게 공부를 다 했다는 말이 나오나 의문이 들었습니다. 그만큼 계속 꼼꼼히 공부하면서 자신이 놓치거나 모르는 부분이 무엇인지 정확히 확인하고 그것을 메우려고 노력해야 합니다. 사실 이 작업이 제일 귀찮고 하기 싫은 거라서 그 귀찮음을 이기고 끈질기게 물고 늘어지는 과정이 필요하다고 생각합니다.

때로는 친구나 후배가 '과목의 공부법'을 물어보는 경우가 있습니다. 맞는 공부법이라는 것이 딱 정해져 있는 것이 아니라 자기가 공부를 해 가면서 어떤 공부법이 자신에게 맞는지를 찾는 것이 중요합니다. 예를 들면, 저는 영어 내신 대비를 할 때 외우는 게 힘들어서 그냥 4~5번씩 읽는 것으로 대신했지만, 다른 친구는 마음 편하게 몽땅 다 외워 버렸다고 했습니다. 그리고 사회의 경우 저는 시간이 아까워서 노트 정리를 안 했는데 다른 친구는 단권화를 시킨다고 노트 정리를 정말 열심히 했습니다. 수학의 경우는 문제 많이 풀기, 오답 문제 다시 풀기 등 당연한 것들은 이미 누구나 알고 있습니다. 그 안에서 자신이 어떻게 해야 자기한테 효율적일지는 공부하면서 스스로 파악해야 한다고 생각합니다. 물론 그러려면 공부량 자체가 확보되어야겠죠. 더 좋은 결론을 위해서는 더 많은 공부 데이터가 필요할 테니까요.

고등학교 1학년 때 물리학 과목을 공부할 때의 일입니다. 주중에는 자율학습 참여가 효과적이라고 생각해 주로 주말에만 학원에 가곤 했는데, 꼭 듣고 싶었던 물리학 강의와 수학 강의가 겹치는 바람에 물리학 강의를 인강으로 듣게 되었습니다. 그런데 집에서 공부하기가 쉽지는 않았습니다. 시간도 자주 어기게 되고 자꾸 딴생각하는 등 집중이 잘되지 않았습니다.

초등학교부터 같이 다닌 친한 친구가 있었는데 그 친구도 저와 비슷한 상황이었습니다. 그래서 제가 "매주 토요일 8시에 우리 집에서 같이 수업을 들어 보면 어떨까?" 하고 제안해 매주 같이 공부하게 되었습니다.

친구와 저는 이 효과를 톡톡히 봤습니다. 거르지도 않게 되고 집중도 더 하게 되고 마치 학원에 다니는 것과 다르지 않았습니다. 수업이 끝난 후에는 시간을 정해 같이 문제를 푼 뒤 서로 모르는 것을 토론도 했습니다. 이런 식으로 친구랑 공부한 내용은 잘 잊히지 않았고 서로가 만족하는 결과를 얻었습니다. 그 친구와는 2~3학년을 거치면서도 과목을 정하거나 어려운 단원을 골라서 같이 공부하곤 했습니다.

집에서 공부하기 어려울 때는 학교나 학원 근방의 스터디 카페나 도서관에서 각자의 태블릿PC를 꺼내 놓고 동시에 듣기도 했습니다. 물론 친구와 제가 마음이 잘 맞고 성적도 비슷했었기에 가능했던 것 같지만, 혹시 저처럼 옆에 좋은 친구가 있다면 활용해 볼만한 방법이라고 생각이 듭니다.

최선행 - 한계에 부딪힐 때까지 노력한다

● 한계에 부딪힐 때까지 노력해 보는 경험을 가져보라

보통의 과학고는 100명 정도의 학생을 선발합니다. 입학 절차도 까다롭고 오랜 기간 준비해 온 학생들이기에 실력도 대단합니다. 그런 친구들과의 경쟁이라서 시험마다 열심히 공부해도 절대 원하는 만큼의 성적을 받을 수 없었습니다. 한 번은 주요 과목의 성적이 한 번에 급락하기도 했습니다. 노력을 많이 했는데 결과가 나오지 않아 스스로 많이 지치고 스트레스도 과하게 쌓였습니다. 건강도 나빠졌고, 공부하려고 마음먹어도 머리가 멍해지곤 했습니다. 당시 기숙사 생활을 하고 있었고 주말에 가끔 집에 갔지만 쉽게 부모님께 고민을 말하지는 않았습니다.

부모님은 이미 제가 약해지고 있는 것을 알고 계셨습니다. 제 모습을 보면서 부모님도 힘드셨을 겁니다. 하지만 제게 "결과에 대한 욕심을 버리는 것은 굉장히 어려울 거야. 그러나 너를 더 괴로운 상태로 만들지 말아야 해"라고 위로하셨고 더 강하게 버텨 주셨습니다. 부모님과의 대화 이후 '지금에 최선을 다하자! 적어도 과정에는 후회가 없도록 하자!'는 생각으로 순간순간에 최선을 다하되 결과에 대한 부담감은 내려놓기로 마음먹었습니다.

부모님과의 대화 이후 성적이 떨어진 원인이 무엇인지 계속해서 고민해 보았습니다. 부족했던 점을 바탕으로 학기 종료와 동시에 다음 학기가 시작하기 전까지 독서실에 틀어박혀서 거의 모든 시간을 그 과목 공부에 몰입하였고, 다음 학기에 성적을 회복했습니다. 본인의 역량이 얼마인지는 결국 노력 끝에 알 수 있다고 생각합니다. 그렇기에 스스로 한계에 부딪힐 때까지 노력하는 경험을 해 보길 바랍니다. 결과에 상관없이 한층 발전한 본인의 모습을 확인할 수 있을 것입니다.

● 학습 TIP – 필기 옮겨 적기

제가 사용한(사용하고 있는) 필기 방법을 소개해 보겠습니다.

중학생이 되고 나서 각 과목의 수업 속도가 빨라졌습니다. 저는 수업 시간 중 선생님 설명에 집중하는 편이라 필기와 수업 청취를 동시에 하는 것이 어려웠습니다. 그래서 아버지께 어떻게 하면 좋을지 상의했습니다. 아버지께서는 본인이 대학 시절에 활용한 방법이라며 "수업 시 각각의 노트에 적지 말고 연습장 하나에 빠르게 적고, 복습할 때 각각의 노트에 옮겨 적으면서 공부를 해 봐라" 하고 조언해 주셨습니다. 아버지의 말씀대로 연습장을 준비했습니다. 그리고 빠른 글씨로 필기하면서 수업 내용에 집중하는 방식으로 수업 시간을 활용하기 시작했습니다. 이렇게 되니 자연스럽게 선생님의 강의에 더욱 집중하게 되었습니다.

고등학교 시기에 인강을 들을 때도 이 방법을 활용했습니다. 인강은 중간에 얼마든지 멈추고 다시 들을 수 있으나 저는 그렇게 하지 않았습니다. 정상적인 시간 내에 들으려고 노력했습니다. 중간에 멈추지 않는다고 생각을 해야 더 집중할 수 있었습니다. 필기도 하고 수업도 듣고 눈과 손이 바쁘게 움직였습니다. 모르는 것이 나오면 밑줄을 긋거나 시간대를 적어 놓았다가 복습 시에 그 부분만 집중적으로 다시 보았습니다.

대학생이 된 지금도 같은 방법을 쓰고 있습니다. 대학의 강의는 밀도가 높아서 강의 내용을 적기만 해서는 도저히 내용을 쫓아갈 수 없습니다. 그리고 특히 온라인 강의 시 자세가 흐트러지거나 집중이 되지 않을 때도 이 방식은 많은 도움이 됩니다.

이긴다 – 감정을 빼고 기계처럼 공부한다

◖◗ 공부에서 감정을 뺀다

고등학교 내내 위기와 위기극복의 연속이었습니다. 그중에서 1학년 첫 학기가 최대의 위기였습니다. 첫 중간고사에서 예상외의 큰 실수들이 있었습니다. 겨우겨우 기말고사에서 만회하고 1학년 1학기를 마쳤지만, 일부 만회한 것에 불과했습니다. 사실 이때 잠시나마 '수능으로 선회'를 고민했었습니다.

2학기에 가서는 오히려 1학기보다도 더 저조한 성적이 나왔습니다. 하지만 절대로 '수능'을 생각하지 않았습니다. 이미 1학기에 '최선을 다해 보자'라는 결심을 했기에 오히려 담담했습니다. 그런 고민하는 시간에 하나라도 더 공부하는 것이 좋겠다고 생각하였고 부모님과도 계속해서 많은 대화를 했습니다. 이 당시 '가장 중요한 것은 감정을 빼는 것이다. 공부에는 감정이 들어가면 안 된다. 감정이 들어가면 휘청거리게 된다'고 되뇌며 스스로를 다잡았습니다. '힘들수록 더 열심히 한다, 어차피 해야 하니 끝까지 한다'라고 계속해서 생각했습니다.

제게는 아주 어린 동생이 있습니다. 너무도 사랑스럽습니다. 언젠가 동생이 공부 때문에 고민되어 제게 방법을 물어본다면 이렇게 말해 주고 싶습니다. "그냥 학생은 공부해야 한다는 의무감을 가지고 감정 빼고, 생각 없이, 기계처럼 공부해라"라고 말입니다. 고민하지도 말고 피해 가려 하지도 말고 남들도 쳐다보지 말고 그냥 말입니다. '기계'라는 말에 거부감이 들 수 있지만 '감정을 빼라'는 말에 초점을 두고 잘 생각해 보기 바랍니다.

● 학습 TIP – 막히는 버스·지하철 피하기

고등학생 시절 다니는 학원들은 보통 10시에 끝납니다. 이때는 한꺼번에 학생들이 몰려나오는 데다가 버스도 바로바로 오지 않는 시간이고, 길도 막히는 바람에 집에 도착하면 10시 40분쯤 됩니다. 저는 이 시간이 너무도 아까웠습니다. 이 시간에 집에 도착하면 씻고 다시 책을 열어서 집중하기가 어려웠습니다. 그래서 방법을 바꾸었습니다. 10시에 학원이 끝나면 학원에 양해를 구하고 학원의 빈 강의실로 이동하여 1시간 정도 더 공부한 뒤에 집으로 향했습니다. 학원에 공간이 없을 때는 미리 알아 둔 스터디 카페로 이동해서 바로 공부를 했습니다.

그 시간을 주로 그날 학원에서 배운 것들 위주로 복습하는 데 활용했습니다. 11시쯤이 되면 차도 막히지 않고 버스에도 사람이 적어서 자리에 앉아 메모 노트를 보면서 편안하게 집으로 향할 수 있었습니다. 집에 와서는 씻고 일찍 잠들었습니다. 늦게까지 공부하는 것보다 아침에 일찍 일어나는 것이 더 효과적이라고 생각했습니다. 이미 학원에 남아서 1시간 정도 공부를 하고 왔기 때문에 편안하게 잠들었습니다.

또한, 아침에 일어나면 세수하고 먼저 교복을 입었습니다. 그리고 1시간 정도 공부한 뒤 아침밥을 먹고 학교로 향하였습니다. 교복을 먼저 입는 것은 공부하는 자세를 갖추고 집중하기 위한 저만의 방법이었습니다.

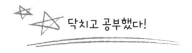
닥치고 공부했다!

부모님의 간섭,
부모님의 관심

이번에는 학생들의 부모님들 얘기를 해 볼게요. 김완벽 학생은 공부할 때 부모님께서 간섭하신 적이 많이 있나요?

> **김완벽** 다른 사람이 제 공부에 간섭하는 것을 좋아하지 않아서 부모님께 제가 어떤 과목을 선택하고 어디서 공부하든, 학생부를 위해 어떤 활동이나 학원에 다니든 간섭하지 말아 달라고 미리 부탁을 드렸어요. 부모님께서는 정말 전적으로 저를 믿고 제 선택을 억지로 바꾸려고 하지 않으셔서 부모님의 잔소리로 인한 스트레스는 거의 없었습니다.

그럼 부모님과 대화도 잘 하지 않았다는 것인가요?

> **김완벽** 아니요, 그건 아닙니다. 고등학교 3학년 때까지 항상 밤에 공부하고 오면 야식을 먹으면서 적어도 30분 정도 얘기하는 시간을 가질 정도로 대화를 자주 하는 편이었습니다.

나주도 학생 부모님은 어릴 적에 어떤 얘기를 많이 해 주셨나요?

> **나주도** 아버지께서 어릴 때부터 수학, 과학 이야기를 재미있게 해 주셨던 것이 지금까지도 오래 기억에 남아 있습니다. 어

머니께서 책 읽기를 강조하셨으나 사실 책을 거의 읽지 않았습니다. 밖에서 친구들과 뛰어노는 것을 좋아하고, 컴퓨터 게임도 좋아했습니다. 노래를 좋아해서 중학교 때는 실용음악학원도 다녔습니다. 부모님은 공부는 남이 시켜서 하는 것이 아니고 스스로 하는 것이라며 공부하라는 이야기는 하지 않으셨습니다.

나주도 학생은 부모님께서 공부하라고 한 적이 없으시다는 거네요? 관심이 없으시다는 것은 당연히 아니겠지요?

나주도 네, 당연하죠. 공부하는 것에서는 최대한으로 지원해 주셨습니다. 다니고 싶은 학원이 있다면 어디든 다니고, 사고 싶은 서적이 있다면 얼마든 사서 공부할 수 있도록 해 주셨습니다!

박완성 학생의 부모님은 어떤 도움을 주셨나요?

박완성 아버지는 공부에 관해 잔소리하지 않으시고 든든한 제 편이 되어 주셔서 안정감이 들었습니다. 어머니는 내가 힘들어할 때 정서적으로 지지해 주셨고요. 두 분 다 과한 잔소리보다는 가끔 뭘 하는지 확인만 하셨습니다. 어머니께서는 학업과 관련해 많은 정보(학원 정보, 선행 정보 등)를 수집, 종합해 저와 함께 최적의 결론을 만들어 냈습니다.

이긴다 학생은 어땠나요?

이긴다 앞선 친구들과는 매우 다른데요. 저 같은 경우는 부모님과 어릴 적부터 대입 자기소개서 작성까지 모든 과정을 같이 했습니다. 어머니는 각종 자료나 정보 등을 알아봐 주셨고 아버지와는 공부 방법에 대해 많은 얘기를 나누었습니다. 동생이 태어난 초등학교 6학년부터는 거의 매일 아버지와 더 많은 대화를 하고 고등학교 2학년 때까지 매주 영어 공부도 했습니다. 음악, 미술, 철학 등 암기과목 시험 전날에는 문답으로 주고받았고, 영어 시험 본문을 외울 때도 확인해 주셨습니다.

공부도 같이했다는 거네요? 그 외에는요?

이긴다 중간고사, 기말고사를 볼 때 학습 계획표도 같이 짜고 제가 흐트러져서 힘들어할 때는 체크리스트도 작성해 보자고 하셨어요. 교내 과학 대회에 제출하는 작품을 만들 때도 아버지랑 많은 얘기를 했습니다. 고민이 있을 때는 일단 아버지와 상의했습니다. 아버지는 대단히 바쁜 분이었는데, 신기하게도 제 고민을 항상 미리 알고 계신 거 같았고 적합한 해결 방법을 제시해 주시곤 했습니다.

어떻게 그게 가능했을까요?

이긴다 아버지께서 "나도 너 같은 학생 시절이 있었고 공부나 공부 외적으로 고민도 많았어. 그냥 너의 입장으로 생각해 보고 같이 이야기하는 거야"라고 말씀해 주신 적이 있어요. 아마 아버지 자신의 경험을 토대로 제 상황과 심경을 이해해 주신 게 아닐까 싶네요.

학원을 고르는 문제도 부모님이 주도하셨나요?

이긴다 그렇지 않습니다. 다니고 싶은 학원들은 스스로 고르도록 해 주셨고, 반대로 특정 과목들의 학원을 더는 다니고 싶지 않다는 생각을 내비쳤을 때도 제 선택을 적극적으로 지지해 주셨습니다. 아버지가 제게 대화와 공부의 상대가 돼 주셨다는 것이지 결정의 주체가 되었다는 것은 전혀 아닙니다.

"지기 싫더라고.
한번 이겨 보고 싶더라고"

※ 큰아이에게 중요한 분기점이 됐던 고등학생 시절 이야기 한 토막입니다.

큰아이 고등학교 1학년 2학기 때의 일이다. 큰아이는 영어를 잘하는 편이었으나 100점이 목표였기에 내신 학원에 다니지 않을 수는 없었다. 수소문 끝에 한 학원을 소개받았다. 내신과 수능을 준비하는 방식의 학원이었다. 인원수가 많지 않았다. 내신 학원은 시험으로 입학을 결정하는 일이 많지는 않았으나 새로 소개받은 학원은 입학 테스트(Test)가 필요했다.

토요일 오후, 막내를 포함하여 네 식구가 학원을 방문했다. 테스트는 무난히 통과할 것으로 예상했다. 30분 정도의 테스트가 끝나자 "부모님도 같이 들어가세요"라는 실장님의 말에 엄마와 막내를 대기실에 두고 아빠가 상담실로 들어갔다. 그저 학원을 소개해 주는 것으로 생각했다.

상담실에 들어서며 아빠는 아이에게 물었다.

293

"시험 잘 봤어? 어려웠어?"

"뭐, 그냥…."

큰아이가 대답했다. 잠시 후, 군대에서 입는 스키점퍼 스타일의 옷을 입은 호리호리한 사람이 들어왔다. 처음에는 남자인지 여자인지 알아보기가 어려웠다.

"원장입니다."

아빠에게 눈도 마주치지 않고 본인을 소개했다. 목소리를 들어보니 여자분이었다.

'성적은 어떻고, 우리 학원은 어떻고…' 이런 얘기를 할 것으로 생각했으나 원장님은 아무 말 없이 아이의 시험지를 우리 앞에 펼쳐 놓더니 채점을 하기 시작했다.

원장님은 빨간색 색연필을 든 손으로 연신 × 표시를 했다. 원장님의 표정이 좋지 않아 아빠와 아이는 당황했다.

'어라? 영어 좀 하는데. 다 틀렸네?' 아빠는 입을 다물지 못했다. 두 사람의 단추 구멍만한 눈들이 휴지 심만큼이나 동그래졌다.

시험지와 색연필을 대충 옆으로 치우고는 원장님이 아이를 쳐다본다. 마치 '너, 이 실력으로 우리 학원에 왔냐?'라고 말하는 거 같다.

"너, 공부 잘하냐?"

"네, 영어는 조금 잘하는 편인데요…."

"아니, 영어 말고, 공부 잘하냐고?"

"네, 그냥…. 그럭저럭…."

아이는 완전히 주눅이 들어 버렸다. 원장은 맘에 들지 않는다는 표정과 짜증 섞인 말투로 아빠와 아이의 기선을 제압해 버린다. 아이는 당장이라도 뛰쳐나가고 싶은 생각이 들지만 참고 있다. 아빠도 주눅이 들었다. 기어들어 가는 목소리로 평계를 대 본다.

"열심히 하는 편인데…. 성적이 맘에 안 드시나 봐요…?"

남한테 절대 밀리지 않을 거라 믿었던 아빠마저 이 지경이 되자 아이는 원장님을 쏘아보기 시작한다. 이제껏 키워 오면서 아이의 이런 표정과 눈빛은 아빠도 처음이었다. 원장님과 아이의 팽팽한 눈싸움이 잠시 이어졌다.

"너, 눈빛 맘에 든다?"

의외의 이야기가 잠시간의 침묵을 깨트린다.

"뭐, 성적은 맘에 안 드는데, 네 눈빛을 보니 네가 맘에 든다. 나는 너랑 공부 한번 해 보고 싶은데. 넌 어때?"

"……."

아이가 미처 대답하기도 전에 원장님이 아이 시험지를 들고 상담실을 나가 버렸다. 아빠는 발갛게 상기된 아이의 얼굴을 한참이나 쳐다보다가 말했다.

"일단 나가자."

밖에 나오니 엄마는 나이가 지긋한 실장님과 즐겁게 대화를 나누고 있다. 상담실을 나오는 큰아이와 아빠의 상기된 표정을 보더니 묻는다.

"표정이 왜들 그래?"

아빠는 엄마와 막내에게 오라고 손짓을 하고는 말했다.

"엄마야, 나 한 대 맞는 줄 알았어. 저 원장님 너무 무서워."

이러는 사이 큰아이는 분을 삭이지 못하고 밖으로 나가 버렸다. 복도 저 끝에서 어딘가로 계속 전화를 해댄다. 엄마가 다가가니 큰아이가 말했다.

"엄마, 태규랑 지호가 그러는데 여기 다니지 말래. 별로래."

"어? 결제했는데?"

"뭐? 아이참…."

아이의 얼굴이 일그러진다. 엄마가 "실장님이 내일 아침에 수업 있고 오늘 숙제도 있다고 그러시던데, 마저 얘기 듣고 집에 가자"라고 한다. 아빠는 "결제 취소하면 '엎드려뻗쳐' 할 거 같아. 빨리 얘기 듣고 집에 가자"라고 하면서 아이 어깨를 한 번 툭 쳐본다.

집으로 돌아온 토요일 오후 내내 아이는 방에 틀어박혀서 나오지 않는다. 8시쯤에서야 방에서 나와 밥을 대충 먹고서는 다시 방으로 들어가 버렸다. 아빠가 엄마에게 말했다.

"쟤, 내일 학원 안 갈 거 같은데? 그 학원 진짜 희한하네. 아직도 무서워 죽겠어. 학교 다닐 때 잘못한 것도 없는데 학생주임한테 끌려갔던 거 같은 느낌…."

"그렇게 심했어? 밖에 있던 실장님 얘기 들어 보니 학원 괜찮은 거 같던데? 그 실장님 거기서 일하신 지 꽤 오래되신 분이고 본인 아이도 예전에 거기 다녔다고 하더라고. 영어 말고 다른 과목 공부하는 데도 도움될 거라고 하던데?"

사실 아빠는 내심 큰아이가 그 학원에 다녀보면 좋겠다는 생각을 하고 있었다. 낮에는 아빠도 똑같이 당황했지만, 원장의 의도는 어느 정도 이해가 갔다. 그저 기분 나빠지라고 그렇게 말한 것은 아닐 거라는 생각이 들었다. 무엇보다, 항상 여려 보이고 모범생 소리만 듣던 큰아이가 오기나 근성을 좀 가지기를 기대했다. 이런 상황에서 이겨 내는 아이의 모습을 한번 보고 싶었다.

막내를 재우면서 엄마는 같이 잠들어 버렸다. 아빠는 큰아이가 걱정되었다. 위로해 주려고 10시쯤 큰아이 방에 들어갔다. 그런데 아이가 교재를 펴놓고 공부를 하고 있다.

"학원 다니려고?"

"응, 일단 가볼 거야."

낮의 그 표정과 변화가 없다. 정말로 큰아이를 키우면서 처음 겪는 상황이다. 그런 눈빛을 본 적이 없다. 숙제는 교재에 있는 단어 300개를 외우는 것이었다. 아빠가 화장실에 가려 새벽 3시쯤 일어나 보았는데 아이 방에 아직 불이 켜져 있었다.

"그만하고 자. 내일 9시까지 학원가야 해."

"아냐, 아직 멀었어."

이마저도 처음 보는 광경이었다. 오기가 나나 보다. 이제껏 12시 넘어까지 공부하는 일은 거의 없었다. 걱정은 되었지만 일단 먼저 잠을 청했다.

다음 날, 아침 8시 30분이 되어서야 아이를 억지로 깨울 수 있었다. 아이는 태어나서 처음으로 아침을 걸렀다.

"그 학원, 1분이라도 지각하면 그날로 그만둬야 한대! 얼른 가!"

엄마의 말에 아빠는 황급히 모자를 눌러쓰고 주차장으로 허겁

지겁 달려갔다. 미친 듯이 차를 몰아 학원 시작 5분 전에 도착했다.

"끝날 때쯤 데리러 올게"

"됐어, 버스 타고 갈게"

점심때쯤 아이가 돌아왔다.

"어서 와라, 배고프지? 시험은 잘 봤니?"

"아니, 한 절반밖에 못 풀었어."

"또 엄청 혼났겠구나. 힘들면 다니지 마."

"아냐, 수업 재미있던데?"

"엥? 무섭지 않았어?"

"응, 원장 선생님이 어제하고는 완전히 다른 사람이던데?"

"그래? 것 참 희한하네."

이후 아이는 하산(下山)을 명(命)받은 2학년 2학기 겨울방학까지 그 학원에 다녔다. 물론, 지각은 한 번도 하지 않았다. 아빠가 학원으로 가는 각종 지름길을 익혀 두었고 때때로 학원 근방에서 차가 막힐 때는 도중에 내려줘야 했다.

"안 되겠다. 내려! 뛰어!"

"응, 그래야겠다. 아빠 안녕!"

큰아이는 가끔 허겁지겁 뛰어가기도 했지만 하나도 힘들어 보이지 않았다. 밤을 새워서 공부하는 일도 한 번도 없었다. 미리미리 숙제를 준비했다. 아빠와 매주 목요일 밤에 단어 공부를 같이했다. 학원의 학습 방식도 맘에 들었다. 90점 맞기에 급급한 공부가 아닌 100점 맞는 공부를 추구했고 아이도 그것이 맞는다고 생각했다. 내신시험을 위해 영어 교과서의 본문은 무조건 다 외웠다. 다른 과목의 공부에도 많은 긍정적인 변화가 있었다.

수능을 열흘 정도 앞둔 어느 날,

"엄마, 영어학원에서 문자 왔던데? 수능 떡 가져가라고."

"그래? 가지러 갈 거야?"

"당연히 가야지. 원장님하고 부원장님도 보고 싶걸랑."

대학 합격 후 가족들과 모여서 그간의 이야기들을 나눴다.

"그때 그 영어학원 말이야. 난 네가 그다음 날 안 갈 거로 생각했거든? 그런데 왜 다니겠다는 생각이 들었어?"

아빠의 질문에 큰아이가 이렇게 대답했다.

"그날 내내 생각해 봤는데 지기 싫더라고.

한번 이겨 보고 싶더라고."

우리가 알고 있는 모든 것을 알려드리려고 했습니다

책을 만들면서 복잡한 내용을 표로 만들려고 많이 노력했습니다. 애초에 말을 길게 하지 못하는 스타일이고 우리가 공부한 수학이라는 학문에서 습관 된 것이 '사실, 정의, 정리, 개념, 요약' 이런 것이어서 최대한 축약하려고 했습니다. 그런데 그 선입견이라는 것은 무시할 수 없었습니다. 우리 부부와 최상위 학생들의 경험을 바탕으로 부모와 아이의 마인드를 강화해 주는 글을 쓰고 있는 것인데, 중간에 표가 많이 나오니 '정보서'로 생각될 수 있다는 것이었습니다. 출판사 편집장님을 설득해 보았습니다. 그런데 그분을 설득해서 될 문제가 아니었습니다. 책을 읽는 독자가 그렇게 '오해' 할 수 있다면 우리가 잘 못한 것이라는 생각이 든 것입니다.

눈이 빠지도록 정리하고 또 검증한 대학 입시와 관련한 단원들을 부록으로 처리하면서 정말로 마음이 아팠습니다. 우리가 만든 표들과 그 밑에 쓰여 있는 생생한 우리의 생각과 경험들이 파묻히는 것 같았습니다. 이 책을 읽고 있는 독자분들이라면 그 부록 내용도 꼭 읽어 보시길 바랍니다. 대학 입시에 관한 것 중에서 초·중 부모가 꼭 알고 있어야 할 내용을 우리의 방식으로 정리했습니다. 교육통계, 대학 알리미, 국회 등의 자료로 데이터베이스를 만들고 특별한 통계를 내보기도 했습니다. 다른 곳에서는 보기 힘든 특별한 표들이 들어 있습니다. 모든 표 아래에는 우리의 경험을 바탕으로 하나하나의 조언을 넣어 두었습니다.

많은 분이 한 번 읽는 책보다는 한 번 사서 오래 읽을 수 있는 책이 되기를 바라는 마음입니다. 도서관에서 잠시 빌려 보는 책이 아닌 집안 어딘가에는 몇 년이라도 두고 마음이 흔들릴 때마다 한 번씩 꺼내 볼 수 있는 책이 되었으면 합니다. 그리고 아이 학습 문제로 고민하는 주변 분들에게 믿고 권할 수 있는 그런 책이 되기를 바랍니다.

감사의 글

책을 만드는 과정에서
도움 주신 많은 분께 감사드립니다

먼저 '책다운 책'을 만들기 위해 애써주신 렛츠북의 류태연 대표님, 쉼 없이 도전할 수 있도록 영감을 불러일으켜 준 이재영 에디터님과 밤샘 작업을 마다치 않은 조언수 디자이너님을 비롯한 임직원분들에게 감사드립니다.

학업으로 바쁜 가운데에서도 여러 번의 인터뷰에 성실히 응해 준 SPARTA 출신 6명의 최상위 학생들과 계속해서 같이 읽어 주고, 질문하고, 응원하고, 제안해 주신 우선미님, 오승은님, 박은영님, 이정훈님, 이규향님, 김현영님, 박다현님, 권희려 작가님, 서진경 작가님, 정희경 작가님께 특별한 감사의 말씀을 드립니다. 또한, 오랜 집필 과정에서 지칠 때마다 많은 힘을 보태준 이성현 쌤과 안병태 쌤에게 고마운 마음을 전합니다. 여러분들 덕에 반짝반짝 빛나는 콘텐츠로 거듭날 수 있었습니다.

끝으로 글 에너지가 방전될 때마다 맑은 글로 한가득 충전해 주시는 김태헌 국장님, 하루도 빼놓지 않고 응원의 말씀 전해 주시는 한진영 부사장님께 깊이 감사드립니다.

드디어 다 썼습니다!

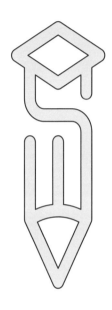

부록

① 대학 입시 기본사항

1) 대입제도 개편안, 대학 입학전형 기본사항

가장 중요하게 챙겨야 할 것은 대입제도 개편안, 대학 입학전형 기본사항, 대학별 입학전형 시행계획이다. 「고등교육법」에 따르면 대입제도 개편안은 해당 입학 연도의 4년 전 학년도가 개시되는 날 전(2월 말)까지 공표하여야 한다. 정부가 대입제도 개편안을 내면 시행 2년 6개월 전(고등학교 1학년 대상)에는 한국대학교육협의회(대교협)가 대학 입학전형 기본사항을 발표해야 한다. 대학별 입학전형 시행계획은 시행 1년 10개월 전에 확정된다. 아래 표의 출생연도를 기준으로 보면 쉽게 이해할 수 있다.

구분		법정 시기 (시행처)	발표 시기 (시행 시기)	출생연도		
				2008	2009	2010
기준일*		–	–	2027.2.	2028.2.	2029.2.
대입제도 개편안		기준일 대비 4년(정부)	중3 되는 해의 2월	2023.2.	2024.2.	2025.2.
대학 입학전형 기본사항		기준일 대비 2년 6개월 전(대교협)	고1, 8월	2024.8.	2025.8.	2026.8.
대학별 입학전형 시행계획		기준일 대비 1년 10개월 전(대학)	고2, 4월	2025.4.	2026.4.	2027.4.
모집 요강	수시	기본사항에서 정함**	고3, 5월	2026.5.	2027.5.	2028.5.
	정시		고3, 9월	2026.9.	2027.9.	2028.9.
수능 (학년도)		매년 11월 셋째 목요일	고3, 11월	2026.11. (2027학년도)	2027.11. (2028학년도)	2028.11. (2029학년도)
개정 교육과정별		–	–	2015	2022	

* 기준일이라는 개념은 없으나 법정 시기를 정확하게 알아보기 위해 표시했음.
** 모집 요강 발표 시기는 대학 입학전형 기본사항에서 정한다.

예를 들어, 2024년도 3월에 중학교 3학년이 되는 2009년생은 2024년 2월 말에 공표되는 2028학년도 대입제도 개편안을 참고해야 한다(2022 개정 교육과정의 첫 대입제도 개편안). 특히 수능(2027년 11월 시행)의 변화 여부가 초미의 관심사다. 부모로서는 세부적인 내용을 읽어 보고 숙지할 필요가 있다. 기존의 제도에 비해 변화가 많아지는 경우는 좀 더 꼼꼼히 챙겨야 한다.

구분	포함 내용
대입제도 개편안	▶ **교육부(www.moe.go.kr)** • 학생부에 기재되는 내용 • 평가 방법 • 출제 형식 • 수능 전반(과목, 문항수, 시험 시간, 출제 범위 등)에 관한 내용 • 정시·수시 비중
대학 입학전형 기본사항	▶ **대교협(www.kcue.or.kr), 대입정보 포털 어디가(www.adiga.kr)** • 전형별 기본사항(일반전형, 특별전형) • 전형 요소(학생부, 수능, 대학별 고사 등) • 대학 입학전형 일정 • 대학 입학전형 세부사항(지원 방법, 합격자발표, 등록, 충원)

2) 대입전형(수시, 정시) 기본사항

대입전형은 학생부 위주 전형(수시)과 수능 위주 전형(정시)이 있다. 수시전형은 크게 볼 때 학생부 종합전형, 학생부 교과전형으로 볼 수 있으며 논술전형, 특기자전형도 있다. 현재 수시모집에서는 학생부 종합전형('학종') 비율이 가장 높고 그다음으로 학생부 교과전형의 비율이 높다. 대입전형(수시·정시)과 관련해서 기본적으로 알아 두어야 할 것은 다음과 같다.

- 수험생에게는 '수시 6회(+α)+정시 3회'의 지원 기회가 있다(α는 KAIST, 과기원, 사관학교, 산업대학, 전문대학 등을 의미).
- 수시전형으로 한 학교 내에서 같은 전형으로 여러 학과에 지원할 수 없다. 하지만 여러 전형으로 하나의 학과에 지원하는 것은 가능하다 (단, 각각의 지원은 수시 6회 지원 중 한 번씩의 기회로 적용한다).
- 수시지원 학교 중 하나라도 합격하면 정시지원이 불가하다.
- 대입전형에서 여러 대학에 합격한 학생들이 생긴다. 당연히 하나의 대학에만 등록할 수 있다.
- 예비 순위를 두고 결원 자리를 채우게 되는데 이것을 미등록 충원이라 한다(수시, 정시에 모두 있다).
- 수시 미등록 충원 기간이 짧아서 수시모집 인원을 다 선발하지 못하는 경우가 생긴다. 여기서 생기는 결원은 모두 정시모집으로 선발한다(이것을 수시이월이라 한다).
- 정시 미등록 충원 기간에도 정원을 채우지 못하면 대학별로 추가모집이 있다.

3) 수능 배점, 선택과목, 평가 방식

수능 점수는 수시전형에도 쓰인다. 아래는 2015 개정 교육과정 기준 수능 시간표와 과목별 배점이다.

교시	영역	시험 시간	배점	문항수	비고
1	국어	08:40~10:00 (80분)	100	45	(공통) 독서, 문학 (택1) 화법과 작문, 언어와 매체
2	수학	10:30~12:10 (100분)	100	30	(공통) 수학 I, 수학 II (택1) 확률과 통계, 미적분, 기하
3	영어	13:10~14:20 (70분)	100	45	듣기평가 17문항
4	한국사/탐구	14:50~16:37 (107분)	50 100	20 40	한국사는 공통 탐구영역은 2과목 선택
5	제2외국어/한문	17:05~17:45 (40분)	50	30	원하는 학생만 시험

- 문항 유형 : 수학 단답형 30%, 5지 선다형, 나머지 과목 5지 선다형
- 배점 : 수학은 2, 3, 4점, 제2외국어/한문은 1, 2점, 나머지 과목은 2, 3점
- 사회탐구 과목 : 생활과 윤리, 윤리와 사상, 한국지리, 세계지리, 동아시아사, 세계사, 경제, 정치와 법, 사회·문화
- 과학탐구 과목 : 물리학 I, 화학 I, 생명과학 I, 지구과학 I, 물리학 II, 화학 II, 생명과학 II, 지구과학 II
- 제2외국어/한문 : 원하는 학생만 시험을 보는 데다 일부 대학이나 학과에서만 반영하는 과목이라 해당 대학 및 학과에 입학하고자 하는 것이 아니라면 큰 영향 없다.

영어, 한국사는 공통이고 절대평가다. 영어와 한국사는 각각 100점, 50점을 만점으로 한다. 영어 90점 이상은 1등급, 80~89점은 2등급으로 하고 20점 미만은 9등급이다. 한국사는 50~40점이 1등급, 39~35점이 2등급, 5점 미만은 9등급이다.

영어와 한국사를 제외한 나머지 과목은 모두 선택과목이 있다.

각각의 과목에 응시한 인원수와 문제의 난이도가 다르기 때문에 표준점수라는 방식을 따른다. 난이도에 따라 점수를 보정한다는 의미다.

4) 원점수, 표준점수, 백분위 점수, 등급 컷

수험번호	성명		생년월일	성별	출신고등학교(반 또는 졸업연도)	
12345678	아테네		03.06.30.	여	스파르타고등학교(5)	
영역	한국사	국어	수학	영어	탐구	제2외국어/한문
선택과목		화법과 작문	확률과 통계		생활과 윤리 / 지구과학Ⅰ	독일어Ⅰ
표준점수		131	137		53 / 64	
백분위		93	95		75 / 93	
등급	2	2	2	1	4 / 2	2

※ 유의 사항 : 본 성적통지표는 성적을 통지하기 위한 용도이며, 다른 용도(성적 증명 등)로는 사용할 수 없습니다.

2022.12.9.
한국교육평가원장

수능에서 받은 점수를 원점수라 한다. 수능성적표에는 원점수가 나오지 않는다. 실제로는 표준점수가 성적표에 표시되는데 같은 과목 시험을 본 학생의 평균 대비 어느 정도인지를 표시한다고 생각하면 된다. 수능성적표에는 백분위 점수라는 것도 있다. 표준점수를 기준으로 표준점수 120, 백분위 95라고 하면 표준점수 120보다 낮은 수험생이 95%라는 것이다.

$$백분위\ 점수 = \frac{(수험생의\ 표준점수보다\ 낮은\ 표준점수를\ 받은\ 수험생의\ 수)+(동점자\ 수÷2)}{해당\ (영역)과목의\ 수험생\ 수×100}$$

※ 표준점수와 백분위 점수는 소수 첫째 자리에서 반올림한다.

    등급 컷은 절대평가 과목(영어, 한국사, 제2외국어/한문)은 원점수가 기준이 되어 1~9등급으로 분류된다. 나머지 상대평가 과목은 표준점수로 등급 컷을 나눈다. 국어, 수학은 공통과목과 선택과목의 점수가 합산되는 방식이므로 선택조합에 따라 표준점수와 등급 컷이 달라진다. 백분위로 4% 이내 1등급, 4~11%는 2등급, 11~23%는 3등급으로 한다. 동점자 수에 따라 벗어나기도 한다.

등급	등급 구분 점수			인원 (명)	비율 (%)	백분위
	원점수		표준점수			
	국어+화법과 작문	국어+언어와 매체				
1	96	92	126	19,858	4.45	96
2	92	88	122	31,160	6.99	89
3	86	82	117	51,869	11.63	78
4	79	75	110	76,497	17.15	61
5	67	63	99	92,636	20.77	40
6	53	49	85	73,879	16.56	23
7	37	34	70	53,106	11.91	11
8	24	21	58	31,123	6.98	4
9	24 미만	21 미만	58 미만	15,915	3.57	4 미만

2023학년도 수능 국어 원점수, 표준점수 등급 컷

※ 등급은 누적 기준 4%, 11%, 23%, 40%, 60%, 77%, 89%, 96%, 100%이지만 동점자로 인해 비율과 백분위가 달라진다.

    위 표의 회색 부분은 필수과목인 국어에 화법과 작문(이하 '화작')을 선택한 경우와 언어와 매체(이하 '언매')를 선택한 경우인데,

이 해는 '언매'가 더 어려웠음을 알 수 있다. '언매' 선택으로 원점수 92점을 획득한 학생의 표준점수가 126이기 때문이다. 1등급 컷이 표준점수로 126인데 이것은 전년도(2022학년도 표준점수 131)보다 쉬웠다는 것을 의미한다. 수능시험 직후 각 사설 평가기관에서 과목별 등급 컷을 예상·발표하는데 신문에 '올해 국어 과목 1등급 컷이 전년보다 오른 135로 예상된다'라고 나온 경우는 국어 과목의 난이도가 전년보다 올라갔음을 의미한다.

사회탐구영역											
생활과 윤리						윤리와 사상					
등급	등급 구분		인원 (명)	비율 (%)	백분위	등급	등급 구분		인원 (명)	비율 (%)	백분위
	원점수	표준점수					원점수	표준점수			
1	**47**	**64**	13,769	**10.07**	**94**	1	**47**	**66**	1,434	**4.57**	**97**
2	45	62	2,890	**2.11**	**89**	2	44	64	2,406	**7.66**	**92**
3	42	60	15,011	10.97	79	3	39	60	4,578	14.58	75

위 표는 2022학년도 사회탐구영역 선택과목을 비교한 표다. 회색 부분에서 '생활과 윤리'의 1등급 컷 백분위가 94인 것은 4% 이내에 해당하는 점수의 동점자가 많다는 의미다. 좀 더 자세히 말하면, 해당 원점수가 47점인 것으로 볼 때 2점짜리 1문제를 틀린 비중이 4% 이내이고 3점짜리 1문제를 틀린 비중이 나머지인 것으로 추정해 볼 수 있다.

이에 반해 '윤리와 사상'은 1등급 컷 백분위가 97이다. 두 과목의 표준점수를 비교해 볼 때 '윤리와 사상'의 난이도가 높았음을 알 수 있다.

정시에서 어떤 두 학생이 위 두 과목을 제외한 나머지 선택과목과 원점수가 같고 각각 위 두 과목에서 같은 원점수를 받았다고 가정하면, '윤리와 사상'을 선택한 학생이 우위에 있다고 생각하면 된다.

5) 수능 점수는 정시지원과 수시의 최저학력 기준에 사용

수능 점수가 정시지원에 쓰이는 것은 누구나 알고 있을 것이다. 그 외에 수시에서 중요한 역할을 하기도 하는데 바로 최저학력 기준('수능최저', '최저합'이라 불리기도 한다)이다. 앞서 설명한 과목별 등급을 활용한다.

최저학력 기준은 대학에서 수시 합격자에게 요구하는 최소한의 수능 등급이다. 대학의 수시 입시 요강에서 지정한 특정 과목의 등급 합을 말한다. 예를 들어 어느 대학이 요구하는 최저학력 기준이 '국어, 영어, 수학, 탐구영역 중 3개 합 7'이라면 네 과목 중 세 과목을 골라서 7을 맞추라는 것이다. (3+2+2, 2+1+4 등) 한국사는 위와 별도로 3~5등급 이상을 학교별(계열별) 최저학력 기준으로 요구한다.

최저학력 기준이 없는 학교도 있지만, 대부분은 1~4개 영역의 조합으로 요구한다. 몇 년 전 이것을 요구하는 대학이 줄어든 적도 있으나 최근 들어 다시 강화되고 있다. 물론, 이것을 맞춘다고 합격하는 것은 아니다. 최소한의 요구사항이라는 것이다. 만족 여부만을 보는 것이기 때문에 이것으로 차등을 두지는 않는다. 수시모집의 경우 미달이 발생해도 최저학력 기준을 맞추지 못하면 추가 합격대상이 되지 못한다.

6) 대학별·계열별 다른 수능 점수 환산방식

주요 대학 대학수학능력시험 환산점수 계산 방법

(2023학년도, 자연계 기준)

서울대	국어표점 + 수학표점 × 1.2 + (탐구표점 + 탐구표점) × 0.8 + 영어 감점 + 한국사
연세대	$\dfrac{\text{국어표점} + \text{수학표점} \times 1.5 + \text{영어} + (\text{탐구변표 합산}) \times 1.5}{900} \times 1000 + \text{한국사 가점}$
고려대	$\dfrac{\text{국어표점} + \text{수학표점} \times 1.2 + (\text{탐구변표 합산})}{640} + \text{영어 감점} + \text{한국사 가점}$
성균관대	국어표점 × 1.5 + 수학표점 × 1.75 + (탐구변표 합산) × 1.75 + 영어 가산점 + 한국사 가산점
서강대	국어표점 × 1.1 + 수학표점 × 1.3 + (탐구변표 합산) × 0.6 + 영어 가산점 + 한국사 가산점
한양대	$\dfrac{\text{국어표점}}{\text{국어최고점}} \times 200 + \dfrac{\text{수학표점}}{\text{수학최고점}} \times 350 + \text{영어} + \dfrac{\text{탐구변표 합산} + \text{과탐II 가산점}}{\text{변표최고점} \times 2} \times 350 + \text{한국사 감점}$

※ 표점 : 표준점수
※ 변표 : 변환표준점수(학생별로 탐구 선택과목이 다르므로 유불리를 보정하기 위해 백분위 기준으로 표준점수를 재산출한다)

위 표에 있는 계산식이 복잡하고 어렵게 느껴진다면 아래 내용만 알아 둬도 좋다.

- 대학별, 계열별로 수능시험 과목별 가중치를 둔다.
- 영어는 가점, 감점, 등급 점수 등 여러 가지 방법으로 환산한다.
- 표준점수, 변환표준점수, 백분위 점수 등 기준이 되는 점수도 다르다.

다음 표는 과목 환산점수가 전형에 반영되는 비율이다.

대학	국어	수학	탐구	영어		
				반영	1등급	2등급
서울대	33.3%	40%	26.7%	감점	0	-0.5
연세대	22.2%	33.3%	33.3%	11.1%	100	95
고려대	31.3%	37.5%	31.3%	감점	0	-3
성균관대	30%	35%	35%	가점	100	97
서강대	36.7%	43.3%	20%	가점	100	99
한양대	20%	35%	35%	10%	100	98

영어 성적이 좋지 않으면 연세대 지원이 어렵다. 상대적으로 국어 성적이 좋지 않으면 한양대가 유리하다. 탐구 성적이 좋지 않은 학생은 서강대를 지원해 볼 만하다.

몇몇 검증된 사이트(진학사, 메가스터디 등)에서 정시지원을 도와 주는 프로그램(지원 가능 대학·학과, 대학환산점수 등)을 제공하고 있다. 일차적으로는 이것의 도움을 받으면 된다.

7) 수시 용어들 - 납치, 보험

수험생은 평가원, 교육청, 학원 등에서 실시하는 모의평가(특히 평가원 6월, 9월 모의평가) 등을 바탕으로 본인의 수능 점수를 예상 (또는 목표)하게 된다. 이 예상 점수로 본인의 정시지원 가능 학교 (학과) 윤곽이 나온다. 보통은 수시지원 시 정시지원 가능 학교보다 상향 지원을 한다. '정시'의 기회가 있다고 생각하기 때문이다.

그리고 6장의 수시지원 카드 중 1~2개 정도는 이른바 '보험'이라 하여 적정 또는 하향 지원을 한다. 적정 지원이라는 것은 본인의 학생부(내신)를 기준으로 고등학교, 학원, 전문사이트에서 제공하는 예년 자료 등을 바탕으로 정할 수 있다. 재학 중인 고등학교 선배들의 진학 데이터도 큰 참고가 되기 때문에 담임선생님의 의견은 매우 중요하다.

어떤 학생이 D, E, F, G, H, I의 6개 학교(학과)에 수시지원을 한다고 생각해 보자(편의상 알파벳 순으로 선호하는 학교다). D~G는 상향 지원, H는 적정 지원, I는 하향 지원(적어도 이 학교는 합격한다고 생각하기에 '보험'이라고 부른다)이라고 가정해 보자. 보통은 빡빡한 일정 때문에 수능일 당일부터 각 학교가 수시 서류전형 발표를 시작한다. 집에 도착하면 1차 합격 결과가 도착해 있을 수도 있다. 이때는 일정상 수능성적표가 나오지 않은 상태이므로 '가채점'을 가지고 모든 판단을 한다.

CASE 1. 수능 (가채점) 점수가 예상보다 낮게 나온 경우

이 경우, 당연히 D~I의 면접에 적극 임해야 한다. 이후 여기서 합격하기를 기대해야 한다. 6장 모두 탈락하면 정시를 준비해야 한다.

CASE 2. 수능 (가채점) 점수가 예상대로 나온 경우

이 경우 D~H의 면접에는 적극적으로 임하고 I는 고민해 볼 필요가 있다(D~H가 떨어지고 I만 붙는 경우가 발생할 수 있다). 가채점 결과가 최종점수와 일치할 수만 있다면 I보다 조금 더 좋은 학교(학과) 진학

기회가 있기 때문이다. 아래에서 설명하겠지만 위와 같은 상황을 대비해서라도 가채점이 매우 중요하다.

CASE 3. 수능 (가채점) 점수가 예상보다 잘 나온 경우

이 경우 판단을 잘해야 한다. 이른바 평소 실력보다 '대박'이 난 경우라면 D~I를 과감히 포기한다. 본인이 수시지원을 한 학교(학과)보다여러 단계 높은 곳(A, B)에 진학할 수 있기 때문이다. 위와 달리 예상보다 약간 잘 본 경우라면 D~H에 주력하는 것이 좋겠다고 생각된다. 이 경우 모두를 포기하고 정시로 지원하는 것은 다소 무리가 있어 보인다. 잘 되면 C 정도의 약간 높은 학교(학과)에 진학할 수는 있으나 생각대로 되지 않는 경우 '재수'를 해야 하기 때문이다. 재수를 결심하는 학생은 당연히 '좀 더 좋은 점수가 나올 것'을 기대하지만, 그것이 생각처럼 쉽지 않다. 더군다나 재수하게 되면 삼수를 피하고자 보수적으로 지원하기 때문에 과감한 지원을 할 수 없다.

8) 수시 포기 방법

보통 수시 절차는 원서 제출, 면접 등의 절차로 구성된다. 원서제출은 수능시험 이전의 정해진 기간에 한다. 그런데 면접은 대학에 따라 일정이 달라 수능 이전에 하기도 하고 이후에 하기도 한다. 자발적인 포기는 1차 합격(서류심사) 통보를 받고 면접에 참여하지 않으면 된다. 이렇게 하면 자동 탈락이 된다.

그런데 포기가 되지 않는 경우가 있다. 전형에 따라 수능 전에 수시 절차가 이미 끝나기도 한다. 서류만으로 모집하는 전형과 수능 이전에 면접까지 마치는 전형들이 있다. 이때는 자발적인 포기가 불가하다. 우리가 소위 '납치'라고 하는 것이 이런 상황이다. 상식적으로 '납치'에 해당하는 학교(학교)를 선택하는 경우는 상향지원일 것인데 엉뚱하게 보험에서 납치를 당하는 경우가 있다. 이것은 6장의 카드를 모두 활용하는 과정에서 각각의 입학전형을 잘 읽어 보지 않고 실수로 지원한 경우이거나 수능 대박이 난 경우인데 실제로 이런 일들이 발생한다.

9) 가채점의 중요성

보통 입시 일정상 수능 직후 약 4주간 수시전형 절차에 돌입하게 된다. 그런데 수능시험 후 3주 정도가 지나서야 성적표가 나온다. 따라서 '가채점' 상태에서 대부분의 수시 절차가 진행된다.

그런데 위에서 예를 들은 바와 같이 가채점을 통한 수능 점수를 가지고 수시 면접을 포기할 것인지를 판단해야 하는 상황이 생긴다. 또한, 최저학력 기준을 가늠하기 위해서도 필요하다.

오랜 시간의 시험이 끝나고 그 많은 문제의 풀이를 다 기억할 수도 없고, 막상 시험이 끝난 후 전체 시험을 다시 다 풀어 볼 수도 없다. 물론, 풀어 본다 해도 본인이 시험 시간에 기재했던 답안과 완전히 같을 가능성도 낮다.

대학수학능력시험 가채점 표

국어		수학			영어		한국사/탐구	
							탐구1	한국사
1-5		1-5			1-5		1-5	1-5
6-10		6-10			6-10		6-10	6-10
11-15		11-15			11-15		11-15	11-15
16-20		16-21			16-20		16-20	16-20
21-25		22		23	21-25		탐구2	제2외국어
26-30		24		25	26-30		1-5	1-6
31-35		26		27	31-35		6-10	7-12
36-40		28		29	36-40		11-15	13-18
40-45		30			40-45		16-20	19-24
								25-30

수능에서는 시험 시간에 한정하여 답안을 메모하는 행위는 문제 삼지 않는다. 시험 시간별로 남은 시간을 잘 점검하고 시험에 영향이 가지 않는 한도 내에서 잘 적어와야 한다.

각 고등학교에서 수험표를 나누어 주면서 수험표 뒷면에 부착할 수 있는 가채점 표를 준다. 또는 유명 학원 사이트에서 적당한 크기의 가채점 표 양식을 내려받을 수 있다.

10) 학과별 다른 면접의 형태

수시 면접을 시행한다고 하면 보통은 앞서 얘기한 대로 면접관과 학생 간에 학생부 위주로 문답하는 것을 생각한다. 물론 그것은 기본적으로 맞다. 다만, 지원하는 계열별로 별도의 추가 면접과 시험이 있는 예도 있다. 아래에서 간단히 살펴보겠다.

정확하게 말하자면 논술고사, 구술고사, 면접고사, 교직 적성·인성검사를 통틀어 대학별 고사라고 부른다(수시전형의 하나인 '논술전형'과 대학별 고사의 '논술고사'는 다른 것이다. 이것을 헷갈리는 사람들이 많다).

서울대 의대 등 몇몇 의대·치대·약대에서는 '다중 미니면접(MMI)'을 실시한다. 예를 들자면 딜레마나 가치판단의 상황을 제시하고 '너라면 어찌 해결할 것인가?' 등을 물은 뒤 그에 대한 답에 또 다른 질문을 해 나가는 방식이다. 학생의 자질·적성·인성을 평가하는 것이다.

서울대 공대와 KAIST 등은 면접일에 전공과 관련한 '구술고사'를 치른다. 수학·과학 문제를 풀게 하는데, 궁금한 것은 그 문제들의 수준이다. 각 대학의 전형 자료(홈페이지)에는 예시문제와 기출문제가 실려 있다. 고등학교 교육과정 안에서 출제하는 것으로 돼 있으나 문제가 절대 쉽지 않다. 교육부에서는 매년 대학별 고사 문항을 점검한다. 위반대학(교육과정 외에서 출제하는 경우)을 결정하고 시정명령과 신입생 일부 모집정지 처분을 내리기도 한다. 구술고사가 또 다른 사교육을 유발할 수 있다는 이유에서다.

11) 이공계 수시전형 : 일반고·자율고 vs 과학고·영재고

학부모들이 궁금해하는 것은 수시전형·수능시험 준비로 숨 가쁜 일정이 진행되는 과정에서 대학별 고사의 준비는 어떻게 하느냐는 것이다. 특히 수능시험 직후 바로 진행되는 이공계의 구술고사 준비는 언제 해야 할까?

과학고·영재고 재학생들은 수학·과학 심화학습을 하는 그들만의 교과과정상 구술고사에서 상대적으로 유리해 보인다. 이미 2학년 때부터 준비하기도 한다.

일반고·자율고(자립형 사립고, 자립형 공립고)의 이공계 지원생은 보통은 수시와 정시를 모두 준비하기 때문에 대학별 고사를 준비할 시간이 넉넉지 않다. 그렇다면 구술고사에서 이들이 불리한 것이 아닐까? 물론, 과학고·영재고가 구술면접은 유리하나 내신에서 불리하므로 자연스럽게 조절이 된다는 설도 있다.

우리는 이와 다른 방법으로 설명해 보겠다. 'KAIST 비전 2031'을 참고할 때, KAIST는 2018년 기준 비(非) 과학고 26%(일반고 16%, 외고·해외고 10%)를 선발했고 2031년까지 점차 35%로 늘린다고 한다. 수시(KAIST는 정시모집 인원이 거의 없다) 선발 시 일반고(자율고 포함)와 과학고·영재고의 선발 비율이 정해져 있다는 것이다. 그렇다면 다른 대학의 경우는 어떨까? 다음의 표를 보자.

주요 대학 신입생의 출신 고등학교 유형별 현황

학교	기준연도	총입학자	일반고+자율고		과학고+영재고	
고려대	2020	4,405	3,313	75.2%	190	4.3%
	2021	4,520	3,460	76.5%	202	4.5%
	2022	4,547	3,646	80.2%	131	2.9%
서울대	2020	3,406	2,362	69.3%	405	11.9%
	2021	3,436	2,332	67.9%	460	13.4%
	2022	3,519	2,382	67.7%	478	13.6%

	2020	4,042	2,670	66.1%	209	5.2%
연세대	2021	4,436	2,737	61.7%	192	4.3%
	2022	4,094	2,919	71.3%	215	5.3%
	2020	330	178	53.9%	147	44.5%
POSTECH	2021	327	143	43.7%	173	52.9%
	2022	329	159	48.3%	158	48.0%
	2020	722	180	24.9%	523	72.4%
KAIST	2021	713	158	22.2%	534	74.9%
	2022	782	213	27.2%	546	69.8%

※ 대학 알리미(www.academyinfo.go.kr)의 연도별 데이터를 정리한 것이다.

위 표는 ① 신입생 전체, ② 수시·정시 합산, ③ 재수생·재학생 포함 기준이다. 물론 3년의 통계로 다 설명할 수는 없지만, 서울대는 과학고·영재고 비중이 늘고 있으나 다른 4개 대학은 특별한 추세가 없다. 참고로 다음의 표와 같이 과학고·영재고 출신이 의대·치대·약대에 일부 합격하기도 하지만 대부분 이공계에 입학한다.

2022년 주요 대학의 과학고·영재고 입학생 수

(단위 : 명)

대학별	전체 신입생	신입생 中 과학고·영재고		과학고·영재고 中 의대·치대·약대	
		인원	비율	수시	정시
서울대	3,519	478	13.6%	18	12
연세대	4,094	215	5.3%	55	비공개
고려대	4,547	131	2.9%	52	1

자료 : 교육부

KAIST처럼 다른 대학도 고등학교 유형별로 일정 비율을 정해 두는 것인지, 학생을 선발하다 보면 결과적으로 일정 비율이 유지된 건지는 단언할 수 없다. 다만, 우리가 궁금해하는 부분(일반고·자율고가 과학고·영재고 대비 이공계 수시전형 시 불리한지)은 어느 정도 추정이 가능하다. 출신 고등학교 유형별로 경쟁인 것으로 생각된다.

12) 비교과 영역 변화

학생부 주요항목 내 비교과 영역(요소) 개선현황

구분		20~21학년도 대입	22~23학년도 대입	24학년도 대입
교과활동		- 과목당 500자	- 과목당 500자 - 방과후학교 활동(수강) 내용 미기재	- 과목당 500자 - 방과후학교 활동(수강) 내용 미기재 - 영재·발명 교육 실적 대입 미반영
종합의견		- 연간 500자	- 연간 500자	- 연간 500자
비교과 영역	자율활동	- 연간 500자	- 연간 500자	- 연간 500자
	동아리 활동	- 연간 500자 - 정규·자율동아리, 청소년 단체활동, 스포츠클럽활동 기재 - 소논문 기재 가능	- 연간 500자 - 자율동아리 연간 1개(30자)만 기재 - 청소년단체활동은 단체명만 기재 - 소논문 기재 금지	- 연간 500자 - 자율동아리 대입 미반영 - 청소년단체활동 미기재 - 소논문 기재 금지
	봉사 활동	- 연간 500자 - 실적 및 특기사항	- 특기사항 미기재 - 교내·외 봉사활동 실적 기재	- 특기사항 미기재 - 개인봉사활동 실적 대입 미반영(단, 학교 교육 계획에 따라 교사가 지도한 실적은 대입 반영)
	진로 활동	- 연간 700자	- 연간 700자 - 진로 희망분야 대입 미반영	- 연간 700자 - 진로 희망분야 대입 미반영
	수상 경력	- 모든 교내수상	- 교내수상 학기당 1건만(3년간 6건) 대입 반영	- 대입 미반영
	독서활동	- 도서명과 저자	- 도서명과 저자	- 대입 미반영

※ 미기재 : 학생부에서 삭제한다.
※ 미반영 : 학생부에는 기재, 대입자료로는 전송하지 않는다.

② 수학 학습 로드맵

여기서는 초·중·고 시기별 수학 로드맵과 세부 원칙을 설명해 보겠다. 표는 이공계 상위권 대학을 목표로 하는 학생 기준으로 작성했다. 필요하면 속도를 가감해야 한다. 예시로 언급한 교재는 추천이 아니다. 교재명보다는 종류를 참고하길 바란다. 모든 과정(단원)명은 2015 개정 교육과정 기준이다. 2022 개정 교육과정의 수학 교과는 일부 과목명이 바뀐 것 이외에는 흐름상 별다른 변화가 없다.

다음은 시기별 선행(예습)의 원칙이다.

- 초2 겨울방학부터 선행 시작(다음 학기 예습)
- 초5 1학기, 학기 중 선행 시작(한 학기 선행)
- 초5 겨울방학, 중1 과정 시작(두 학기 선행)
- 초6 겨울방학, 중2 과정 시작(두 학기 선행)
- 중1 자유학기제 기간은 중학교 1학년 1학기로 가정
- 중1 겨울방학, 고1 과정 시작(네 학기 선행)

초등학교 과정 로드맵

과정/교재/전략		초1	초2
교과과정(현행)	수와 연산	- 네 자리 이하의 수 - 두 자릿수 범위의 덧셈과 뺄셈 - 곱셈	
	도형	- 평면도형의 모양 - 평면도형과 그 구성 요소 - 입체도형의 모양	
	측정	- 양의 비교 - 시각과 시간 - 길이(cm, m)	
	규칙성	- 규칙 찾기	
	자료와 가능성	- 분류하기 - 표 - ○, ×, / 등을 이용한 그래프	
교재	연산	소마셈, 원리셈	
	사고	탑 사고력 수학, 최상위 사고력, 팩토	
	교과		
핵심 전략		- 사칙연산을 기계적으로 하는 것이 아닌 놀이를 하듯 학습해 사고력을 향상한다. - 수·연산 감각을 기를 수 있도록 실생활, 다른 교과와 연결해 문제를 해결한다. - 2학년 겨울방학부터 선행(예습)을 시작한다.	
선행	1학기		
	여름방학		
	2학기		
	겨울방학		초3-1

과정/교재/전략		초3	초4
교과과정(현행)	수와 연산	- 다섯 자리 이상의 수 - 분수 - 소수 - 세 자릿수의 덧셈과 뺄셈 - 자연수의 곱셈과 나눗셈 - 분모가 같은 분수의 덧셈과 뺄셈 - 소수의 덧셈과 뺄셈	
	도형	- 도형의 기초 - 원의 구성 요소 - 여러 가지 삼각형 - 여러 가지 사각형 - 다각형 - 평면도형의 이동	
	측정	- 시간, 길이(mm, km), 들이, 무게, 각도	
	규칙성	- 규칙을 수나 식으로 나타내기	
	자료와 가능성	- 간단한 그림그래프 - 막대그래프 - 꺾은선그래프	
교재	연산	빅터 연산, 쎈 연산, 기적의 계산법	
	응용(유형)	디딤돌 기본+응용, 응용 해결의 법칙, 우공비, 쎈, 우등생 해법수학	
	심화	최강 TOT, 최상위 수학, 최고수준, 최상위 쎈	
	문장제	문제해결의 길잡이	
핵심 전략		- 글씨 연습이 매우 중요하다(문제풀이 실수의 원인 중 하나가 글씨). - 갑작스레 학습 내용이 늘어난다. - 여기서 선행을 잘못 시작하면 '수학 포기자'가 될 수 있다. 차분하게 현행 위주로 다져야 한다. - 선행(예습)은 방학 때 한 학기 분량(개념, 유형 위주) - 현행은 학기 중에 학교 진도에 맞게(유형, 심화 위주)	
선행	1학기		
	여름방학	초3-2	초4-2
	2학기		
	겨울방학	초4-1	초5-1

과정/교재/전략		초5	초6
교과과정(현행)	수와 연산	- 약수와 배수 - 약분과 통분 - 분수와 소수의 관계 - 자연수의 혼합계산 - 분모가 다른 분수의 덧셈과 뺄셈 - 분수의 곱셈과 나눗셈 - 소수의 곱셈과 나눗셈	
	도형	- 합동 - 대칭 - 직육면체, 정육면체 - 각기둥, 각뿔 - 원기둥, 원뿔, 구 - 입체도형의 공간감각	
	측정	- 원주율 - 평면도형의 둘레, 넓이 - 입체도형의 겉넓이, 부피 - 수의 범위 - 어림하기(올림, 버림, 반올림)	
	규칙성	- 규칙과 대응 - 비와 비율 - 비례식과 비례배분	
	자료와 가능성	- 평균 - 그림그래프 - 띠그래프, 원그래프 - 가능성	
교재	연산	빅터 연산, 쎈 연산, 기적의 계산법	
	유형	디딤돌 기본+응용, 쎈, 응용 해결의 법칙, 우공비, 우등생 해법수학	
	심화	최강 TOT, 최상위 수학, 최고수준, 최상위 쎈	
	문장제	문제해결의 길잡이	
핵심 전략		- 선행을 시작했지만, 현행을 우선한다. - 학기 중 선행 시도해 보고 적응하는지를 판단해 본다.	- 6학년 과정은 상대적으로 쉽다. - 이 시기에 중학교 과정 선행하는 것은 무리 없다.
선행	1학기	초5-2	중1-1
	여름방학	초5-2 초6-1	중1-2
	2학기	초6-1	중1-2
	겨울방학	초6-2 중1-1	중2-1

중학교 과정 로드맵

과정/교재/전략		중1	중2	중3
교과과정(현행)	수와 연산	- 소인수분해 - 정수와 유리수	- 유리수와 순환소수	- 제곱근과 실수
	문자와 식	- 문자의 사용과 식의 계산 - 일차방정식	- 식의 계산 - 일차부등식과 연립 일차방정식	- 다항식의 곱셈과 인수분해 - 이차방정식
	함수	- 좌표평면과 그래프	- 일차함수와 그래프 - 일차함수와 일차방정식의 관계	- 이차함수와 그래프
	기하	- 기본 도형 - 작도와 합동 - 평면도형의 성질 - 입체도형의 성질	- 삼각형과 사각형의 성질 - 도형의 닮음 - 피타고라스 정리	- 삼각비 - 원의 성질
	확률과 통계	- 자료의 정리와 해석	- 확률과 그 기본 성질	- 대푯값과 산포도 - 상관관계
교재	개념	개념원리, 셀파 개념수학, 개념플러스, 디딤돌 수학 개념 기본		
	유형	쎈, 만렙, 개념원리 RPM, 유형체크 N제		
	심화	일품, 최상위 수학, 에이급 수학, 블랙라벨		
핵심 전략		- 1학년 자유학기제를 적극 활용한다. 진도를 많이 나갈 수 있다. - 정의나 개념을 정확히 암기하고 있는지 쉬운 문제로 확인한다. - '기하' 암기가 고등학교 과정에 많은 도움이 된다. 현행 때 잘 다져 둔다. - 중학교 '수와 연산, 문자와 식, 함수'는 고등학교 과정의 기초가 되므로 많은 연습으로 숙달한다.		
선행	1학기	중2-2	고1 수학(상)	고2 수학 II
	여름방학	중3-1	고1 수학(하)	고2 확률과 통계
	2학기	중3-1 중3-2	고1 수학(하)	고2 확률과 통계
	겨울방학	중3-2 고1 수학(상)	고2 수학 I 고2 수학 II	고1 수학(상, 하) 고2 수학 I

고등학교 과정 로드맵(선행+현행)

과정/교재/전략			고1	고2	고3
교과과정(현행)	공통	수학(상,하)	- 다항식 - 방정식과 부등식 - 도형의 방정식 - 집합과 명제 - 함수와 그래프 - 경우의 수		
	일반선택	수학 I		- 지수함수와 로그함수 - 삼각함수 　- 수열	
		수학 II		- 함수의 극한과 연속 - 미분 　　- 적분	
		확률과 통계		- 경우의 수 - 확률 　　- 통계	
		미적분			- 수열의 극한 - 미분법 　- 적분법
	진로선택	기하			- 이차곡선 　- 평면벡터 - 공간도형과 공간좌표
교재	개념		개념원리, 수학의 정석, 숨마쿰라우데, 수학의 바이블+학원교재		
	유형		쎈, 고쟁이, 수학의 바이블 유형ON+학원교재		
	심화		일품, 블랙라벨+학원교재		
핵심 전략			- 고1 내신 집중 - 고1 과정 개념완성, 문제량 늘리기 - 겨울방학 때 최대한 많은 진도	- 고2 내신 집중 - 고2 과정 개념완성, 문제량 늘리기	- 고3-1 내신 집중 - 고3 과정 개념완성, 문제량 늘리기
선행+현행	1학기		- 고1 수학(상)	- 고2 수학 I - 고2 확률과 통계	- 고3 미적분 - 고3 기하
	여름방학		- 고2 수학 II - 고1 수학(하)	- 고2 수학 II - 고3 미적분	- 수능 대비
	2학기		- 고1 수학(하)	- 고2 수학 II - 고2 확률과 통계	- 수능 대비
	겨울방학		- 고2 수학 I, 수학 II - 고2 확률과 통계	- 고3 미적분 - 고3 기하 - 수능 대비	

3 2015, 2022 개정 교육과정 보통교과 비교(고교)

다음은 각각 2015, 2022 개정 교육과정 고등학교 보통교과를 비교한 구성표다.

2015 개정 교육과정 고등학교 보통교과 교과목 구성

교과 영역	교과(군)	공통과목	선택과목	
			일반선택	진로선택
기초	국어	국어	화법과 작문, 독서, 언어와 매체, 문학	실용 국어, 심화 국어, 고전 읽기
	수학	수학	수학 I, 수학 II, 미적분, 확률과 통계	기본 수학, 실용 수학, 인공지능 수학, 기하, 경제 수학, 수학과제 탐구
	영어	영어	영어 회화, 영어 I, 영어 독해와 작문, 영어 II	기본 영어, 실용 영어, 영어권 문화, 진로 영어, 영미 문학 읽기
	한국사	한국사		
탐구	사회 (역사/도덕 포함)	통합사회	한국지리, 세계지리, 세계사, 동아시아사, 경제, 정치와 법, 사회·문화, 생활과 윤리, 윤리와 사상	여행지리, 사회문제 탐구, 고전과 윤리
	과학	통합과학 과학탐구실험	물리학 I, 화학 I, 생명과학 I, 지구과학 I	물리학 II, 화학 II, 생명과학 II, 지구과학 II, 과학사, 생활과 과학, 융합과학
체육·예술	체육		체육, 운동과 건강	스포츠 생활, 체육 탐구
	예술		음악, 미술, 연극	음악 연주, 음악 감상과 비평, 미술창작, 미술감상과 비평
생활·교양	기술·가정		기술·가정, 정보	농업 생명 과학, 공학 일반, 창의 경영, 해양 문화와 기술, 가정과학, 지식 재산 일반, 인공지능 기초
	제2외국어		독일어 I / 일본어 I / 프랑스어 I / 러시아어 I / 스페인어 I / 아랍어 I / 중국어 I / 베트남어 I	독일어 II / 일본어 II / 프랑스어 II / 러시아어 II / 스페인어 II / 아랍어 II / 중국어 II / 베트남어 II
	한문		한문 I	한문 II
	교양		철학, 논리학, 심리학, 교육학, 종교학, 진로와 직업, 보건, 환경, 실용 경제, 논술	

서울특별시교육청교육연구정보원 자료(2022.6.13.)

2022 개정 교육과정 고등학교 보통교과 교과목 구성

교과 (군)	공통과목	선택과목		
		일반 선택	진로 선택	융합 선택
국어	공통국어 1, 2	화법과 언어, 독서와 작문, 문학	주제 탐구 독서 문학과 영상, 직무 의사소통	독서 토론과 글쓰기, 매체 의사소통, 언어생활 탐구
수학	공통수학 1, 2 (기본수학 1, 2)	대수, 미적분 I, 확률과 통계	미적분 II, 기하, 경제 수학, 인공지능 수학, 직무 수학	수학과 문화, 실용 통계, 수학과제 탐구
영어	공통영어 1, 2 (기본영어 1, 2)	영어 I, 영어 II, 영어 독해와 작문	영미 문학 읽기, 영어 발표와 토론, 직무 영어	실생활 영어 회화 미디어 영어 세계 문화와 영어
			심화 영어, 심화 영어 독해와 작문	
사회 (역사/ 도덕 포함)	한국사 1, 2	세계시민과 지리 세계사 사회와 문화 현대사회와 윤리	한국지리 탐구, 도시의 미래 탐구, 동아시아사 주제 탐구 정치, 경제, 법과 사회 윤리와 사상, 인문학과 윤리	여행지리, 역사로 탐구하는 현대세계, 사회문제 탐구, 금융과 경제생활, 윤리문제 탐구
	통합사회 1, 2		국제 관계의 이해	기후 변화와 지속가능한 세계
과학	통합과학 1, 2 과학탐구실험	물리학, 화학, 지구과학, 생명과학	역학과 에너지, 세포와 물질대사, 전자기와 빛, 생물의 유전, 물질과 에너지, 지구시스템과학, 화학 반응의 세계, 행성우주과학	과학의 역사와 문화 기후 변화와 환경생태 융합과학 탐구
체육		체육 I, 운동과 건강 I	체육 II, 운동과 건강 II (미니) 체육 탐구	스포츠 생활 (미니) 스포츠 활동과 분석
예술 (음악/ 미술)		음악, 미술, 연극	음악 연주와 창작, 음악 감상과 비평, 미술 창작, 미술 감상과 비평	음악과 미디어 미술과 매체
기술 ·가정 /정보		기술·가정	로봇과 공학세계 가족과 가정생활	창의 공학 설계, 지식 재산 일반, 생애 설계와 자립 (미니) 아동발달과 부모
		정보	인공지능 기초, 데이터 과학	소프트웨어와 생활
제2 외국어 /한문		독일어 일본어 프랑스어 러시아어 스페인어 아랍어 중국어 베트남어	독일어 회화, 프랑스어 회화, 스페인어 회화, 중국어 회화, 일본어 회화, 러시아어 회화, 아랍어 회화, 베트남어 회화	
		독일어 일본어 프랑스어 러시아어 스페인어 아랍어 중국어 베트남어	심화 독일어, 심화 프랑스어, 심화 스페인어, 심화 중국어, 심화 일본어, 심화 러시아어, 심화 아랍어, 심화 베트남어	독일어권 문화, 프랑스어권 문화, 스페인어권 문화, 중국 문화, 일본 문화, 러시아 문화, 아랍 문화, 베트남 문화
		한문	심화 한문	언어생활과 한자
교양		진로와 직업 생태와 환경	인간과 철학, 삶과 종교 논리와 사고, 인간과 심리, 교육의 이해, 보건	인간과 경제활동, 논술

※ 음영이 있는 과목은 2015 개정 교육과정 전문교과 I의 외국어계열과 국제계열 과목을 보통교과로 재구조화한 과목임.

다음은 어느 고등학교의 2022학년도 과목 편성 실제 사례다. '2015 개정 교육과정 고등학교 보통교과'를 따르고 있다. 공통과목, 일반선택, 진로선택으로 나누어져 있고 교과 180단위, 창체 24단위로 편성했다(학기당 각각 30단위, 4단위).

'2022 개정 교육과정 고등학교 보통교과'에 근거한 편재는 2025학년도 고등학교 1학년부터 본격 시행된다. 이때부터는 보통교과가 공통과목, 선택과목(일반, 융합, 진로)으로 나누어지고 졸업 기준 학점이 174(+창체 18)가 된다.

교과 영역	교과 (군)	공통과목	선택과목	
			일반선택	진로선택
기초	국어	국어	화법과 작문, 문학, 독서, 언어와 매체	심화 국어
	영어	영어	영어 I, 영어 II, 영어 독해와 작문	영어권 문화, 심화 영어 독해 I, 심화 영어 독해 II
	수학	수학	수학 I, 수학 II, 확률과 통계, 미적분	기하, 경제 수학, 수학과제 탐구, 심화 수학 I
	한국사	한국사		
탐구	사회	통합사회	생활과 윤리, 세계지리, 경제, 세계사, 윤리와 사상, 한국지리, 사회·문화, 동아시아사	사회문제 탐구, 여행지리
	과학	통합과학 과학탐구실험	물리학 I, 화학 I, 생명과학 I, 지구과학 I	물리학 II, 화학 II, 생명과학 II, 지구과학 II, 융합과학, 과학사, 정보과학, 과학과제 연구
체육 ·예술	체육		체육, 운동과 건강	스포츠 생활
	예술		음악, 미술	
생활 ·교양	제2외국어		중국어 I, 스페인어 I	
	교양		논술, 철학	

④ 일타부모의 조언

구분	엄마	아빠
유아	- 책 읽기 습관 기르기 - 아빠와의 많은 시간 필요 - 아이가 좋아하는 분야 살펴보기	- 모국어가 우선 - 거부감 없이 흥미를 느낄 수 있는 영어책, 놀이
초1 ~초2	- 학교 수학에서 많은 것을 얻을 수 있음. - 구구단은 천천히 - 흥미를 느끼는 한글책, 영어책 읽기	- 영어 환경에 매일 일정하게 노출
초3 ~초6	- 너무 급한 선행은 아이를 포기시킬 수 있음 - 학교 수학 확실히 다지기 - 수학은 1년 이내의 선행 - 다양한 분야의 책 읽기	- 영어는 듣기, 말하기, 읽기, 쓰기 등 다양하게 매일 일정량 - 학습 계획표 작성해 보기 - 체크리스트 활용
중1	- 전략적 책 읽기 계획 수립 - 고등학교 입학 전에 최대한 많은 책 읽기 - 학교 수학 확실히 다지기 - 수학은 2년 이내로 선행 - 학원 고르기, 학원 설명회 참석 - 대학 설명회 참석	- 학습 습관 다지기 - 방학 때 일찍 일어나기 - 학습 계획표 작성해 보기 - 체크리스트 활용 - 영문법 공부 - 영어 어휘력 향상(단어, 숙어)
중2 ~중3		- 시험 계획표 작성해 보기 - 중간(기말)고사 영어 시험 미리 준비하기 - 영어 어휘력 향상(단어, 숙어) - 영어 읽기능력 향상
고1	- 학교 선생님, 학원 선생님과 소통 - 내신 전력 질주	- 계획표 및 체크리스트 활용 - 방학 때 일찍 일어나기 - 학교활동 적극 참여하기
고2	- 학업 상태 수시 점검(학원 선택, 가지치기) - 대학 설명회 참석	- 전 과목 문제량 늘이기
고3-1		- 수시지원 전략 수립(부모·교사·학생)
고3-2	- 수능 전력 질주	- 모의고사 문제량 늘이기 - 수면 습관, 식습관 주의

⑤ 추천 사이트

대학 알리미	https://www.academyinfo.go.kr/
공동교육과정	https://www.hscredit.kr/ 고교학점제 → 고교학점제 운영 → 공동교육과정
교육부 고교학점제	https://www.hscredit.kr/hsc/intro.do
학교 알리미	https://www.schoolinfo.go.kr/
교육부 보도자료	https://www.moe.go.kr/ 교육부 소식 → 보도·설명·반박 → 보도자료
서울대 입학안내 (수시, 정시, 학종 안내)	https://admission.snu.ac.kr/
한국대학교육협의회	http://www.kcue.or.kr/
한국교육과정평가원 대학수학능력시험	https://www.suneung.re.kr/
국가교육과정정보센터 (교육과정 원문)	http://ncic.re.kr/ 교육과정 자료실 → 교육과정 원문 및 해설서
학교생활기록부 종합 지원센터	https://star.moe.go.kr/web/main/index.do

일타부모

초판 1쇄 발행 2023년 07월 01일
초판 2쇄 발행 2023년 09월 25일

지은이 김민정, 이경렬
펴낸이 류태연

편집 이재영
디자인 조언수

펴낸곳 렛츠북
주소 서울시 마포구 양화로11길 42, 3층(서교동)
등록 2015년 05월 15일 제2018-000065호
전화 070-4786-4823 **| 팩스** 070-7610-2823
홈페이지 http://www.letsbook21.co.kr **| 이메일** letsbook2@naver.com
블로그 https://blog.naver.com/letsbook2 **| 인스타그램** @letsbook2

ISBN 979-11-6054-637-8 13370